呉式《ごしき》太極拳馬 長勲老師

太極拳を語る

心と体を養う、推手の理解と実践

口述・馬 長勲 呉式太極拳第五代伝人　整理・王 子鵬 呉式太極拳第六代伝人
孫建明 日本語版企画監修　植松百合子 翻訳　戴紅 翻訳協力

BAB JAPAN

馬長勲老師青年時代

拳を演じる馬長勲老師(2007年)
簡柳軍撮影

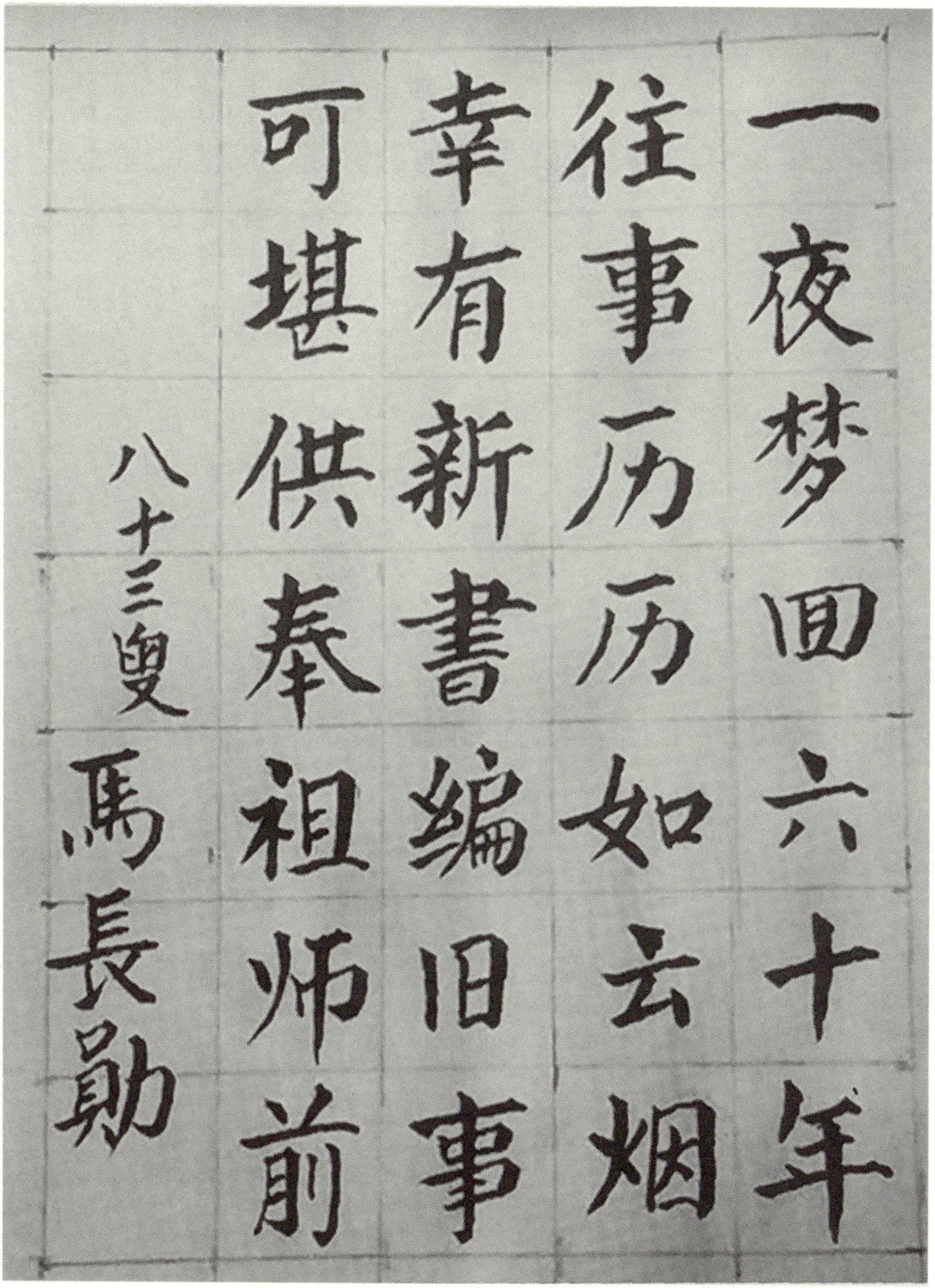

一夜の夢　60年の月日を戻る
かつての事々が　ありありと雲烟の如く沸き起こる
幸いに新しい書が編まれ　昔のことがつづられた
今は亡き師の下に　これを捧げる

83歳　馬長勲

目次

参考　王宗岳　(生没年不詳・清朝乾隆帝時代の人)
武禹襄　(1812〜1880)
李亦畬　(1832〜1892)

呉式伝承図

- 李経梧 1912〜1997
- 王培生 1919〜2004
  - 高壮飛 1932〜
  - 李和生
- 李秉慈 1929〜
- 劉晩蒼 1906〜1990
  - 馬長勲 1933〜
    - (長勲之子) 馬駿 1963〜
    - (馬駿妻) 趙秀麗 1963〜
    - 王子鵬 1971〜
- 温銘三

呉式第四代　呉式第五代　呉式第六代

(注:本書にお名前が登場する方を中心に載せています)

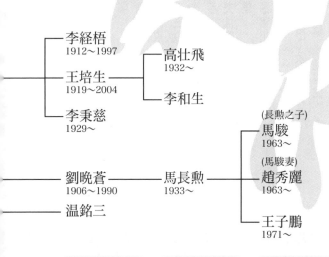

呉式伝承図

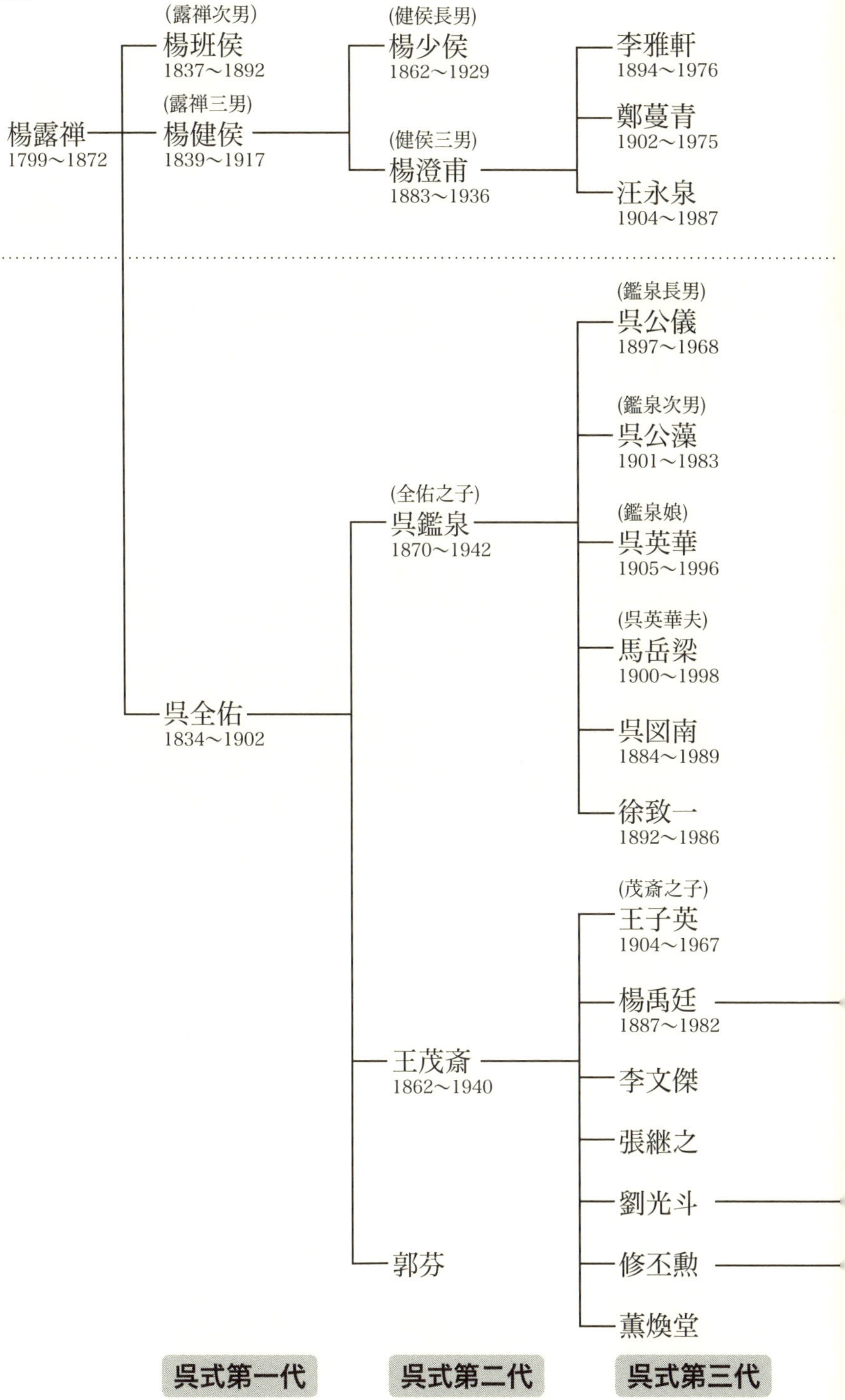

(露禅次男)
楊班侯
1837～1892
(露禅三男)
楊健侯
1839～1917
楊露禅
1799～1872
(健侯長男)
楊少侯
1862～1929
(健侯三男)
楊澄甫
1883～1936
李雅軒
1894～1976
鄭蔓青
1902～1975
汪永泉
1904～1987
呉全佑
1834～1902
(全佑之子)
呉鑑泉
1870～1942
王茂斎
1862～1940
郭芬
(鑑泉長男)
呉公儀
1897～1968
(鑑泉次男)
呉公藻
1901～1983
(鑑泉娘)
呉英華
1905～1996
(呉英華夫)
馬岳梁
1900～1998
呉図南
1884～1989
徐致一
1892～1986
(茂斎之子)
王子英
1904～1967
楊禹廷
1887～1982
李文傑
張継之
劉光斗
修丕勲
薫煥堂
呉式第一代
呉式第二代
呉式第三代

序文1　武縁

　1972年、日中の国交が正常化し、両国の武術交流が始まった。1975年には日中友好協会の世話で、三浦英夫氏を代表とする日本武道界の友好団一行が北京を訪問し、太極拳の学習をした。国家体育委員会礼賓司が北京武術協会に依頼し特別に組織した、劉晩蒼など5人の老師が太極拳指導に当たった。講習の中で日本側は劉老師と手合わせをし、誰もが劉老師に軽く動かされてしまうなど、中国太極拳の功夫の魅力がそこに繰り広げられた。それは中国武術の対外交流の開始であり、また私と劉老師及びその弟子の馬長勲氏との友好の始まりでもあった。

　その後繰り返された日本代表団との交流の過程で、劉老師の精密な技芸は私に深い印象を与えた。私の弟子でこのお二人から太極拳、推手を学んだ者は多い。私も常日頃公園で馬長勲氏と弟子たちが練習しているのを見る。そしてちょっと遊んだり、昔話に興じたりする。

　1959年春、私は上海の陳覚悟老師（原注：呉鑑泉の弟子）に呉式太極拳を習い始めた。1961年、陳老師は私に馬岳梁老師と徐致一老師を紹介してくれた。私は各門各派の功夫の高い老師たちに会ったことがあるが、馬長勲老師は劉老師の練習方法をしっかりと受け継いでいる。だから私は多くの友人たち(原注：外国の友人を含む）に彼について呉式太極拳を学ぶように紹介し、益するところ大であった。馬老師はかつて呉式第三代第四代の名師に指導を受け、名師の指導を自ら経験し目の当たりにし苦練を経た者として、太極拳を受け継ぎ広める優れた人物になった。

太極拳には多くの流派がある。だから推手にも異なる伝承、技法がある。「放鬆霊活（＝ゆるめて自在に）」を練習する流派、技巧を煉り発勁にこだわる流派もあり、私が思うにどんな方法で練習するにせよ、「自然」に任せ自分でこれで良いと思えば良い、正に百花斉放《ひゃっかせいほう》だ。

この「南湖伝習録（原題）」は多くの愛好者に興味を起こさせると共に、彼らを啓発し、太極拳の精髄を伝え続けていくことだろう。

呉彬

２０１５年12月30日

序文2　真理はよもやま話の中に
――呉式太極拳・南湖伝習録（原題）を読んで――

「南湖伝習録」が出版される前に、私は三回拝読した。

第一回は龍舞兄が宣伝用の抜粋をよこしてくれた時で、あまり長くなくすぐ読み終わった。その後、子鵬兄と知り合い数回おしゃべりしお近づきになり、願いがかなって全編を読むことができた。龍舞も子鵬も知り合ったとはいえネットを通じてであり、つまりネット友達で実際にお目にかかったことはない。

子鵬兄は繰り返し説明した。この本は実はすでに多くの内容がカットされている。馬長勲先生は厳しく点検し、あまりに常識から遠いものは皆削除した。友好に水を差しかねないものも皆削除した。人から見ると削除はもったいなく惜しまれる。しかしこの本全部を詳しく読むと、もったいないとか惜しいとかは思わなくなる。世間でよくいう言い方をするなら、この本の「干貨（訳注：エキス、真髄）」はあまりに多く、すべて実話であり本音であり重点であり大切である。それはまるで「ローマの休日」のアン王女が美しい黒髪をさっさと切って、すべての人に惜しまれたのと似ている。しかし切ってしまうと、今度はまたすべての人はその艶やかな美しさに驚いたのだ。

世代を異にする太極拳の愛好家二人、年齢差にしておよそ40歳。老いたるほうはすでにとびきりの太極大師だ。若いほうもすでに弟子として相当な境地に達している。両者は北京の南湖地方にいる。ゆっくり小声で語られる呉式太極拳の「家常話（＝よもやま話）」。老いた者は心の底に仕舞っていたものを吐露し、数十年にわたって学んだ経験や、先輩方の風格や、学び会得した事々を、少しずつ自らの若い弟子に語り聞かせる。弟子は現代の機器（＝ＩＣレコーダー）を手にうやうやしくすべてを記録する。記録し終わったら、また一編一編整理し、老者に渡しチェックをお願いする。最後にあまり厚い本にならないように編集する。

我々は想像する。この忙しい世の中で皆生計や名誉やお金に苦労し、疲れ苛立ち安らぎも無い。この一老一若だけが、穏やかに浮世から離れた事々にいそしんでいるのだ。

馬長勲先生は１９４０～５０年代、太極拳に夢中の少年だった。故郷で〝跑日本（訳注・日本兵から逃げる）〟の時、高粱畑で腹ばいになって隠れていた。それが元で病気になり、以後西洋医も中医も効果なく、太極拳に頼るほかなかった。彼は幸運にもある不世出の太極拳一家に受け入れられ、王茂斎門下の劉晩蒼老師に拝師（訳注：儀式をして正式弟子になること）し、また王茂斎家にも行き王子英先生にも教えを請うた。その後呉門内外の各派の優れた人からも、惜しみない教えを受けた。馬長勲は背が高くなく、まるまるとしており、見るからに温厚篤実で誠実、大きな目の中に才気を湛えている。このような天賦の資質もあって、多くの先輩師父から名手に育て上げられた……まさに太極文化の名手だ。

実はかつて馬長勲は貧しい一介の工場労働者だった。毎日出勤して給料を稼ぎ家族を養う、楽な毎日ではなかった。いわゆる〝貧文富武（訳注：文は貧乏人が学ぶ、武は金持ちが学ぶ）〟の観点から見ると、本来なら名人になる条件は整っていなかった。ところが呉門というのは〝不吃徒弟（訳注：弟子を食わない・弟子を収入源として見ることをしない）〟という点で珍しい一派だった。菓子折りを贈るとか食事に招待するとかしようとすると、劉晩蒼師父は弟子を叱った。覚えている中で弟子たちが師父に応じてもらえたのは、ただ一度京劇に招待した時だけだったという。師父は弟子に何も隠さず、弟子を確かに訓練できればそれで良かった。馬長勲が仕事を終えるのは夜半に近かった。師父は待っていてくれた。ある雨の夜半、今日はお出でではないだろうと思ったが、走って行ってみるとやはり師父はそこにおられた。師父は包み隠さず教え、出し惜しみをしなかった。他所の師匠、他所の名人のところへも弟子を習いに行かせ、そこで栄養を汲み取るようにさせた。このような門派の在り方には本当にうっとりさせられる。

彼ら師と弟子たちにとって、とても辛い時期があった(訳注：1958年からの大躍進政策の失敗で起こった大飢饉。いわゆる「三年自然災害時期」)。丸っこい劉先生だったが、その頃は空腹で腹もへこんでいた。師匠は腹が減って教えようにも動けない、弟子は腹が減って練習しようにも動けない。しかし彼らは続けた。どうにかこうにか練習を続けた。そしてついにある日のこと、国家が求めてきたのだ……国家の栄光のために彼らが力を発揮することを。また、社会も求めてきた……大衆の幸福のために彼らが努めることを。彼らは数十年、対外国の仕事をした。外国からの賓客に中国の太極文化を紹介した。指導層が要求したのは、外国の武林の名手たちの面子をつぶさずに、中国太極の実力、魅力を見せることだった。太極文化の見事さと長年の正確な訓練はこの時実力を発揮した。彼らは一回また一回と任務を果たし、一回また一回と国家の栄誉を高めていったのだった。

私が思うに、その頃彼ら師と弟子たちはとても満ち足りた気持ちで、誇りを感じていたに違いない。師匠にとってはこれまでの生き方に背かないものであったし、弟子は師匠の期待に背かないものであった。

いつの頃からか太極熱が起こった。至るところに太極拳を教える人が居り、練習する人が居り、宣伝する人が居り、名師、名人が次々現れた。面白い逸話も目新しく次々出た。しかしほどなく大衆は太極拳を疑うようになった。これは嘘だ、あれは役に立たない……太極はこのほうが良いとか、あのほうが良いとか……。

それでもまだ学ぶ人がいるのか？　まだ練習する人がいるのか？　まだ教える人がいるのか？　どれが本当か？　どれが良いのか？

龍舞兄が私に王子鵬を紹介してくれた。

子鵬も苦労して生計を立てている勤め人だった。生活のために苦労せねばならなかった。将来のことを案じなければならなかった。しかし彼は文化を受け継ぐ心の持ち主だった。丁寧にうやうやしくこの拳を学び、この刀を練習し、この門に入り、この堂に入った。彼は良いと思うものすべてを受け継いで大いに広めていきたいと思った。その志は大きい。しかし容易ではない。今の世の中、どのくらいの人が彼を理解するだろうか、支持するだろうか。

私が思うに、馬長勳老先生は間違いなく子鵬を理解し支持している。なぜなら子鵬はかつての馬老師と同じ境遇にいるからだ、〝一箪食、一瓢飲、人不堪其憂、回也不改其楽（訳注：論語の言葉・一椀の飯、一瓢の飲み物、人はその憂に堪え得ない。しかし孔子の弟子の顔回は質素な生活の楽しみを変えようとしない）〟。南湖の対談で、馬老師は心を開いて先輩諸賢との心に残る交わりをすべて包み隠さず王子鵬に話した。いかに彼を支持し信任していたかということだ。なぜか知らず私は「六祖壇経」①を思い出した。また永楽宮の「鐘呂伝道図」②を思い出し、また「金剛経」③の中の「如来善護念諸菩薩、善付嘱諸菩薩」を……。

訳注①**「六祖壇経」**：唐の慧能の著作。禅宗各派の成立を調べるには不可欠の基礎的資料といわれている。
訳注②**「鐘呂伝道図」**：鐘離権が呂洞賓に仙術の指南を授ける場面を描いた図。
訳注③**「金剛経」**：釈迦と弟子との会話で構成されている。

今、この本はもうすぐ世に問われようとしている。未来の読者の中で、どれほどの人がその〝干貨（エッセンス）〟を読み取ることができるだろう。見たところとても当たり前でとても素朴だ。人によっては老生がくどくどと普段のおしゃべりをしているように思うかもしれない。彼らは信じるだろうか、これは数十年の経験を持つ名師であり、一生太極拳を練習した人が、信頼する弟子に真実の話をしているのだと。

私も一人の太極拳愛好者だ。拳を練習する以外にネットで大量の太極拳の資料を読んでいる。子鵬兄は馬長勲、王子鵬の師弟が推手をしている動画を送ってくれた。そして注意深く私に聞いた、「貴方はこの光景を嘘だと思いますか？　多くの人がこれは嘘だと言うんです」。その短い動画の中で、子鵬は僅かに力を出す。それに対し馬老師はほとんど動かず、子鵬を遠くまで飛ばす。見たところ表演のようだ。しかし演じて誰に見せるのか。嘘か真かは見る人の心が知っている。私は言わねばならない、郎雄が演じる「推手」こそ嘘だと（訳注：「推手」は1991年の台湾米国合作映画、郎雄主演）。私もかつて子鵬に聞いた「貴方の推手は今のところどの位のレベルですか」と。彼が答えて、「さあ、どうでしょうか。貴方が北京に来たらいつでもご自分で試してください。わかりますから」。

ここ数日、私はまたこの本を始めから終わりまでもう一回読んだ。驚きと喜びがあり、啓発されるものがあり、また共感があった。チャットで子鵬に何度も褒め言葉を贈った。この本の最初から最後までの参与者でありまた整理者である彼が、自分の仕事に控えめ過ぎる評価をすることを、私は心配した。真に「真仏只説家常話（真理はよもやま話の中に）」だ。「家常話」の中にこそ金が埋もれている。この本は実は初心者には向かない。一式一式を教えるものではない。しかし数年学んだ人、または推手が好きな人は、これを詳細に何度も読み、そしてこの本の重みを知るだろう。またこの本は太極の道を語っているとはいえ、やはり重要なのは「人のあり方」だ。皆様方は先輩諸先生方の風格を知ることでそのことがおわかりになるだろう。

王 振川

２０１５年12月12日

自序

〝人を語るに際しては、できるだけ飾らず持ち上げずまたおとしめもせず、また書き過ぎを避けむしろ書き足りないほうを選ぶ。理を語るに当たってはできるだけ詳しく、隠さずごまかさず、「失言（＝言い間違う）」することより、「失人（＝人の信頼を失う）」することを恐れる。〟

これがこの本の整理を始めた時に、馬老師が私に課した基本原則だ。

この本は二つの部分から成る。人物編と拳理編だ。整理に当たって筆者がこのように分けた。最初の頃まだ何を書けば良いのかよくわからなかったが、ただ馬老師がいつもおっしゃっている昔のことを整理したいと思った。それは２００９年の夏で、私の人生にたまたまできた暇な時間があった。十数日だったが毎日午前中、私と馬老師は約束して望京南湖公園（訳注：北京市東北郊外）の静かな一角を探し、そこで昔のことを話し拳理を語りそして推手をした。話はすべて私のＩＣレコーダーに録音し、以後落ち着いて編集する準備を整えた。その後の整理のプロセスは、あれやこれやととても時間がかかった。その間馬老師は絶え間なく新しい内容を補充した。あっという間に3、4年が経過した。ついに２０１３年に整理が終わった。内容を分類し章に分けた。本の題名は当初「呉門逸聞録」だった。後に私は「逸聞（＝逸話）」は二次的なもので、「伝習（訳注：上から伝え受け、下に教え継ぐ）」こそがこの本の本質だと思った。だからこの本は実際のところ、本当に太極拳を学ぶための教科書であり、またすべて南湖公園での話に基づくので、題名は「南湖伝習録」となった。

〝人物編〟はほとんど呉式太極拳の老先輩方の事績が書かれており、たぶんそれらは珍しい逸話として受け止められると思われた。しかし整理の過程で、できるだけそう思われないように注意を払った。老先輩方の故事の最終的な選び方に対し、馬老師はある指導理念を持っていた。つまりこれらの故事は後輩の太極拳学習者への影響という点で、また多くの人の太極拳の理解という点で、有益かどうかだった。だからたくさんの故事に対して、馬老師は一字一句に推敲を重ね、自ら修正を加えた。しかし内容があまりに多く、馬老師の目の持病もあり、老師の修訂が全編には及ぶことができず残念だ。

仏門では修行の方法を〝十念法〟にまとめている。即ち、念仏、念法、念僧、念戒、念施、念天、念休息、念安般、念身、念死だ。現代の言い方で言えば十の修行の方法とプロセスだろう。いわゆる〝念僧〟は後の人が先賢の修行のプロセスを参考にして、修行を進める方法だ。仏法の中でこのような事績は「指月録」「五灯会元」等仏門の公案（訳注：禅宗で参禅者に難問を課題として与え、自分で解かせる修行法）に比較的多く見受けられる。この「南湖伝習録」を整理した私の個人的理解だが、本書の呉門先輩方の事績はまだ究極のレベルには達していないかもしれないが、少なくとも太極拳を学び理解するための公案として、それらの事績を理解し照らし合わせるなら、当然それは益のあることだ。

本来の性格と師伝の影響もあって、馬老師は静寂を愛し、金や名誉の欲が無く、あらゆる争いには関わりたがらない。かつて推手について語りながら老師が言ったことを思い出す。ある武術館の館長と推手をした時のこと、ちょうど館長が馬老師を投げ飛ばそうとした時、反対に館長のほうが地面に尻もちをつかされた。この館長は寛大で、やり取りのプロセスをディスクに焼いて馬老師にくれようとしたそうだ。私は私も見たいと言った。だが馬老師は言った「もらわなかった、そんなものもらってどうするのだ」。これに似た話は多い、しかし馬老師は書かせてくれようとしない。〝友好に利さないもの〟は馬老師自ら削除した。このような内容の削除は損失と言えなくはない。でも表に出すとイザコザが起こる。だから捨てるのだった。

もっと残念なのは、練習中の自分の重要な体感も老師自ら削除した。例えば「玄関窮開」（＝本書拳理編の一項）の中で言及していた、何かを会得した時の感覚は、後の人の練習に重要な参考の価値があることは疑いない。しかしこれは決して馬老師が隠しているからではなく、自分の感覚が〝一部始終ではなく〟、また〝不徹底〟で、後の人を誤らせるかもしれないと恐れたためだ。つまり「玄関窮開」は太極拳と道家内丹の修練のポイント部分だ。どうでもよいものではなく、もし間違ったらその人の修行と成就に大きく影響する。

当時、南湖で師弟二人が拳理を語っていた時、動きながら、実演しながらということがよくあった。一旦整理されて文字になると、筆者自身理解がまだ完全ではないということに気付いた。これもどうしようもない。当時映像を残すなどは考えなかったので、時間が経つといくつかの情景、動作は頭から消えてしまった。

私は2001年、団結湖公園（訳注：北京市東部）で初めて馬老師と出会った。当時馬老師は何人かの生徒の勧めで、団結湖公園で推手の生徒を募集した。私はその時、団結湖公園には初めて行ったのだった。本当にこれは縁で、ふと見ると小さな横断幕が目に入った。この時から馬老師について66式や推手を学んだ。しかし、理解力と時間の問題で十数年の進歩は僅かだった。このことを馬老師に尋ねたことがある。「よしんば『太極十年不出門（訳注：太極拳をやっていると言えるには10年かかる）』であるにせよ、私は先生についてもう十数年経つのに、どうしてまだ『懂勁（訳注：自分の勁がわかる）』もできないのでしょうか」と。馬先生曰く、「そのように時間を数えてはいけません。確かに私について十数年経ちましたが、その間何日間練習しましたか？　練習している時間とさぼっている時間とどちらが多かったですか？　たとえ毎日一回練習しても、それで1年と数えられますか？」。馬先生にこのように言われて私は汗顔の至りで、確かに伝授されても練習しなければ当然道は成らないのだ。
　自分の能力にも限界があり、馬先生が言われる内容に対する理解にも限界があり、加えて核心に触れていない、学が足りない、また、書いてみると字が違うなど、間違いが百出するのは避けられなかった。馬老師は今年（2014年）81歳のご高齢で、この本全部を点検することは難しく、この本に出てくる歴史事実や人名、地名等が間違っていたり漏れていたりは、避けられないと思う。読者の皆様に訂正や指摘をお願いする次第だ。本書に関するたくさんの歴史的な写真類は、ほとんどが馬駿先生（原注：馬老師ご子息）に提供していただいたものだ。

王子鵬

2014年3月19日

日本語版発刊にあたって

私と日本との縁はかなり深い。１９７５年、三浦英夫氏を団長とする友好団に、劉晩蒼老師の助手として、推手を紹介してから40年以上経つ。

これまでに、北京で日本からの学習団を迎えて講習会を持ったことは数えきれず、また、日本で開いた太極拳や推手の講習会も数えきれない。１９９０年代初めに、初めて東京に指導のため訪れたが、その頃出会った受講生の方と、つい最近の東京での講習会で再び大勢出会うことができる。当初から比べて皆各段に理解を深め、技術も向上している。

日本の多くの友人たちが、太極拳の内なるものに興味を持ち、研究する心を持ち続けていることを知る時、私は感動を覚える。

幸いなことに、私は呉門の多くの先輩たちから直接薫陶を受けることができたので、太極拳の奥妙を体の感覚として知ることができた。私はそのようにして先輩諸先生から受け継ぐことができた太極拳の奥深いものを、日本の友人たちにもできるだけ多く伝えたいと思う。

孫建明は私の古い生徒だ。彼が私について太極拳を学び始めたのは、彼が16歳の時だ。以来、私と彼との師弟としての交流は40年以上続いている。彼は日本でコーチとして活躍しつつ、太極拳の研鑽を怠らず続けてきた。今後彼は、私から学んだ太極拳や推手を、日本の友人たちに伝える役目を果たしてくれることだろう。

今回彼の尽力で、日本語版の出版が実現したことを大変うれしく思っている。
そして、本書が日本の友人たちの太極拳の研究に役立ち、また日本の友人たちの健康増進、養生に役立つことを祈っている。

馬長勲

２０１７年12月　北京

日本語版読者の方へ

——訳者——

尊敬する馬長勲老師の書の翻訳という大役を務める幸運に恵まれ、身に余る光栄に存じております。弱輩ゆえに、至らぬ点が多々あると存じますが、御宥恕をお願いするばかりです。

この本は、馬老師がご自身の体験を語りながら、太極拳の真髄を明らかにしてくださっており、特にご縁の深い我々日本の愛好者にとりましては、太極拳を学ぶ上の道しるべともなる、いわば宝物のような本だと言えましょう。この貴重な御本を読みやすくわかりやすい日本語にするのが私に課せられた課題と受け止めました。

しかし正直申しまして、また当然のこととして、この本の翻訳は簡単ではありませんでした。第一に太極拳の名人が語ったものだということで、これが難題だということは始めから承知はしておりました。名人にしかわからないことは、たとえ言葉にしてもらっても凡人にはわかりません。案の定、特に後半の拳理編は、凡人である訳者にとりましては禅問答を前にしたように内容を掴みかねる部分の連続でした。

頼みの綱はご子息の馬駿先生でした。何度もメールで質問させていただきました（質問の数は優に100項目を越えました）。武術、哲学の高みに至っていない訳者の位置からは、見えない世界の話だということが、馬駿先生のお答によって改めて気付かされたりもしました。「乱環訣」「授秘歌」など、まさに名人が将来の名人候補に秘伝を授けたようなもので、訳者のはるか頭上でのやりとりであり、凡人の測りかねる世界です。

それでも馬駿先生の回答を見ると、大体そういう世界のそういう話かと全体像が浮かんできて大いに翻訳の助けになりました。拙い中国語でのこまごました未熟な質問に、馬駿先生はいつも簡潔で明快な回答をくださいました。どれほど助けられたか言葉にできません。馬駿先生には心より感謝申し上げる次第です。読者の方への便宜のために、馬駿先生の御了解を得て、先生の回答もできるだけ注として入れました。

またもう一つの難題はもちろん中国語でした。中国語という点でこの本は予想以上に難物であると、訳し始めてから気が付きました。この本の中国語は公園の片隅で弟子に語ったものですから基本的に口語です。特に後半はおそらく正確を期するために限りなくテープ起こしに近く、またわかっている者同士の会話ですから、主語を省略したり、「あれ」「それ」で済ませているのも多く、辞書にも無い日常表現や、北京方言など、まさに中国人にしかわからない!? 言い回しもふんだんにありました。

意味を間違えずに把握するためには、私の中国語の師である戴紅先生のお力をお借りすることが、不可欠でした。言語学が専門で、認知言語学で博士論文を執筆中の戴紅先生が私の中国語の先生でいてくださったことが私の幸運でした。戴紅先生と一行ずつ確かめながら読み進めることで、中国人の考え方、その言語としての中国語と改めてしっかり向き合うことができました。戴紅先生に深く感謝する次第です。

読まれる方の便宜を考え、専門用語にはできるだけ訳注を入れ、また冒頭に呉式の系統図や簡単な用語集を載せました。邪魔に感じられる方がおられるかとは思いますがお許しください。

完全に意味を同じくする単語が日本語に無い場合、「　」で囲んで中国語をそのまま使いました。直訳するとかえって原意が伝わりにくくなるおそれがある場合は、意訳を採用しました。

老子の引用に付けた訳は、「道徳経　全解」（思履主編）北京聯合出版公司、を参照しました。

最後に、この日本語版の出版を企画し実現にご尽力くださった孫建明先生に、心よりお礼申し上げます。

植松百合子

２０１８年５月25日

日本語版凡例

1、原著には無かったが、日本語版には下記を加えた。

①馬長勲老師ご自身が描かれたイラスト10点。イラストの注も馬老師が書かれたもの。

②呉鑑泉、楊澄甫、楊禹廷の摟膝拗歩の写真

③「攔馬撅」の図

2、原著に入っていた括弧付き注釈は（原注：　）、訳者が入れたものは（訳注：　）として区別した。字義など簡単なものは訳注を（＝　）で入れた。また（　）だけのものは読みやすくするために訳者が省略部分を適宜補てんしたもの。〃　〃は原著に入っていた括弧。

3、カタカナの振り仮名は中国語の音、ひらがなの振り仮名は日本語の音を表す。

用語集

✽「推手《すいしゅ》」＝太極拳の練習方法の一つ。二人で対面して手や腕を組合わせて、技のやり取り、勁力のやり取り等を練習する。

✽「散打《さんだ》」＝中国武術の試合形式の一つ。一種の自由組手。空手の試合のように両者が離れたところから自由に手、足を繰り出す。

✽「四正手《しせいしゅ》」＝推手の練習方法の一つ。掤《ポン》、捋《リ》、擠《ジ》、按《アン》の四つの手法が組み込まれている。二人の両手の動

きを上から見ると8の字の流れを描くので、エンドレスでやり続けることができる。そのため四正手の練習を中国語では「打輪《ダルン》」と言い、日本語でも「四正手を回す」という。

✿「站桩《たんとう》」＝「站《たん》」は「立つ」、「桩《とう》」は「杭《くい》」、つまり「クイのように動かず立つ」という意味。開立歩（＝両足を肩幅に開く立ち方）または馬歩などで、じっと10分から1時間立ち続け、放鬆、体の協調を養う。特に開立歩で両腕を垂らして（つまり最も楽な形で）立つ站桩を無極桩《むきょくとう》という。「桩」の旧字体は「樁」。

✿「套路《とうろ》」＝太極拳のいろいろな技を、短いものは8個位長いものは１０８個位を組み合わせて編集し、ひとまとまりにしたもの。始まりから終わりまで2分から長いものは数十分かかる。

✿「聴勁《ちょうけい》」＝相手の勁を聴く、つまり相手の勁の出所、質、方向、量などを感じ取ること。

✿「懂勁《とうけい》」＝自分の勁の出所、質、方向、量などがわかること。

✿「問勁《もんけい》」＝相手の勁を探り、かつ間違った反応に誘導すること。

✿「脚」＝中国語では特に「踝から下の足」を指す。英語の foot に当たる。

✿「腿」＝中国語では「股関節から足首まで」を指す。太ももではない。英語の leg に当たる。

✿「腰」＝中国語では「腰椎」の位置。つまり日本語におけるウエストの位置。帯脈の位置とも言える。場面によっては骨盤まで含めて表現する場合もある。漢英辞典には waist と出ている。

✿「胯《クア》」＝骨盤の下部全体。股、股ぐら。参照例文①＝「彼女は『胯』が狭いから難産だった」。参照例文②＝「犬はさっと彼の『胯』の下に潜り込んだ」。漢英辞典では hip。股関節は「股《グ》関節《グアンジェ》」という。

✿「脚底下《ジャオディシア》」＝日本語の「足裏」の語感とイコールではないので原語のまま使った。「足裏がかゆい」「足裏に薬を塗る」、これらの場合は「脚掌」を使う。「脚底」は体の部位の名称というより、立っていることつまり地球の方向と密接な関係がある。逆立ちしている人の足裏は「脚底」とは言わない。「底」の例文＝「何か『脳底《ナオディ》』に敷くもの取って頂戴」、つまり「何か枕になるもの取って頂戴」。「脳底」という体の部位があるわけではない。また、中国語は位置を示す時必ず、上、下、里（中）等の言葉を付ける。つまり「脚底下」は英語で言うと「under the 脚底」といった感じだ。本書には「脚底下的東西（＝足底の下のもの）（something under the 脚底）」という表現が多い。

✲「鬆《しょう》」「放鬆《ほうしょう》」＝「鬆《ソン》」は字義としては、「緊」の反対語。①ゆるい、締まっていない、緩める（ねじ、ベルト、力、規則等が）。②もろい、柔らかい、細かくほぐれている（地盤、材質、骨質、でんぶ食品等が）。

太極拳に於いて「鬆」とは「力を用いず、硬さや滞りが無く、軽い状態のこと。……馬駿先生の解説」。「放鬆《ファンソン》」は「鬆《ソン》」の状態に「放《ファン》（＝置く）」すること。「ベッドで寛いでいる状態は放鬆《ファンソン》ではない」（本書235頁）。『鬆』しても『意』は『不懈（怠らない）』で警戒性を保持し続ける」（本書221頁）。「ゆるめる」と言いかえることが多いが、例えば「全身放鬆」を「全身を緩める」というと身心共に寛いで弛んでしまったイメージが喚起される。術語としての「放鬆」は何かを考える必要がある。「『守住中定』で、姿勢は『開展』でなければならない。『大開大展、大鬆大柔』だ」（本書207頁）。「開展」してできた「自由で柔らかく軽い」状態のこと。

✲「功夫《ゴンフ》」＝時間をかけて培った実力、腕前。場合によっては「パワー」「修行」など少々別な意味で使われる。その場合は括弧付きでその訳を入れた。

✲「整《ジュン》」「整体《ジュンティ》」＝「全体、まるごと」の意味。「整」は中国語にも「整った」という意味があるが、「太極拳に於けるこの言葉は『全体』『一体』『全身』の意味で使われる。……馬駿先生の解説」。漢英辞典を引くと「整」の第一義としてwhole、allと出てくる。

✼「整勁《ジュンジン》」＝『整った勁』ではなく、「『体全体から出る勁』、つまり一動無有不動のこと。……馬駿先生の解説」

✼「霊《リン》」＝「動きが良く敏感。場合に応じて素早く気が利くこと」。場面によって意味は少々変わる。

✼「霊活《リンフォ》」＝「場面に合わせて柔軟に、的確敏捷に動くこと」

✼「精《ジン》」＝「精巧、正確、丁寧、エッセンス」。場面によって意味は変わる。

✼「鼓盪《ことう》」＝中国簡体字では「鼓荡《グダン》」だが、元の字は「鼓盪《グダン》」。「鼓《グ》」は「膨らむ」、「盪《ダン》」は「揺れる」で「脳震盪」の「盪」。自然に起こる気の鼓動。ボールを押すと、中のものが外に向かって膨らみ返す、そういう自然の反応。両手で捕まえた小動物や、大人の指を掴む赤ん坊が持つ、生命の鼓動に近いもの。足腰で作る弾力という意味ではない。

✼「走《ゾウ》」「走化《ゾウフア》」「化《ファ》」＝「相手から来た力をずらして無にさせること」

✼「牽動四両撥千斤」＝200グラムの力で500キログラムの力を「撥《ボー》（＝のける、はじく）」する。「ここでの『撥』とは『わずかに方向を変えるという意味』……劉晩蒼著『呉式太極拳架与推手』人民教育出版社、2005年、98頁より」。つまり日本語の「ずらす」に近い。

✼「用意不用力」＝意を使って、力を使わないこと。『用意』とは意を使って自らの中のもの（中正、放鬆など）を調節すること。また意を使って相手を聴き、気を整え、その感覚を体感すること。レベルが上がるとその意も用いなくなる。相手を飛ばそうという『意』を、想像を頼りに何メートルも放つのではない。……（本書216頁）」

✼「不丟不頂《ブディウブディン》」＝不丟は「不丟中」のこと、不頂は「不頂勁」のこと（本書270頁）。（「不丟中」とは自分の中心を失わないこと、「不頂勁」は相手の勁とぶつからないこと。……馬駿先生の解説）。

✻「粘《ジャン》連《リエン》黏《ニエン》随《スイ》不《ブ》丟《ディウ》頂《ディン》」＝付かず離れずで相手の動きに従いついていき、「頂（＝接触点）」から離れないこと。

✻「拳論」＝広義では拳の理論が「拳論」だが、特に馬老師が「拳論」と認め、読むことを勧めるのは、王宗岳、武禹襄、李亦畲の拳論。清の時代の人。人民体育出版社から出ている「太極拳譜」には、このお三方を含め歴史的なほとんどの拳論が収録されている。

人物編

呉式太極拳の第二代、第三代は超えることのできない高峰だ。彼らの業績、理論、特に彼らの最高の域に達した技術は、時間の経緯に伴い我々からますます遠ざかっていく。

偶然の縁で私（馬長勲）と呉式第三代人は接触が多かった。第二第三代の先輩方の、とりわけ王家の筋の人々の事績について見聞きしたことは多い。この時期は武術界に伝わる逸話が多いが真偽の見分けはつけがたい。もし語らずにいたら、たくさんのことが以後知られないままになって行くことだろう。

私が話すこれらのことは、私がこの目で見、この耳で聞いたことだ。すべてに根拠がある。出来事、逸話は特別の説明が無ければ、基本的に私の師の弟弟子にあたる温銘三先生から聞いたものだ。

かつてのことを振り返る時、できるだけ持ち上げたり貶めたりすることなく、呉式門の先輩たちの一つの真実に近づきたいと思う。門外の人物に関わることは、名前を出さなかったり、またはむしろ書かなかった。これは先輩先生方を尊重したいということによる。

南呉北王

１９２７年呉鑑泉先生は上海に移った。王茂斎、王子英父子は北京に残った。王家と呉家は南と北に分かれ互いに呼応し、後の人は〝南呉北王〟と呼んだ。

王茂斎編

王茂斎先生

呉門立雪

（訳注① 雪の呉式門に立つ）

私は1954年に太極拳を学び始め（訳注：馬先生20歳頃）、以来60年、呉式門の中で経験を積んできた。幸いなことに恩師である劉晩蒼先生から誠心誠意の教えを受けたばかりでなく、呉式の第三代の先生方から直接教えていただくことができた。思い返すとこれは得難い機会であった。私は呉式第三代諸賢の中でも、特に王家の中で学ぶ時間が比較的長かった。だから王家の二代に渡る方々の事績について、私の知っていることは比較的多い。

師叔《ししゅ》（＝師の弟弟子、つまり劉晩蒼老師の弟弟子）の温銘三先生の記憶によると、王茂斎先生が太極拳との縁を作るのは簡単ではなかった。温師叔は小さい時から王家で育ったので、王家の故事について知っていることが多い。呉式太極拳の創始者は呉全佑で、呉全佑先生が教えた人間は少ない。呉家の一族以外で呉全佑先生に学んで太極拳を本当に身に付けた者はただ一人王茂斎先生だけだ。他に二人の生徒がいたが、一人は後に螳螂拳のほうに行き、もう一人は名を常遠亭といい後に自派を作った。

王茂斎先生は1862年に生まれ1940年に亡くなった。享年78歳だった。先生の実家は山東省莱州市大武官村にあった。王家は商売人の家だった。茂斎先生は小さい時から家業の見習いをして36歳で店をまかされ「同盛福」の店主となった。「同盛福」は今でいう建材店で、当時は「麻刀鋪」と呼ばれていた。主に建築材料、例えば煉瓦、瓦、石灰、石、また木炭の類を扱っていた。「同盛福」は（北京の）東単にあった。東四牌楼を北に行ったその道の西側に間口三室の店があり、また他に銭粮胡同に大倉庫があり、商売は小さいほうではなかった。

茂斎先生は店主になってから、時間がある程度自由になったので、朝はいつも公園に散歩に行った。そして呉式太極拳との縁ができたのだった。

当時、呉全佑先生は二人の者を伴って公園で練習していた。一人は呉鑑泉でもう一人は郭松亭だ。呉鑑泉は呉家の令息であり、郭松亭は郭芬の字《あざな》で、交通大学を出て学のある人だった。

茂斎先生は3人が拳や推手を練習しているのを見て、他の人たちのとは違うと思った。穏やかで気品があり趣があり、少しも力でやり合う風でなく、見るほどに好ましく感じた。しばらくやり取りを見てから失礼を顧みず進み出て自分も学ばせてほしいと言った。全佑先生は礼儀正しく受けた後に言った「これは自分たちで遊んでいるだけで、教えるものではないのです」

呉全佑先生が師の楊露禅先生から拳を学ぶのは簡単ではなかった、ということは知っていなければならない。楊露禅先生が北京に来てから拳を教えたのは、王侯貴族たちだけだった。呉全佑先生は刀を持ち王城を警備する身分だったので、楊露禅先生の弟子に列することはできなかった。それで楊露禅先生から教わるにせよ、身分は楊班侯先生（訳注：楊露禅の次男）の弟子ということになった。また、呉全佑先生の技は簡単に身に付けられるものではなく、軽々に素性の知れない姓を異にする人間に教えるわけにはいかなかった。

王茂斎先生はそこら辺の事情は知らなかった。しかし彼には良い方法があった。全佑先生に〝拳を教えない〟と言われたものの、茂斎先生は全佑先生に一層うやうやしい態度で接した。公園で練習している以上、傍らで〝拳を見る〟ことを禁じることは誰にもできない。この時以降、全佑先生父子や弟子が練習する時はいつも茂斎先生が傍らで見ているようになった。

そして全佑先生が帰宅する時になると、茂斎先生は一緒におしゃべりをしながら付き添って自宅の戸口まで送った。このようにして顔なじみになった上に、先生の自宅の所在地もしっかり把握した。

朝、茂斎先生は早く起き、全佑先生の自宅の門前で待った。全佑先生が門を開けて歩き出すと、茂斎先生はすぐに付き従った。まるでこう言っているようだ「貴方がうるさく感じられるかもしれませんが、貴方とおしゃべりし、敬う、別に構いませんよね？」こうして公園に着く。そして練習を参観し、また先生を自宅まで送った。

このような日々が繰り返された。迎えに行き送って帰る、そして冬が来た。ある大雪の日、いつもと同じように呉家の門前に立った。雪は降り続ける。すぐに体に積もり始め、やがて大きな雪ダルマのようになってきた。全佑先生が箒を手に雪かきに出てきた。冬は明けるのが遅く、まだ薄暗かった。門を開けるなり雪ダルマが目に入りびっくりした。〝雪ダルマ〟がすぐに両手を胸前に合わせて挨拶するので、これがいつも自分に付き従って歩く建材店主の王だとやっとわかった。すぐに彼を自宅に招き入れ暖を取らせた。全佑先生は茂斎先生の誠の心に深く感じ入り、以後彼を正式弟子として迎え入れた。

その時王茂斎先生はすでに36歳だった。

訳注① **「呉門立雪」**：「程門立雪」という成語から。北宋の時代、程という学者の門口に二人の人が教えを請いに訪れたのだが、折からの雪で二人の上に雪が一尺も降り積もったという故事からこの成語ができた。意味は「弟子が師匠を尊敬し、心の底から教えを請うこと」。

開　竅（＝コツをつかむ、悟る）

拳を学ぶには〝開竅《カイチアオ》（＝直訳は「穴を開ける」）〟する必要がある。王茂斎先生が悟ったのは〝石臼の目立て〟で、だった。

昔武術界では弟子をとるのに儀式があった（訳注：いわゆる「拝師」の式）。式にはその地方の武術各派の顔効きの名家や先輩を招待する。つまりそれは師弟の儀式でもあり、また各派の顔効きたちに、「この者は私の弟子になった、よろしく頼む」という挨拶の式でもあった。

拝師の式では、招かれた賓客が慣例で座興の表演をする。ある屈強の武道家で、力もあり技もあり北京大学で専門的に拳を教えている人が、予定された段取りに構わず特に王茂斎先生を推手に指名してきた。彼は実力があったが茂斎先生のほうは拳を学んでまだ日が浅かった。手を合わせてみると、相当厄介な相手だとわかったが、止めるわけにもいかず、自分の功夫がもう少し高ければと思うばかりだった。腕というのはすぐに身に付くものでもない。（その後）悩み考える日が続いた。

茂斎先生は毎年暮れになると山東省の実家に帰った。ある年仕事が暇になって実家に帰った折、村の青年を呼んで推手をした。推手をしながらやはり自分の動きがすっきりしていないと感じた。青年を飛ばせたことは飛ばせたが、どうも決まったという感じが無い。〝切れ味が悪い〟のだ。

年越しの季節、家々では皆、粉を挽き蒸しパンを作り緑豆団子を揚げる。この時期皆が粉を挽くので臼の目立てをする職人は忙しかった。臼を使い続けていると臼面が平らにつるつるになる。そうなると摩擦力が無くなって、粉を挽く能率が下がってしまう。そこで石匠が呼ばれて、鉄のノミで臼面を穿ち筋模様を付けていく。そうするとまた、粉を挽くスピードが回復する。当時一つの村に石臼を持つ家は多くはなく、しかしまたたった一軒というのでもなかった。村人は皆この何軒かの石臼を持つ家に行って粉を挽かせてもらった。石臼を使わせてもらうのに代金は要らなかった。ただ、粉挽きで出るフスマと、臼を引く家畜の糞を代償として置いていくのだった。だからこの時期は石臼を持つ家では、お金を払ってでも石匠に〝目立て〟を頼みたかった。それによって粉挽きの能率が上がるほうがずっと大事なことだった。

ある日、茂斎先生は石匠が臼を穿つのを見ていた。石匠は手に小さなノミを持って、穿ちながら茂斎先生とおしゃべりをした。目は手元を見ていない。カンカン、コンコン素早く的確だ。茂斎先生は面白く思い心が惹かれた。そして、「ちょっとやらせてください」と言った。茂斎先生はノミを持ってやってみたが、うっかりカンッと石を欠いてしまった。石匠は曰く「あんたねぇ、そういう『死勁』を使っちゃダメだよ。握りは『活（＝生きている）』でなくちゃいけない。石を打つのは『弾勁（＝弾力の勁）』だ。『死力』じゃダメだ。見てみろ、コンコンカンカン、こうやって打っていくんだ」。王茂斎先生は突然悟った。そして言った「なるほどあなたのは〝活把（＝生きた持ち方）〟で、私のは〝死把〟なのだ、もう一度やらしてください」。王茂斎先生は「放鬆」した、すると手が「軽霊（＝軽く自由）」になった。コンコンカンカンうまくいく。石匠は言った、「そうだそれだ。力が要らないしやりやすいし音がきれいだ」

これによって王茂斎先生は豁然と悟った。推手をこの時〝開竅〟したのだった。

夜になって村の若者たちがまたやってきた。この時の推手では王茂斎先生は、悟ったばかりの新しいやり方を用いた。「放鬆」すると、相手は遠くまですっ飛んで行った。この勁が後の〝粘《ジャン》、化《フワ》、打《ダ》〟だ。臼を穿つあのノミに似ていた。「点（さわる）、鬆《ソン》（ゆるめる）、打つ」。まず相手に「粘《ジャン》（＝さわる・くっつく）」する。あなたの相手への注意が喚起される。そして相手からの勁を「＝化《フワ》（ぶつからないようにする、空《くう》にする)」する。そして相手は「一驚（訳注：小さく驚く、ひるむ)」して私は「打」する。道理はこれだ。つまりこれが我々の言う〝一、二、三〟だ。

コツを悟ってからは仏家の悟りのように、「見性（＝本来の自己に会う)」があるだけだ。一がわかれば百がわかるわけではなく、練習と研究が必要だ。王茂斎先生はこの勁を実家で練習して身につけていった。北京に戻って間もなく、またある人の拝師の式に招かれた。茂斎先生は笑って言った「今度は大丈夫だ」。この時も例の武術家が王茂斎先生を推手に指名してきた。しかし今回は違った。「粘《ジャン》、化《ファ》、打《ダ》」、武術家は遠くに飛ばされた。武術家はしかし愉快そうに「腕上げたな、お前！」と言った。

ちょっと付け足そう。この十分に修行した武術家は元来、拳を教える体育教師だった。後に練功中に驚いたために聴覚を失った。彼の家は四合院で、窓の外にはいくつかの植木鉢が置いてあった。家には大きな猫がいた。ある日家の者が留守の時、部屋で一人で座禅をしていて、やがて入静状態に入った。蝶が一匹やってきて花の周りを回るのを、室内から猫が見ていた。ガラスがきれいに磨かれていて猫はガラスが目に入らなかったらしい。力一杯ガラスに向かって飛び掛かった。ガチャーン、ガラスが割れ驚いた結果、彼の両耳は聞こえなくなってしまった。雷鳴さえも聞こえなくなった。

〝開竅〟とは、はっと気付くことだ。修行を積み重ねているうちにある一定の水準に達すると、突然悟る。王子英先生はこのことについて特に何回も言っていた。悟るのは自分次第で、たくさん練習しなければならない。彼は一つの例話をした。家が三軒あったとして、どの家にも中には太極拳を仕舞ってある。私はそれらの門を開けてあなたの背を押して中に入れることはできる。しかしそれだけではあなたは身に付かないし、見てもわからないだろう。何をもって〝開竅〟というのか、あなたは1日中考える。自分はどうして練習してもうまくいかないのか、1日中このことばかり考える。急に思いついて唾をつけて障子に穴を開けちょっと見る。ああわかった、これが太極拳か。これが〝開竅〟することだ。一つ悟ると、また一つわかってくる。これは修業の一つの過程だ。先生も手伝えない。ただ自分自身でゆっくりと積み重ねていくだけだ。心を集中して精度を高めていくうちに、ついにある日豁然とすべてが通じる。一つ悟ると、前に一歩進む。人は皆この階段を上がっていかねばならず、套路も含めてこのように量の変化が質の変化になる過程が必要だ。

呉式太極拳を磨いた10年間

王茂斎先生は全佑先生について拳を学ぶ前に別な拳を学んだことは無かった。専らこの門の太極拳だけを学び研究した。

全佑先生は１９０２年にこの世を去った。その後王茂斎、呉鑑泉、郭芬の三人は一緒に太極拳、推手を、微に入り細を穿ち研究した。この研究作業が行われたのは１９１０～２０年代のことで、１９２７年に呉鑑泉先生が上海に居を移したことで、〝老哥仨《ラオグサ》（＝三兄弟）〟は解散したのだった。

当時三人は〝同盛福〟の二階あるいは銭粮胡同の倉庫で毎日推手と套路を研究した。それは十数年に及んだ。このことは北京の武術界の人は皆知っている。時が経ち三人はいつしか〝老哥仨〟と尊称で呼ばれるようになった。

三人とも、名を成し一家を成した人物たちだ。その三人がこのように切磋琢磨して互いに研究したということは、振り返れば滅多に無い貴重な出来事だった。三人は技芸が抜群だったのみならず、情が深く人格高尚で君子の徳を持ち度量が広く、だからこそ一緒に深く探究することができた。その10年、各派の良いところを吸収し研究する以外に、研究の主要な内容は全佑先生が楊露禅先生に言われたあの一言〝守住中定往開打〟だった。

その昔、全佑先生は楊露禅先生に弟子入りしていた。楊露禅先生が故郷に帰ることになり、全佑先生は別れを惜しみ、途中までまたその先までと送った。楊先生はその心に感じ入り、別れに際し一つの言葉を贈った。それが〝守住中定往開打（＝中定を守り外に広がる）〟だ。全佑先生は豁然として悟った。すべての呉式拳の技の変化は、皆この一言から広がったものだ。この一言は太極拳の核心を見抜いた言葉だと言える。何が〝中定〟か？　どのように〝往開打（＝外に広がる）〟するか？　この一つの問題に何代もの人々が研究を重ね、細密な呉式太極拳を伝えてきたのだ。その中にあって〝老哥仨〟のこの10年は、呉式太極拳の本当の型ができた時期だったと言える。

当時の研究はどの位精密なものだったか？　王茂斎先生と呉鑑泉先生が推手をする。二人の実力は大体同等に近い。ある時、（相手から来た勁を）「走（＝ぶつからないように無にさせる）」し続けているうちに一つの勁が「走」できなかった（受けてやられてしまった）。郭芬が言う、二人とも動くな。そして素早くデッサンのように絵を描いた。家に帰って分度器をあてがい力学的見地で分析した。翌日、力学から見てこの勁はどのように「解（＝解く、外す）」するべきか、どのように「走化（＝方向を変えて無にする）」するかを解釈した。〝老哥仨〟は十数年一緒にいて、この方法で一心不乱に站桩、套路、推手を研究し、また各派の長所を取り入れた。一緒にいた中で、真に集中し研究に没頭したのは8年間だった。呉式太極拳が独特のものを持っていることと、この先輩方の8年間の研究は不可分のことだ。

三人の中で呉鑑泉先生が最も〝柔〟だった。王茂斎先生は最も〝沈〟、郭芬は理論家で拳論の研究は非常に深く、だから一人の文人であって、功夫は他の二人には少々及ばなかった。その当時大学生は千人に一人の人才だった。この三人が集まって一緒に研究すること十数年、真に空前絶後、後にも先にも無いことだった。

この故事は皆、温銘三先生から伺ったものだ。彼と王家は親戚で、辮髪《べんぱつ》を編む年頃（訳注：小さい時）から王家で育った。だから彼が体験したこと、聞いたことはたくさんある。温先生の言によれば、〝呉式四傑〟にはそれぞれ特徴がある。王茂斎先生の〝沈〟、呉鑑泉先生の〝柔〟、一代下がって楊禹廷先生の〝小〟、王子英先生の〝大〟、それぞれで並ぶ者が無かった。

いわゆる〝柔〟は現在誤解されているような〝懈（＝だらける）〟〝跑（＝逃げる）〟ではない。自由で軽やか、柔らかく「化《ファ》」するものだ。彼の推手はとても軽く、人を捕えるに正確、人を飛ばすに切れ味が良かった。

いわゆる〝沈〟は、〝死（＝硬く動かない）〟ではない。手を合わせた時、相手はとてつもなく「沈（＝重い）」に感じる。しかし逆にとても「空霊」なのだ。

いわゆる〝大〟は力が大きいのではない。王子英先生は体が立派で力があった。しかしこれまで（自分から）手を出して人を攻めることはしなかった。堂々として度量が大きく、手を合わせると相手の勁を「食べ尽くして」しまい、どんな勁が来ても「化」することができ、すべてを呑み込んでしまう感じだ。彼が「軟弾勁」で人を飛ばすと、とても遠くに飛ば

郭芬先生

す。しかし相手はちっとも不快な感じがしない。これはとりわけ研究に値する。いわゆる〝小〟は動作が小さいのではない。聴勁が極めて正確でどんな小さな勁も逃がさない。遠くには飛ばさないが、飛ばされるととても気持ちが良かった。

掌中の鳥、飛び立てず

人は皆、楊露禅先生の〝掌中の鳥、飛び立てず〟の絶技を知っている。しかし王茂斎先生もそれができたということは知られていない。そのことで温銘三先生は長らく頭を悩ませていた。温銘三先生は王家、呉家とつきあいが長い。温先生が子供の頃、王茂斎先生は散歩に出るといつも隆福寺をぶらついた。ここには当時大きな農産物の市場があった。また鳥の市もあった。王茂斎先生はそこで時々小さな技を披歴した。

ある時、茂斎先生は市場を散歩していた。温銘三先生はまだ小さかったので、後からついて歩いていた。王茂斎先生は興に乗って鳥売りの店主に言った「この鳥は元気かい？」。店主は「そりゃ、元気だよ」と言って鳥籠から一羽取り出して手渡した。王茂斎先生は手を伸ばして小鳥を掴んで、手のひらを開いた。鳥は飛び立てない。茂斎先生は店主に言った「この鳥はダメだ、取り換えてくれ」。続けていくつか取り換えたが、どれも飛べなかった。

これは王茂斎先生の一種の冗談だった。店主は合点がいかない。温先生も一緒にいてさっぱりわけがわからなかった。人は皆これが聴勁が最高のレベルに達してできる技だと認めるだろう。手が柔らかくて、鳥が足を踏もうとしても踏む力を受け止めてもらえないので飛べないのだ。しかしそれでも温先生にはこれらは伝説に思えた。どんなに聴勁が良くても、人はこんなことはできるものではない。

温先生は合点がいかないまま10年ばかり過ごした。温先生はずっと思っていた。これは一つのテクニックで、王先生はきっと鳥を持って軽く掴んだのだ。そして握りを緩めると鳥はちょっと気が遠くなった状態になってぼんやりする。やっと覚めて飛べそうな頃また掴むのだ。もちろんこうも言った。このようなテクニックにも当然聴勁が含まれている、手をいつも張っていたらあんなに柔らかな手になれるだろうか？　いや不可能だ。

もちろんこれは温銘三先生の分析であり、彼の観察、彼の観点によるものだ。彼は思った「人の手があんなに柔らかくなりうるのか、綿花の上に置いたとしても飛び立てるだろう。だからこれにはテクニックがあり道理がある。よしんばここに何か技巧があるにせよ、または修行した能力の発現にせよ、限りない数の試みを経てたどり着いた技に違いない」

今大家たちはこれができないから、真実が如何なるものか推察できない。少なくとも、伝説の〝掌中の鳥、飛び立てず〟の絶技は、王茂斎先生もできたのだ。

ふいになった北京ダック

王茂斎先生と呉鑑泉先生の二人は付き合いが深く、いつも一緒に練習し食事をした。

ある日、二人は語らって北京ダックを食べに行った。その頃北京ダックは鮮魚口北にある「便宜坊」が評判だった。現在有名な「全聚徳」はまだ名が無かった。

鮮魚口は大柵欄のあたりにあり、元々は運河の埠頭で鮮魚を売るところだった。便宜坊は鮮魚口の北にあり間口二室の店だった。店に入るとすぐにダックを焼く窯が見えた。

その頃そのあたりは外国大使館が並び、人も車も行き来が少なかった。二人が四牌楼から前門に向かって歩き東交民巷の玉河橋南口まで来たところで、一人の若い男が現れずっと二人についてくるようになった。彼は人力車を引いており、こざっぱりとした身なりで車も手入れがよく空車だった。

歩きながら若者が言った、「じいさんお二人、乗ってかないかい？」。ぶしつけで聞いた人が不快になる言い方だった。王茂斎先生はしかし丁寧に「一台ではね。我々は二人だ、どうやって座る？　ひょっとして、もう一台探してくれるのかな？」。若者は、「俺一人であんた方二人共引けるよ」。言外に意味があるようだ。王先生は不快になって「何て口のきき方だ」と言うと「じゃ、どう言やいいんだ」言うなり若者は、かじ棒を投げ出した。因縁をつける気だ。

王先生は「喧嘩する気か？」若者は「おう、じいさん相手になるか？」もう喧嘩は始まったようなもので、言っている間に若者は先に動いた。この若者は本当に功夫があった。〝双飛燕〟とか〝鶏跺子〟と呼ばれている蹴り技を使った。これは、飛び上がって両足で相手の胸を蹴る凶悪な荒技だ。

王先生はどかずに、「閃身（＝かわす）」して、相手の力を「接（＝迎える）」して、「連化帯借（訳注：化す、借りる）」をした。若者は飛ばされてひっくり返り地に転がった。

若者は起きて土をはたき、両手を胸前に組む挨拶をしながら言った「先生、参りました。お名前の通りです。かねてより承っておりました。それであなたを怒らせて……」。

王茂斎先生は怒るに怒れず言った「手を合わせたかったら……こんなやり方するな。見てみろ、これで北京ダックが食えるか。真っ白な上着に両足の跡だ。いい、帰ろう」。

このことは、温銘三先生と薫煥堂先生が直接私に語ってくれたものだ。

〝二百五〟（訳注：「二百五」は俗語で「間抜け、あほう」の意）

以前、王茂斎先生の店に親戚が一人いた。王先生の実家がある山東省の人で、林と言った。彼の実家は昔、保鏢（＝用心棒、警備業）だった。〝鉄槍林〟というあだ名の兄がいた。林の名前は覚えていないが、林◯樹のような名で、あだ名が「二百五《アルバイウ》（訳注：中国語の二百五は二百五十の意）」と言った。どちらかというと無鉄砲だが功夫があり、かなり実力もあった。だから、しょっちゅう王茂斎先生に小さなイザコザで迷惑をかけていた。

この人はじっとしていない人で、何かあるとすぐ飛び出していく。他派の武術社に行って人に手を出す。後でそこの人が来て、王茂斎先生に苦情を言う。「そちらさんは大きな商売をしていて食うに困らないからいいだろうが、こちらは拳を教えて生活しているんだ。お宅の親戚はいつもこちらにちょっかいを出す」。王茂斎先生はその人に何度も謝った。帰ってきて本人に小言を言うと、その時は聞くが、しかしこの性癖は改まらなかった。

ある時呉鑑泉先生が王茂斎先生の家に遊びに来た。二人はオンドルの上にあぐらをかいて坐っていた。オンドルの上には小さな座卓が置いてあった。二人は酒を飲みながらおしゃべりをしていた。折よく〝二百五〟がやってきた。ドアを開け二人があぐらをかいて酒を飲んでいるのを見て喜んで言った「呉先生いらっしゃい。お飲みでしたらつまみを持ってまいりましょう。」言うなり走って行って、東四牌楼で〝盒子菜〞を買った。豚の頭などの酒の肴をハスの葉で包んでもらい、両手で持って帰ってきた。

この時〝二百五〞は誰よりも礼儀正しく、ハスの葉の包みを卓の上に置いた。「お二方にお注ぎしましょう」、言いながら酒壺を持って差し出した。

その時二人の先生は礼節に気を使った。彼が酒を差し出した時、呉先生はあぐらをかいており、ちょっと腰を浮かせて手を伸ばし、謝意を表した。まさかこの〝二百五〞の心中に目論見があるとは思わなかった。呉先生が腰を浮かせて手を伸ばして酒を受けようとした時、〝二百五〞は酒壺を捨てて叫んだ「どうだ!?」。呉先生の胸と腹を突こうとして、手を伸ばして前に突っ込んだ。呉先生がどんな動きをしたのかは目に入らなかったが、〝二百五〞は呉先生に当たるや、自分から後ろに飛んで行き、風よけ扉を倒して外へ転がり出て行った。

〝二百五〞は地べたから起き上がって尻をはたきながら言った、「はいはい、全くもってお名前どおりです」。王茂斎先生は苛立って言った「なんてことするんだ」。二百五は返して言った「あなた方は呉先生の功夫がすごいといつも言っている。だから試したかったんです」。王茂斎は声を荒げて「それでこんな試し方をしたのか」。こうして怒られたのにもかかわらず悪癖は改まらず、それからも相変わらず揉め事が絶えなかった。

そうやって揉め事ばかり起こすので、彼はその後旧軍隊に入れられた。功夫があったので、旧軍隊で武術の教官になった。暇な時に大勢の兵士を率いて、他所の拳を教えている場所に行って邪魔をした。結果多くの人に恨まれて、後に人々は連合して彼を再起不能の目に会わせたのだった。

鉄槍林

〝鉄槍林〟はその弟とは違っていた。鉄槍林は名を林占令と言い、やはり山東省莱州の人で、王茂斎の同郷人だ。聞いたところでは、5歳で斉徳元に弟子入りし形意拳を習った。白西園、宋世栄、車毅斎、郭雲深等の名師について学び、鉄杆、大槍が得意で〝鉄槍林〟と呼ばれていた。

鉄槍林は保鏢（＝警備業）を生業としていた。事業は大きくはないが、よく北京に来た。会社が小さいので普段仕事が来ない。祝祭の前後は大きい会社は休暇を取って仕事を休む。急ぎの仕事が来ると彼は短期でそれを受けた。会社の名ははっきりとは覚えていない。

ある年、鉄槍林が王家にやってきた。ちょうど、呉鑑泉先生も王家にいた。王先生は彼を呉先生の前に連れてきて、「君はいつも呉先生に会いたいと言っていただろう？　今日はちょうどお出でだ」と言った。鉄槍林は功夫が高く呉鑑泉先生と話が弾んだ。後で呉先生と手を合わせたが、思うように動けず相手にならなかった。

見ていた店の雇人の男たちは笑った「お前はそれでも保鏢か？　お前は若いのに、年寄と手を合わせて足もちゃんと立っていられない。それでどんな警備をするってんだ？」大勢で騒いでからかった。鉄槍林は言った、「呉先生にはうまくいかなくても、あんたら相手ならどうだか。あんた方十数人でかかって来なさい。ここでやろうじゃないか」。彼は一人で十数人を相手にした。皆ごろごろ転がされ、誰も彼をやっつけられなかった。

実際、鉄槍林は功夫があった。〝鉄槍林〟というあだ名は根拠の無い名ではなかった。

ある時、保鏢の仕事が入った。彼は山東省の保鏢だった。北京周辺の決まり事には疎かった。北京周辺の決まりでは、滄州（＝北京南南東200㎞位）までは社名を叫んだり社旗を掲げたりしてはいけない。通過する地域への配慮からだった。しかし鉄槍林は全くこの決まりを知らなかった。大晦日、滄州まで社名を呼ばわり社旗を掲げながら警護した。

滄州を過ぎ西門を出てもっと西へと向かっていると、ある人が付いてきた。その人は彼に言った「お前さん、このあたりの決まりを知らないのかい？」。鉄槍林は「何の決まりですか？」と山東なまりで聞いた。相手はかくかくしかじかと説明した。鉄槍林は「いや、知らなかった」と言った。相手は「知らないじゃダメだ。こんなことした以上、二人で勝負だ」。鉄槍林は真面目な人柄だった。「どんな勝負だ？　私は今仕事をしているんだ。私があんたと勝負してあんたが私を投げ飛ばしたら、私のこの仕事はどうなる？　もし私が逃げてしまうのが心配なら、私と一緒に行こう。泊り賃は私が払う飯代も払う。私が無事仕事を終えたらそれから勝負だ」。

相手は聞いて笑った。「じゃ、あんたとちょっと遊んでいくよ」。そして何と鉄槍林の警備の車の上に坐った。そして一緒に山西まで行った。山西で無事仕事を終えた後、滄州に戻ってきた。そしてこの人の家に泊まった。二人はこの時はもう友達のようだった。鉄槍林が言った「私はここでのんびりしてはいられない。私の仕事が終わったら勝負のはずだ。やろうじゃないか？」。

鉄槍林が使うのは鉄の棒や大槍だが、警備車に乗せたままだった。相手も滄州の有名な武術家だった。家から刀槍の武器掛けを出してきて言った「林先生、お宅様が使いやすそうなのを使ってください」。鉄槍林は言った「私は槍だ」。言いながら武器掛けから槍を取った。相手も自分の武器を持って鉄槍林がかかってくるのを待った。

鉄槍林は槍を持って出したり引いたり、……ボキッ、槍が折れた。「この槍は弱い。取り換えてください」。続けざまに三本が折れた。相手は言った「もういい、勝負はやめましょう」。この時から、二人は友人になった。

その時鉄槍林の功夫はたいしたものだった。あの太い白蠟（＝中国産トネリコ）の柄は我々が手で曲げても折れない。彼は一振りで折った。ものすごいスピードなのだろう。正に英雄、英雄を好む、好漢、好漢を愛す、だ。鉄槍林はその弟とは命運が違った。〝性格が命運を決める〞という言葉通りだ。

袁良市長との付き合い

王茂斎先生と北京市市長袁良（原注①）との付き合いは、武林の美談と言える。

聞くところでは、袁良が北京市（訳注：当時は中華民国時代で、北平市と呼ばれていた）に市長として赴任したのは、実質は左遷だった。彼は上海にいた時太極拳が好きで、呉鑑泉先生に拳を習っていた。北京に転勤となると呉鑑泉先生と離れなければならない。それが残念で仕方なかった。呉鑑泉先生に言った、「私は推手が大好きです。北方に行ったら誰と推手をしたら良いでしょう？」。呉鑑泉先生は言った「心配要らない。北京には私の師兄王有林（原注：王茂斎は本名を有林、字を茂斎といった）がいる。彼に推薦してあげよう」。そして袁良のために手紙を一通したためた。

袁良は北京に着いてから、仕事に就く前の数日間を利用して王家に茂斎を訪ねた。王茂斎は山東人で性格は実直だった。一目見て袁良がよそ者と思い、「あなたは北京に住む家がありますか？」と聞いた。袁良は「いえ、ありません」と言った。「それは困るでしょう。住まいが無くて宿屋では、払いが大変でしょう？　拳を学びたかったら教えましょう。食事はウチで食べれば良い。住まいはちょっとウチでは狭い。拳は何日かでマスターできるというものでもない」。しかし袁良は「そういうことは自分で何とかできます」と言った。王茂斎は「自分でできるなら問題ない。拳のほうは私のところへ習いに来れば良い」。話し終わって袁良は帰った。その時推手はしなかった。しかし袁良はこれだけで王茂斎の家の気風、拳をやる人の人となりについて一応の観察とイメージを得た。

間もなく袁良は任に就いた。挨拶や公務を済ませると、すぐに北平国術館館長で楊健侯（訳注：楊露禅の三男）の弟子の許禹生（原注②）を探した。許禹生は、市長が何か頼みがあると聞いていぶかしく思ったが行かない訳にはいかなかった。袁良が言うに「私は太極拳が好きです。特に推手が好きです。明日何人か探して来てください、一緒に楽しみましょう」。そこで許禹生は三人見つけてきた。一人は楊式、一人は陳式、もう一人は呉式だった。袁良は三人と推手をした。三人は少し遠慮していたかもしれない。袁良は物足りなかった。三人は彼を扱いかねていた。タバコと同じだ、頼りないと吸っても病みつきにならない。

袁良は許禹生に言った「推手が上手な人を見つけてきてください」。その後また別の推手の集まりを持った。しかしまた不満足だった。最後に袁良は言った「四牌楼に名人がいると聞く。確か王といわれる。彼を呼んで来てはくれないか」。許禹生は言った「あなたがお呼びなら、問題ありません」。許禹生と王茂斎先生は付き合いが深かった。袁良は言った「あなた方がお知り合いならちょうど良い。私の車でお迎えに行ってください」。その頃、車はまだ珍しかった。王茂斎先生をうやうやしく迎えに行った。

王茂斎は入って袁良を一目見て、北京市長であるこの人が、なんとこの間訪ねてきて拳を習いたいと言ったあのよそ者だ、とわかった。驚いてすぐに前回の失礼を詫びた。袁良は笑って「本当にご親切におっしゃっていただきました」と言った。その時袁良は用心して呉鑑泉先生が書いてくれたあの手紙を出さなかった。ただ「太極拳と推手が好きで友人になりたい」と言っただけだった。少し話をしてそして「推手をしましょう」と言った。

このように身分の高い人を前にして、王茂斎先生はただ一介の商売人に過ぎない。市長を怒らせることはできず、ただ適当に合わせるだけで、攻めるわけにはいかない。袁良が推す。茂斎はこれに従い化して動く。袁良は力が使えず、推しても推せず、良い気分ではない。袁良が言った「先生、貴方も本当の功夫を発揮してください」。茂斎が言った「これが私の功夫です」。袁良は理解して、そして言った「今日は休みの日です。ここには誰も居ません。貴方も私を市長と思わず、一介の太極拳愛好者として気遣いなさらないように。もしあなたが私を推さないなら、私があなたを推します」。

話が通ればやりやすい。王茂斎先生は推手に一つの習慣があった。必ず相手に三つの技をやらせる。「捨己従人（＝己を捨てて人に従う）」だ。相手に三つの手をやらせるのだ。三手やらせてから王茂斎先生は袁良に「肘（＝肘を使う技）」をしてテーブルの下に這いつくばらせた。袁良は這い上がって、喜んで言った「これでやっとやった気がする」。そこで二人は本気でやり合った。二回目王茂斎は袁良をソファに投げた。推手の後、袁良は引き出しを開け呉鑑泉の手紙を取り出した。茂斎は一目見てため息をついて言った「ああ、あなたはなぜもっと早くこの手紙を出さなかったのですか。何で今になって……」。そして袁良はその場で王茂斎を師とすることにした。以後機会あるごとに宴会の類などにはいつも王先生を伴って行った。

これが王茂斎先生と袁良市長との交流の話だ。

当時北京には「ひしゃくで肥を袁良にかける」という話が伝わっていた。

崇文門を入ったところの東単広場に、当時北京の人糞がすべて集められる場所があった。袁良は一度会議がありそこを通りかかった。差し掛かってすぐ、ひしゃくで車に人糞をひっかけられた。原因は当時彼が北京の衛生施設を改善しようとしていたからだ。これによって肥汲みの人は職を失う危機に瀕していた。だから彼らはそこに集結して袁良の車に人糞をかけたのだ。以後、袁良はその改善を取り止めた。

編者（王子鵬）注：袁良が任に就いてすぐ、国が「塘沽協定（訳注・満州事変後の日中間の停戦協定）」にサインし、間もなく華北の情勢が悪化した。袁良は、もし元、明、清三朝の古都である北京を観光地として開発計画し、東洋最大の文化都市とするならば、国際社会が嘱目することになるだろうし、日本の〝野心〟を食い止めることが期待できるのではないかと思った。

袁良は欧米各国の都市開発と市政の経験を参考にして、「北京市観光区建設計画」、「北京市用水路建設計画」、「北京市河川整理計画」などの都市建設計画を立て、それらは北京市の大規模都市現代化計画の先駆けとなった。〝ひっかけられ袁良〟の事件は、低層の民衆の生活に抵触したことで、「成功一歩手前でちょっとしたことで失敗する」事件だった。

原注① **袁良**（1882〜1952）：1933年6月〜1935年11月まで中華民国第四代北平市（北京市）市長。元北洋政府国務院参事官、1929年外交部第二局局長、1929年10月上海市公安局局長。上海は当時経済の中心だったので、北京行は実質的左遷だった。

原注② **許禹生**：呉鑑泉などと1911年暮れ、「北平体育研究社」を創立、許禹生は常務副社長に就任。呉鑑泉、趙鑫洲、劉彩臣などが教授を担当。

練習は食事付き

王茂斎先生は名声があり交友関係も広かった。王茂斎と王子英、この二代の人の数十年間というもの、家には毎日人がいた。〝文化大革命〟の前は毎晩十数人……友人、弟子、兄弟弟子の弟子、孫弟子、皆いた。言うまでもなくこの辛抱強さは簡単にできるものではなく万人の称賛に値する。

王茂斎先生は根気よく拳を教えるだけでなく、その上食事も出した。朝、先生の家で練習が終わるとそこで皆朝食を取った。午前に練習が終わると今度は昼食が出た。特別良いものが出たわけではないが、米飯、饅頭、白菜煮、漬物炒めなどたっぷりあり、酒を飲みたい人は自分で取りに行った。

王茂斎先生は度量が広く、武術界の友人と広く交流していた。同門の人が家に困りごとがあって頼って来ると、兄弟弟子の弟子でも、孫弟子でも、誰でも、一も二も無く手助けをした。

聞くところでは一度町で、ある人が王先生に深々とお辞儀をして「師爺《シイエ》（＝先生の先生、大先生）」と言った。彼が言うには「家が今大変で、大先生に助けていただきたくて来ました」。当時財布という物は無く、皆出る時は「銭袋」を持って出た。老先生は手を伸ばして「銭袋」からお金を一握り掴みだして、「足りなかったらまた来なさい」と言った。

後で王子英先生がこのことを知って笑うにも笑えなかった、「その人はお父さんを大先生と呼んで、貴方は彼にお金をあげた。一掴みでいくらかもわからない。その人は知っている人ですか？」「いや知らない人だ」「知らないのにお金をあげたのですか？」「いや、私のことを大先生と呼ぶから……」　王先生というのはこういう人なのだ。温厚で策略を用いず喜んで人を助けた。

彼は正式に弟子をとる時もお金を取らなかった。楊禹廷はすでに太極拳の技術を持って入門しにきた。以前習った師は二人いた。王先生に拝師した理由は明確だ。それで将来食べていくつもりだったのだ。五人が拝師した。楊禹廷は大師兄で、他に李文傑、張継之、曹幼甫、他にも確か魏というような姓の人がいた。しかし彼は練習を続けなかったので、全部で五人だが続けたのはつまり四人だ。

拝師の費用は張継之先生が出した。張継之の家は「造廠」を営んでいた。家を建てたり修理したり、つまり今で言う建築会社に当たるものだった。費用というのは、宴会に同門の友人や武術界の知名人を招く費用だ。これは儀式であり、また世の人によろしくお願いしますという挨拶でもあった。この者が誰の弟子になったか、皆が知っていることによって余計な面倒が防げた。その頃武術界は比較的複雑で、たくさんの人がこれで生計を立てていた。あなたが拳を教えたら、もしかすると人の生徒を奪うことになるのかもしれない。私は劉老師について数十年学んだが、一銭も先生に学費を払っていない。

呉式門以外に別の門派の老師もいつも王家に遊びに来た。その頃の気風は今とは違う。人々は芸について切磋琢磨し、いさかいを起こそうとせず節度をわきまえていた。王茂斎先生が付き合っていた人はとても多い。尚雲祥（＝形意拳の名手）、程廷華（原注：眼鏡程）（＝八卦掌の名手）、馬世清（＝八卦掌の名手）、尹福（＝八卦掌の名手）など、皆王先生の家に来た。一度も悶着など起こったことは無かった。人々は一緒に研究しお互いに交流して手を合わせた。尚雲祥先生は王家の常連で、とても良い関係だった。

呉鑑泉編

呉鑑泉先生

呉式第一の名手

聞いたところでは、呉式門の中で推手が最もうまかったのは呉鑑泉先生だった。

王子英先生が私に呉先生の絶技を語ってくれたことがある。〝文化大革命〟の時、王子英先生は故郷に帰った。後に北京に少しの間戻った。その時この呉式門の功夫を話してくれたことがあった。

当時王家で、我々皆は王子英先生の「鼓盪《グダン》勁」（本書27頁、用語集参照）を見た。先生のどこを触ってもそこはまるで待っていたかのように消えて無くなる。しかしまた戻ってくる。そこに真っ直ぐ戻ってきて、相手を捕まえたり飛ばしたりする。我々は言った、「先生！　先生はこんなに功夫がすごくて、先生のどこを触ってもそこをふくらませることができる！　まるでコブのようだ。この勁は本当に素晴らしい！　私たちは多分できるようにはならないでしょう」。王子英先生は言った「あなた方は師叔《シシュ》（訳注：師の弟弟子）呉鑑泉を見たことが無い。私の功夫は呉師叔に比べたらほど遠いものだ。人が先生のどこに触れても、何かが膨らんできてあっというまに飛ばされてしまう。いわゆる〝太極推手不用手、渾身上下都是手（訳注：推手に手は使わない、体中すべてが手だ）〟というのは、呉先生がすでに達している境地なのです」。

後年、我々が呉先生の娘の呉英華女史と一緒に豊澤園で食事をした時、彼女は言った「父呉鑑泉は推手する時、手を使わず立っていても坐っていてもどこを触られても、『化』して『発』することができた。父の動作は見えなかった」。

だから呉鑑泉先生は本当に体中どこも「鼓盪《グダン》」しないところは無く、どこも「太極」でないところは無いという境地に達していたのだ。

呉鑑泉先生にはもう一つの絶技があった。それはものすごく高度なもので〝大気鼓盪〟と呼ばれていた。今、書物にもこのことを書いている人はいない。またどこかの老先生がこれができるなどという話も聞いたことが無い。呉鑑泉先生の次男呉公藻の本の中に〝大気鼓盪〟が出ている。私自身誰かがこの功夫を持っているのを見たことは無く、実際にこれを見たのは李文傑先生だ。

李文傑先生の記憶によるとその時推手をしていたのは許禹生だった。場所は北新橋草場（＝故宮の北東）、その何丁目だったか記憶が定かでない。

１９２７年、呉鑑泉先生は招かれて上海に行くことになった。皆は呉先生のところに集まった。許禹生先生は言った「先生の『大気鼓盪』を私に味わわせてください」。許先生は当時北京国術館の館長で楊健侯の弟子だった。教養があり功夫もあった。ちょうどその時李文傑先生は中学（訳注：日本の中学と高校にあたる）に通っていて、下校してきてすぐ呉先生のところに来た。正にその時幸運にもその絶技を目にしたのだ。

李文傑は許先生が「味わわせてください」と言うのを聞くと、見聞きしやすいようにすぐ近くに行った。許先生が申し出ると、呉先生は「味わう？　いいだろう」と言った。先生は「しかしこの功夫はかなり受けるのが難しい、下手すると吐くぞ」と言った。許先生は「それも味わわねば」と言った。「先生が上海に行かれたら、今度いつお目にかかれるかわかりません。この功夫は滅多に見られません。聞くことも稀です。どうしても体験してみたいのです」。

そこで二人は呉先生がいつも拳を教えている建物で推手をした。そこには部屋が三つあり東の間で推手をした。二人とも特に変わった動きはしなかったし、話しながら〝打論（＝四正手を回す）（原注：但し呉式の四正手）〟した。李文傑は傍らで見てもわからなかったが、ただ興味深いと思った。呉先生は掴みもしないのが見てとれた。ただ許先生が「前仰後合（訳注：前に行った時少々胸を出すようにし、後ろに引いた時少々胸を入れるように）」と前後に動かされているのが見えた。このようにしばらくした後、許先生が急に「ダメだ」と言って手で口を押えて、外に走って行き庭で吐いた。李文傑はこの時もあまりよくわからなかったから、結局どういう奥妙さなのかもよくわからなかった。

後になって呉公藻先生が本を出して、それは船が荒波に会った時の感覚に似ている、船酔いのようなものだ、と書いている。我々が分析するに、多分自分の内気が相手の内気の「鼓動」によって動かされたのではないか。許先生が前後に「前仰后合」した時、呉老師のどこを「按」しても「空」になってしまい推せなかったのではないか。私自身この功夫は持っていないし、このことをこれ以外誰かが語ったのを聞いたことも無い。

ただ推測するだけだ。

当時、呉鑑泉先生は誰もが認める名手だった。同期の楊澄甫、楊少侯も同様に太極拳を修めた名手だ。呉鑑泉先生がこのように素晴らしい功夫を持ったのは、家伝であることが関係する。これは何さんという姓の人から聞いた。彼は呉先生を、「姨夫《イフ》（訳注：おじさん、母の姉妹の夫への呼称）」と呼んでいた。何先生は、推手も良いし勁もまとまっていたが、ただ技量がとても高いというわけではなかった。何先生は言った、「呉鑑泉先生がまだ小さくて抱かれているような時から、全佑先生は彼を抱きながらこの勁（鼓盪）を出して遊んでいた。だから彼は人並み外れた能力を身につけた」。

箸対杆（訳注：杆は白臘樹の幹で作った2～3メートルの長い棒）

ある年、呉鑑泉先生は王茂斎先生の家で食事をしていた。話しているうち太極粘杆の話になった。王茂斎先生は「良い機会だ、王子英に学ばせたい」と思い、子英に言った、「すぐ杆を持ってきて師叔に教えてもらいなさい」。王子英は二本の杆を持ってきた。食事中だったので呉鑑泉先生はただ腰を回すだけで、立ち上がりはしなかった。「私は要らない。お前が持つだけでいい」、そして呉鑑泉先生は箸を持った。箸対杆だ。王子英が杆を振って突いてきた。呉先生は箸で「問勁」して、小さく〝叭《パ》（＝パッ）〟、すると王子英先生は飛んでしまった。

理屈から言えば一本の箸にどれだけの勁が在るだろうか。ここにも技術がある。突く時箸の先を使ってはいけない。中間より下に寄った部分を使う。これは力比べではない。相手の勁を聞いて、相手の勁が来たらその勁を「空」にする。〝叭〟で相手は飛んでしまう。手首をちょっと振るだけだ。勁を聞くに正確、発するに僅か、打つのは「寸弾（訳注：短い弾力）」の勁だ。それで王子英先生の杆は前に進めなかった。

大杆を振うのは太極拳訓練法の一つだ。しかし今これをやっている人は少なくなった。新中国成立後すべての人は職に就いた。誰が公園に大杆二本をもっていけるだろう。家にもそれを置く場所がない。しかし推手がうまくなりわかってきて、聴勁も協調もできるようになったら、大杆は持ってみればあなたもできるだろう。

太極の黏刀、黏剣と推手の道理は同じだ（訳注：黏刀、黏剣とは二人で剣・刀をくっつけ合って動く練習）。すべて、「粘連黏随、不丟不頂、随人所動（＝相手から離れずくっついて動く、逃げずぶつからず、人に従って動く）」だ。推手は基礎であり、推手がわかったら、刀・剣・槍・杆の用法は次第にわかってくる。恩師の劉晩蒼老師はあの頃、我々にたくさん練習させせしっかり理解させて、それを〝練通（＝練習して精通する）〟にさせたのだ。

練習して〝通（＝精通する）〟とはどういうことか。それは套路を練習しているうちに、この動作やあの動作が何をしているのかわかるようになる。それは先生が教えたのでなく、あなたが練習して身に付いてきたのだ。先生が教えて〝精通〟させたのではない。あなたが自分でたくさん練習して、今日少しわかって、明日少しわかって、練習し続けているうちによりわかってくる。例えば攬雀尾なら、今日この意味がわかった、明日また別な意味がわかり、練習すればするほどわかる。このようにして最後に〝通（＝精通する）〟になるのだ。

太極拳は〝聴勁〟を重視する。それは自分が強く打たれたり無理に何かされることからただ逃げることではなく、逃げながら同時に粘りついて「太極拳的東西《ドンシ》（太極拳のもの）」を探す（訳注：太極拳のものとは太極功で身についたもの。……馬駿先生の解説）（訳注：本書には「太極拳のもの」「このもの」という表現がとても多い。この「東西《ドンシ》（もの）」が何を指すかを知ることが、太極拳の修業なのかもしれない）。これはとても深奥な技術で、力任せではない。また一般的に言われる〝方法（＝用法）〟でもない。

太極拳にも「抖杆《とうかん》（＝杆を震わせる）」がある。杆を震わせる目的は全身の協調だ。大きな勁で前に突くのではない。杆を震うことに習熟してきたら最後はやはり先端の一点の「寸弾勁」を練習する。あなたが本当に「鬆開（＝放鬆して広がる）」して杆を震わせられたら、あの「寸弾勁」が出て杆はビュンビュン震える。力を使ってそれを突くと杆は震えないし、速度をいくら速めても震えない。「脚底下」の勁が胯を通って腰が反応して手に至らなければならない。〝叭（パッ）〟と振うと、その〝咄《ドゥオ》（＝ダッ）〟という勁で杆が震え、功夫が高ければ杆の先はいつまでも震えている。

練習する時、腰は「鬆」しなければならない。「脚底下」から「鬆」を通過して真っ直ぐに手まで伝わってくる。これが即ち攔（＝遮る）、拿（＝捕まえる）、扎（＝束ねる）、などの勁だ。杆を出していくと同時にその出会い頭を掴む。この杆は震えないでいられようか？　だから「抖杆」で練習するのは協調勁で、推手も同じだ。杆はどうしても七尺（訳注：一尺は約33センチ・つまり約２３０センチ）以上はある、一丈（十尺）のもある。昔は一丈八の大槍という話もある、しかし実際はこれは一丈八寸（訳注・約3・6メートル）のことだ。抖杆には七～八尺で良い。杆を震わせなくても、良い相手がいて手合せできて短い勁が出せれば良い。大杆を震わすのは補助であって、推手の相手がいない時、套路を終えたら杆を持って協調勁を探す。

しかし杆の練習には場所が要るし、しまうにも場所が要る。今皆マンション住まいで、どこで震わせれば良いのか。また置く場所も無い。昔、家の天井は高かった。呉彬芝先生の杆は私の家に置いてあった。壁にクギを打ってタテにぶら下げたが、床からまだ二～三尺上がっていた。今の家では立てておけない。呉彬芝先生は私の師である劉晩蒼先生の友人だった。彼が亡くなった後この杆は私が譲り受けた。今は私の生徒のところにある。この杆は数十年経つがとても柔らかい。杆は青島の東のある地方が産地だ。この地方は専ら白蠟杆を産出する。主に農村で使う三つ叉を作っており、そこで手に入れたものだ。後にある生徒がまた何本か手に入れ、私に小ぶりのを二竿くれた。そこの杆は確かに良い。北京産の物より良い。

「抖杆」はつまり「寸弾勁」の練習だ。「摔杆《シュアイガン》（＝捍を地面に叩きつける）」は「活勁」の一つだ。（ただ単純に）下に叩きつけたりぶつけるたりする

1970年代、呉彬芝先生の拳

のではない。「捽」の終わりに〝等《ダン》（訳注・待つ、一瞬の静止）〟がある。この勁を待つ。推手にもこの「捽勁」を使う。「捽」して「等」する。この「寸勁」を練習する。剣も同じだ。あなたが「鬆開」して、剣の先頭部が出ていき、剣先が震える。でたらめに振り回してはダメだ。功夫を生まない。あなたは剣の先頭部が出ていくのを見て振う、剣先がビュッと震える。これなら技量があるといえる（訳注：「活勁」とは杆を持つ手が弛んでいること、つまり「活把」で持っていること。がっちり固く持つのを「死把」と言い、それは「死勁」で変化が無い。……馬駿先生の解説）。

上海での技比べ

武術界というのは比較的面倒だ。多くの事柄が先輩方に関係してしまう。避けたほうが良い方もいる。最も良いのは書かないことだ。

１９２７年、呉鑑泉先生が上海に移ったのは、武術界の一大事件だった。少なくとも呉式太極拳の世界では大事件だった。

誰が招いたのか。この点については諸説ある。私が知っているのはある銀行の頭取だ。どこの銀行かは覚えていないが、その北京支店が西交民巷にあった。この支店と王茂斎先生の商店の間には事業資金での付き合いがあった。関係は良好だった。銀行員というのは一日中机に向かい算盤をはじき帳簿をつける。身体はおしなべてひ弱だった。銀行の責任者は王茂斎先生がいつもかくしゃくとしているのを見ていたが、太極拳を練習していることを知って、老先生に行員たちに拳を教えるようにと頼んだ。数か月が経って行員たちの体は大方が良い方向に変わった。

その頃、ちょうど上海本店の頭取が北京に出張に来て、支店に滞在した。彼はこの支店の者たちの気持ち、顔立ちが他の支店と違うことに気付いた。そこで責任者にその訳を聞いた。責任者は言った「我々は皆太極拳を練習しているのです」「太極拳とは何かね」「それは心身を養う一種の武術です。我々は有名な太極拳の老師に出会いました。この方は商売をしていて、当行の取引先でもあるんです」。この頭取は興味を持った。そこで責任者に言って王茂斎先生を招待して会うことにした。二人は語り合って大いに盛り上がった。

ほどなく頭取は上海に戻った。きっと彼らは相談して、こういう老師を招きたいということになったのだろう。王茂斎先生に上海に来てもらいたいと頼んできた。しかし茂斎先生は、北京で商売をしていて行くわけにはいかない。相手がなお言ってくるので茂斎先生は「私には弟弟子が居ます。私より功夫がずっと上です。あなた方は彼を招いたらどうでしょうか」と伝えた。こうして呉鑑泉先生が上海に招かれることになったのだ。

呉鑑泉先生が南に行ったのは、世では1928年と言われているが、実際このようなことが起こったのは1927年だった。

呉鑑泉先生が北京を離れる時、王茂斎、興三爺など何人かの親密な兄弟弟子が集まった。皆で語り合い、別れを惜しんだ。呉式の門人は皆性格が穏やかで厄介なことを起こさない。呉鑑泉先生は上海に行くにあたって気がかりがあった。つまり上海は当時植民地的な都会で、玉石混交の場所だった。皆は慰めながら言った「上海は埠頭で、人が多く雑なところです。しかし先生は自分の才能で食べていかれるので、あちこちに愛想をふりまく必要もありません。我々は人と揉め事を起こさない。しかしもし何か事が起こったら我々皆が(応援に)行きます。先生の顔をつぶすようなのがいたら、我々はもっとつぶしてやる。安心していらっしゃってください。心配要りません。」

呉鑑泉先生はこのようにして上海に行った。間もなく一通の招待状を受け取った。相手は上海武術界の指導者だ。面識が無いが行かない訳にはいかない。そこで長男の呉子鎮（原注：呉公儀）を伴い、父子で約束の場所に出向いた。

相手は大きなレストランに二卓を用意しており、高級店で人も多かった。太極拳を練習している人は感情を外に出さない。呉鑑泉先生は身長はあまり高くなく、性格はとりわけ柔和、まるまるとした体だった。相手は一目見て少し軽く見た。北京から来たという名人も大したことは無い。それで話ぶりに相手への尊重が乏しかった。呉鑑泉先生はそれを感じたが、礼儀正しく受けていた。

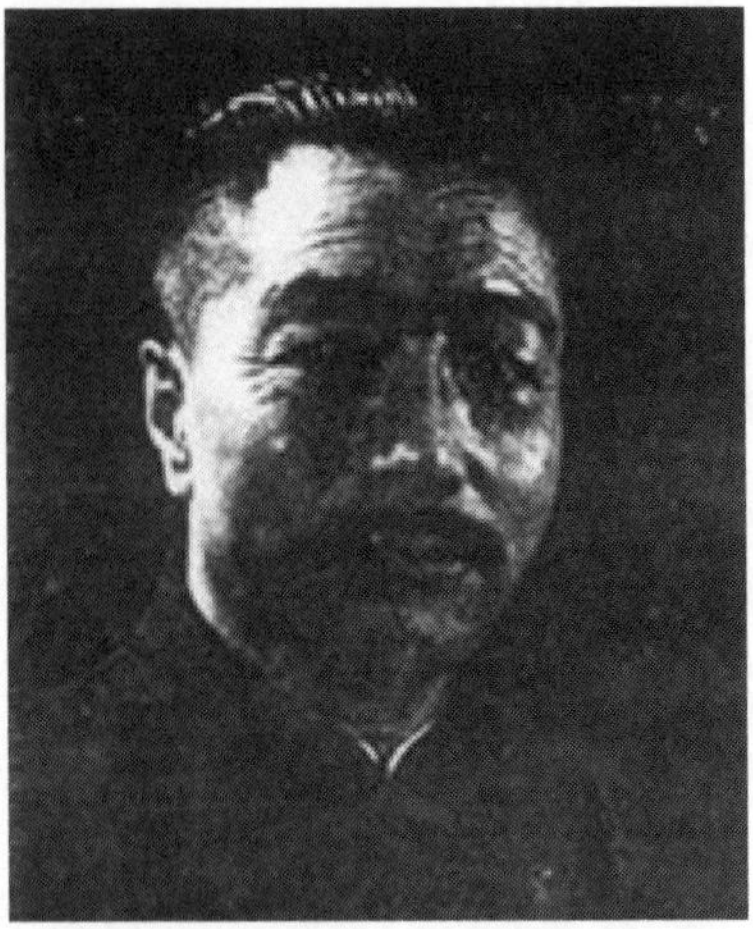

呉公儀先生

話している間に料理が並んだ。呉鑑泉先生は言った「面識の無い私がたまたまのご縁で、招待にあずかった。何かご用件がおありでしょうか」。相手が言うに「特にございません、かねがねお名前を伺っていましたので、互いに磨き合い研究させていただきたくて……」。呉鑑泉先生は「そういうことでしたら、先に研究しましょう。それから食事をいただきましょう」。それは、もし自分が負けたら食事はしないという意味だった。

相手は抱拳礼（訳注：胸前で右拳と左掌を合わせる挨拶）をして言った「ではあなた様から先に技を出してください」。呉先生は「さあ、どうぞ」。二人は始めた。相手が先に手を出した。呉鑑泉先生は「折畳勁」

を用いて、手首を当てると、「軟弾寸勁」を発した。相手は店の壁にぶち当たった。続けざまに三回、相手は態勢がとれない。宴に呼ばれた人たちが皆立ち上がった。相手は身内たちに手を振って言った「ちょっと待て、皆坐れ。皆何が起こったかわからないだろう。私の先生が現れたんだ」。すぐに呉鑑泉先生に坐って食事するように勧めた。

呉鑑泉先生はしかし、食べようとせず立ちあがって座を辞した。「皆さんのやり方では、義理が保ちにくい。あなたは負けて先生が現れたと言われたが、もし私が負けたら、私は何と言ったらよいのでしょう。私はあなたよりかなり年上なのです」。呉鑑泉先生が立ち去るのを相手は止めなかった。

その後相手はこの件がまずかったし、済まなかったと思い、一人で訪れ呉鑑泉先生に面会し、関係はだんだん良くなってきた。聞くところによると、訪問の折は額を持参した。そこには〝太極専門家呉鑑泉〟と書かれていた。話は大体こういうことで、これらはすべて老先輩先生から聞いたことで、時が経って記憶もあいまいになった。実は相手の功夫もかなりのものだった。しかも長寿で人格も高く大家の風格に恥じない人物だった。私も彼の家の後代の人に何回か会ったことがある。しかし話をしたことは無い。彼の家と呉家のそれぞれ後代は、武術界の先輩で武徳も高く、相互の関係も良く貴重である。

王子英編

王子英先生

〝元気虎〟

王子英先生は王茂斎先生の次男だ。額の両脇の角が厚くしっかりと広々して、年長者たちはこういう人相の人は力が強いという。王子英先生は身長が1メートル80センチ以上あり、力はとてつもなく強かった。店では小僧さんが天秤棒で石灰を担ぐ。二人で大きな籠一つを担ぐ。しかし王子英先生は両手で棒の両端を持って一人で持てた。しかし推手をする時、これまで彼は〝力技〟を使ったことは無かった。彼の推手の特徴は〝大〟だが、力が「大」なのではない、気魄が「大」なのだ。感覚として彼に〝喰われてしまう〟感じだ。これは一種の技術で、相手が攻めると彼は化して相手の勁とぶつからない。相手はどんなに強い勁を出しても先生の「実」のところに届かないのだ。

私の師の劉晩蒼先生は、王子英先生に対し礼を尽くして敬っていた。劉先生の言い方を借りれば、王子英先生は性格が穏やかで手も「柔和」なのだが、しかし人は彼を押さえられるとは思えない。もしそうしようと思ったらきっとひどい目にあうだろう。それはまさに〝活老虎（＝元気虎）」だ。どんな勁も〝食べる〟ことができる。

王子英先生は北の呉式太極拳家の中に在って、最も若く勁というものがわかった一人だ。18歳で「懂勁《とうけい》」ができた。これは一つは家伝であり、もう一つは本人の理解力で、すすんで努力した。また家には推手をする人がいつもたくさんいたし、練習の機会が多かった。その頃〝老哥仨〟は皆王家に来て技術の研究をしていた。王家での練習にお金は要らずその上食事が出た。腕の立つ人が多かった。人が多いのは練習に便利で、教えるにも都合が良かった。

私は若い頃王家に行った。庭中どこも推手をする人でいっぱいだった。力比べをしているようなのを見つけるとすぐに王子英先生は言った、「そんなやり方を練習する必要があるか？　そんな本能の力は誰にでもある。押して押し返す、勉強する必要もない、それは本能だ。我々が練習している太極拳はまず本能を克服しなければならない。『用意不用力』で、太極拳の技術を用いるのだ。相手が来たら引っ張る、では太極拳の勁は身に付かない」。従って、王家での練習では絶対に力比べをさせなかった。ここから人材を多く出せたことと彼らの教え方とは不可分のものがあった。

例を挙げよう。好き勝手に「按（＝推す）」するならそれは誰でもできる。幼稚園の子供でもできる。相手の胸を推して友達に尻もちをつかせる。これも「按」だが、しかし太極拳ではない。（太極拳なら）按の時に力を使わず、相手の力を借りて、きっぱりと相手を飛ばす。飛ばした人も、飛ばされた人も両方とも気持ちが良い。これでこそ太極推手だ。推手は芸を磨くもので、敵をやっつけるものではないし、むき出しの闘いでもない。太極推手は中国の一種の文化、一種の哲理を体現している。

ある意味で、「拳」の一字が太極拳の〝核〟を失わせた。太極拳の内なるものは〝拳〟の一文字で概括できるものではない。昔老先輩が言っていた。「太極拳は道を悟る一つの階段であり、一つの橋である。だから太極拳の功夫が上がると、人間もできてくる」。ここに含まれる意味は深い。あなたがこの人は技術が高いと思う人ほど、教養も高く太極拳の内なる文化の研究も深い。私が出会った老先生方お一人お一人の人柄は格別で、あれを認めずこれを憤り、というのではなかった。功夫が高いが近づきやすかった。私が出会った呉式三代目は皆こんな感じだった。

呉鑑泉先生が南に去って以降、王家は呉式の普及に多大な働きをした。王家と呉家は南と北で互いに呼応し、〝南呉北王〟と呼ばれた。しかしこれは後代の尊称であって、自身でこのように称したのではない。

王茂斎先生と王子英先生の親子二代にわたり、〝文化大革命〟によって王子英先生が実家に帰るまで、その自宅にはいつも人が来て練習していた。王家の門の人間と、別な師匠に師事している生徒を区別しなかったし、これは彼らには教えない、と保留にしたりもしなかった。私の一代上の人、私の師の劉晩蒼先生も含めて皆、恩恵を受けた者たちだった。劉老師は一日に「王師大爺（＝王大先生）」と何回言ったかわからない。敬服すること大変なものだった。王培生先生も王先生を非常に敬服していた。李経梧先生も益を受けた一人で、王子英先生の技術と人となりを、心から敬っていた。

私が覚えているのは、王先生のところで学んでいる時、王子英先生が自分から人を飛ばすことは非常に少なく、ほぼ無かったと言えることだ。いつも相手がさわりに来るのを正確に聞いて、相手を「拿（＝押さえる、捕まえる）」する。用いる時、相手の反作用力を聞きその勁に触れる。その触れ方の正確なこと、手が推す時のきれいさ、推した時の快適さ、これは即ち「勁が合い」「気が順」ということだ。もし相手を強引に強く打ち、とても遠くに飛ばしたとしても、やられたその人は気持ちが良くない。これはつまり気が順でないからだ。

気が順でないと、飛ばされた人の腹にこの気が入る。3メートル、6メートルと飛ばされて、止まった時息は吐いている。しかし、もし両者の手が結びついていて、相手の勁を聞いて「引進落空（訳注：相手の勁を空振りにする）」して、「叭（パッ）」、それで相手が

1950年代初め、中山公園唐花塢前で、呉式第三代、第四代伝人の記念写真

飛んでしまったのなら、その相手は飛び終わると自然に深く息を吸い込む。ここに大きな区別がある。深く息を吸いこむのは「養」に属し「補気」だ。反対は「傷気」だ。お互いが気を「傷める」。飛ばされた人が息を吐く、飛ばした人も吐く。（それに反し）飛ばされた人が止まって一息深く吸う、発した人も深く吸う。この二つの「吸う」は合っている。

推手は「養」だ、強く打ったり無理やりをするのではない。それでは「傷」になる。

「打点不打人（訳注：点を打つのであり、人を打つのではない）」「推点不推人（＝点を推すのであり、人を推すのではない）」、これこそ太極拳の特徴で「養」であり「不傷」である。力を用いれば即ち停滞する。勁が滞るのみならず、筋肉が硬くなり体の内部も損なう。

見てごらんなさい。あの90歳ほどの老先生、推手の技術が高度で若い人と推手をして、老爺が子供と戯れているようだ。もし一日中力を使っていたら、90歳になってはできないだろう。劉晩蒼先生は80歳過ぎて、拳を始めて10年近い20歳、30歳の人とやって、おもちゃと遊んでいるようだった。力は見えず、相手は力があっても使えない。その時先生と推手をした若い人にはある感覚があった。先生と推手するのに力を使ってもダメ、力を使わなくてもダメ、どちらも相手の手の中でうまくいかないのだ。

王子英先生がいつも言っていたある言葉、それは「推手は人を心から承服させねばならない」ということだ。あなたが強い力で凶悪な技を使って勝ったとしても、相手は心の中では心服しない。これを太極勁とは呼ばない。だから拳理を理解する必要がある。王子英先生と推手をすると、手を接しただけでもう「脚底下」は立っていられない。根が無くなる。あなたは何とかしようと必死になるが露見するのみで、先生は折よくそういうあなたを捉える。彼の推手の技は最高で、人をうっとりさせ人を夢中にさせる。考えてみてほしい。もし推手をし終わって、あちこちアザだらけ、腰や筋の痛みに耐え、というのでは誰が好んでそんなものを学ぶだろうか。

いとこの腕試し

太極拳の練習は一種ふにゃふにゃと頼りない感じを人に与える。一定のレベルに達しないとその中に隠された奥妙はわからない。だから、入り口からちょっと入ったような人は〝試す〟機会を欲しがる。ちょうど前述の〝鉄槍林〟の弟〝二百五〟のように。

王茂斎の父方の甥の王振邦という人は、逞しく力が強かった。その頃王茂斎先生の家に行く人の中で、彼が一番力があり身体も一番大きかった。彼は製粉所で働いていた。当時製粉には電動製粉機を使っており、中にカスがたまると蓋を開け、カチカチと刀片でそぎ落とした。普通は二人で鉄の棒を使って蓋を持ち上げ、それから別なもう一人が手でカスをきれいに取る。ところが、力持ちの彼はこれを一人でこなした。しかも鉄棒は要らなかった。隙間に手を入れ軽く揺らし、手をさし込んで蓋を開けた。

彼も太極拳の練習、推手が好きだった。ある日彼は王家に行った。老先生（原注：王茂斎）は帳場にいた。倉庫のほうには王子英先生だけがいた。彼はチャンスだと思った。王子英先生を試したい。彼はかなり長く太極拳をやっていたが、しかしやはり自分の力を使う。彼は力が強く、また功夫もあった。王子英先生に手を出すと、やはり室内から外へと飛ばされた。投げ飛ばされ起き上がってもうそれ以上は止めた。そして王茂斎のところへ行った。「おじさん、もう子英兄とはやりません」。老先生曰く「お前はうまくなっているのに、どうしてもうやらないんだ?」。答えて「私は子英兄と推手をして、彼は思いきって私を打つから私は投げられてこんなです」。「お前は人を推す時決められた通りにやったかね？」彼は答えて「決められた通りだと動かせません。だから馬鹿力を使いました」。老先生は笑って言った「じゃ、やられても何も言えないな」。

不打不相識（＝成語・喧嘩しないと友達になれない）

またある年のこと、王子英先生が帳場にいた。その頃、王茂斎先生は経営からだんだん離れ始めていた。秋の終わりだった。当時は部屋全体の暖房装置というのは無かった。お金のある家は火鉢をおこす。火鉢には炭を使う。同盛福はこれも扱っていた。秋には大量に仕入れた。同盛福は信用のある店だった。東四牌楼北の間口三室の店で彼らが仕入れるのは、すべて一等炭だった。その頃石炭や炭を送る専門のグループがあり、ラクダに引かせて持ってきた。一度ラクダで送り届けてきた炭に手違いがあった。一等炭には及ばず二等炭よりちょっとマシ、つまり劣等品だ。品質に問題ある品に一等炭の代金は払えない。

そこで王子英先生はラクダの輸送人と交渉した。その人は荒っぽい性格だった。言い争って互いに譲らない。その人はカウンター越しに王子英先生に一発浴びせてきた。王先生が掌で受けてその手を伸ばすや、彼は屋内から外の電車道まで飛んでいった。彼が這い戻ってくるのを待っている間に王先生はもう準備完了だ。

「いいぞ、またやるか？」

しかし結局その人は笑って言ったのだった。「あの炭の値段は相談しましょう。ところでその前にちょっと聞きたいんだが、お宅様が練習しているのは何ですか。私は外で人とやり合って、ごろつき相手も、一回や二回じゃない。しかしこんな目にあったのは初めてだ。お宅様は何をしたのかね？　あっという間に私をあんな遠くに飛ばして」。王子英先生は言った、「そのことを知りたいんだったら帳場で話そう」。そして彼を中に入れて茶を淹れた。その後二人は友人になった。その人は言った「ご安心ください、以後あなた様には必ず最高の炭を持ってきます」。

これは実は相手の勁を借りて、それから「寸弾」勁を与えたのだ。〝擠勁（訳注：力での押し合い）〟ではあのように遠くに飛ばすことはできない。弾力があって初めて飛ばせる。このことはすべて、温先生が目の当たりにしたことだ。

同門は仲が良い

1920年代、呉図南先生が上海から北京に戻った。呉図南先生は呉鑑泉先生から太極拳を習った。上海にいる時、呉図南先生はいつも王父子のことを聞いており敬慕していた。王子英、呉図南、馬岳梁（＝呉鑑泉の弟子で娘婿）は大体同年配だ。

北京に来て呉図南先生は王家に遊びに行き王子英先生と推手をした。呉図南先生の功夫は摔跤《シュアイジアオ》（＝中国相撲）が基礎で、基本的に用いるのが活歩（＝フットワーク）だった。正面から幾度か推して、片足で前に蹴って、足を斜めに出した。このようでは足は捻じれるに違いない。ちょうど足が王先生に向かって斜めに出た時、その足が地に落ちるのを待たずに王先生が少し「発力」し手をちょっと震わせると、呉先生はドンッドンッドンッと肘掛け椅子に尻もちをついた。呉図南先生は笑って「師弟よ、功夫が高いな」。呉図南先生は王子英先生をいつも師弟と呼んでいたが（訳注：呉図南は王子英より18歳位年上）、それもこの時限りとなった。

それから少し経ったある日の午後、王子英先生は中山公園（訳注：天安門の内側）に散歩に行った。最も仲の良い二人の友人、李子固と温銘三と約束していた。この二人は早めに来ていた。約束の場所は楊禹廷先生が午前に拳を教える場所だった。レストラン〝来今雨軒〟の前に二つのあずまやが在って、名前を〝十字亭〟と言い清潔なところだった。ちょうどその時二人が北に目をやると呉図南先生の姿が見えた。サングラスを掛けている。そこでこの二人は相談した。王子英先生と呉図南先生は二人とも功夫が高い。そして酒好きだ。二人を〝来今雨軒〟に入らせて、2、3杯酒を飲むように仕向ける。酒の勢いで、中山公園のひと気の少ないところに行かせて彼らに推手をさせる。中山公園の西南の角には高殿があった。ここに来る人は少ない。基本的に誰も来ない。二人は相談した。あちらのほうに彼らを連れて行って、おだてて推手をするようにもって行く。我々はお蔭でその機会に勉強できる……。

間もなく呉図南先生と王子英先生が二人ともやってきた。挨拶してから件の二人が言った「午後は暇なのでお茶でも飲みに行きましょうか」。そこで老師二人はレストラン〝来今雨軒〟へ行った。そして茶ではなくなった。酒を頼み料理を頼み二人は飲み始めた。少なからず飲んで食べ終わったら、では散歩しよう、となった。そこで二人はわざと老師二人を中山公園のあの角の隅に連れて行った。当時そのあたりは寂しく誰もいないところだった。そこでは子ザルなど小動物を飼っていた。今はすべて無くなっている。

涼しいところに坐ると、二人は老師二人に推手をするように勧めた。二人は勧めを受けて推手を始めた。少し経って呉図南先生は技を仕掛けようとしたが、どうしてもかからない。呉図南先生は結局のところ文人であり、王子英先生ほどの功夫は無かった。そこで呉図南先生は言った「もうやめよう。兄弟よ、あなたは私に敵と同じ扱いをする。あなたとはやらない」。もちろんこれは冗談だ。呉図南先生の功夫はとても高かったが、ただ王子英先生と比べればやはりそこには少し差があったということだ。

これは後に私が温銘三先生のお宅に伺った時、おしゃべりの中で聞かされた一つの故事だ。

互いに敬い尊重する

新中国成立後のある年、北京市の東単体育場で武術試合が行われた。天津の楊式太極拳の郝家俊先生も来た。それが全国的な試合だったどうかははっきり覚えていない。郝先生、李経梧が審判員だったことを覚えている。試合が終わって休憩室にいる時、李経梧が郝先生と王子英先生を引き合わせた。李経梧先生の気持ちは二人が推手して、互いに研究することだった。そこで二人は四正手を回して前後左右何回か動いたのち握手して終えた。二人とも遠慮していた。

何日か後、私が王先生の家にいる時王子英先生が李経梧に言った、「今後ああいう機会があっても紹介とか仲を取り持つなどしなくても良い。郝先生は全国的に知られた武術家だ。双方のどちらがどうなっても具合が悪い。彼の功夫は高い、全然隙が無い」

また何日かして後、私は天津に出張に行って郝家俊先生の家を訪ねた。私はまずいくつかの問題について教えを請うた。しばらくして先生が言った「皆はあなた方呉門は柔らかいと言うが、あの時東単で私と王先生は手合せして、王先生は全然隙が無くて『沈（＝沈む・重い）』だった。想像していたのとは違った」。

これは呉式太極拳が他門の人に与えた印象の一つだ。

2014年9月、稽山書院北京分院天空道場で、王子鵬が馬長勲老師から推手を学ぶ

あの時一世代上の武術家たちは、互いに相手を引き立て互いに尊重して、相手を貶めることはしなかった。考えてみてほしい。この二人の老先輩が手を合わせ隙があるはずが無い。聴勁も素晴らしく正確さも素晴らしく軽々しく手を出すことなど誰ができようか。

郝家俊先生は郝恩光先生の息子で、彼らの形意拳は李存義先生から伝えられたものだ。孫禄堂の門とも深いつながりがあるようだ。李天驥の父親は李玉琳で、郝恩光は李玉琳の一世代上だ。二人とも功夫が高い。郝家俊先生の功夫は家伝のものだ。南京国術館で楊澄甫先生から太極拳と推手を習ったことがある。

断臂剣

王家には良い物があった。興三爺が晩年に王子英先生に贈った物だ。

興三爺（原注①）と王茂斎は良い友人だった。満州人で北京では有名だった。彼の名前のほうは、はっきり覚えていない。

興三爺が贈ったこの品の本当の名前は私も覚えていない。〝断臂剣〟と呼ばれており、また〝単背剣〟ともいった。見かけは普通の剣と変わらない。鞘も柄も同じだ。違いは剣身の後ろ半分が片刃つまり刀で、血槽（訳注：血が流れる溝）がついている、前半分は両刃の剣になっている、つまり半分刀半分剣だった。とても古いもので、鉄を折っては打つを繰り返して作った物で、コバルト色だった。鉄を折った折印は一個一ミリで魚のうろこのようで、本当に宝物だった。

これは腰に巻きつけることができた、とても軽くて精巧だった。今でも腰に巻きつける剣はあるが、引き出すとくちゃくちゃの紙のようで、物の役に立たない。王家のこれは靭性があり、正に武器だった。私は重さを量ったことがある、一斤（＝500グラム）より重く、一斤半位だった。刀の峰の厚さは5

2014年12月、天空道場にて馬長勳老師と受講生たち

ミリ位だった。劉晩蒼老師はこの来歴を知っていたが、我々はあまり知らなかったし何回か見ただけだ。ある年、劉晩蒼先生が我々を連れて王家に年始に行った。劉老師は王子英先生を「師大爺」と呼んでいた。劉老師は「師大爺、あの宝物の剣を持ってきて彼らに見せてやってください」と言った。我々はこのようにして何回か見ることができたのだ。この武器はどの位鋭利か。王家ではよく羊のしゃぶしゃぶを食べた。この剣で羊肉を切った。

我々が王家に年始に行った頃、王家は銭粮胡同東口にあった。我々は大体5時頃到着した。香炉を並べ「老爺子（原注：王茂斎）」の写真を並べ、我々は床に頭をつけ拝礼した。夕方6時、空が暗くなりそれらをしまう。その頃〝文革〞前だったが、階級闘争が喧伝されていて人に見られるのを恐れた。惜しいかな〝文革〞が始まってから、こういう良い物はどこかへ行ってしまった。

原注①：興三爺は名を唐興福といい満州人。正式名は姓が唐格垃氏、名は興石如。人呼んで〝興三爺〞。董海川の高弟宋永祥の唯一の嫡伝。王子英と劉光斗は彼に八卦掌を習った。

人生の悲しい出来事

しかし王子英先生のような良い人の人生に、あのような悲しいことが起こったことには胸が痛む。1966年、〝文革〞が始まってから武術界にも影響が及んできた。9月に「第七号通令」が発布されたその日、王子英先生は波及を恐れてその夜直ぐ山東の故郷に帰った。しかし彼は北京の戸籍を閉じるべきではなかった。まずいことに北京に帰れなくなった。故郷で病を得た。ちょうどその頃〝文革〟がピークを迎えていた。すべては無茶苦茶になった。はだしの医者が逆の見立てをし間違った薬を出し、こうして王子英先生は世を去った。

彼が受けた苦しみは大きい。紅衛兵は彼を拘束し済南（＝故郷の山東省莱州から200キロメートル以上西）にまで連れて行った。誰が言ったかは知らないが武術ができると言った。紅衛兵は言った「武術ができるのか、殴れ」。太い棒で打った。一打ちで二つに折れ、また一打ちで二つに折れ、続けざまに十本位が折れた。王子英先生は思った「このように代わる代わるやられては果てしがない」。紅衛兵は数十人、皆命知らずの若い者だ。紅衛兵は棍棒が折れると、なお血気立って打つ手に力が入る。数十人が代わる代わる打って棍棒にクギを打って打つ者さえいる。王子英先生はもうどうしようもなく、気違いを装った。それでやっと災難から逃れた。さもなければ打たれ死んでいただろう。後で村に人が来て、迎えられて帰った。北京を離れてから、北京に二度戻った。北京に戻りたかったが、戸籍がもう無かったので帰れなかった。

王子英先生は長い棍を震わせて折ることができた。硬気功を習ったことはない。彼が用いるのは太極拳の聴勁だ。棍棒が体に振り下ろされる時は、一つの点ではなく一つの線だ。彼は棒が体に当たる瞬間、極めて小さな一か所を弾み起こす。このことで棍棒の力が一点に集中して、力が自分自身に集まって棍棒のほうが折れてしまうのだ。

王子英先生が世を去って、たくさんのものが伝えられずに失われた。

二度とあのような名手は出ないだろう。

劉晩蒼老師一門の故事

劉老師は壮健で大柄、技量が高かった。私はいつも手が合うや飛ばされた。体の内部の痛みは数日続いた。先生は相手を震わせていない。（もしそうされたら）内臓が乱れ動いてしまっただろう。

病を抱えて入門する

私の太極拳の恩師は呉式第四代伝人劉晩蒼だ。「師爺（訳注：先生の先生）」は劉光斗だ。劉晩蒼老師は山東省蓬莱の人だ。幼少時家の暮らし向きは悪く、父母が早くに世を去った。祖父に育てられ後に北京に丁稚奉公に出た。

劉老師は〝拳迷（＝拳狂い）〟で天性の武術好きだった。彼は〝帯芸投師（訳注：成語・すでにある程度の技術を持って、誰かに入門する）〟だった。劉家の年長者たちは皆拳

劉晩蒼先生

を練習していた。劉老師は劉光斗先生に拝師する前、まだ実家にいる時武術が好きで査拳、燕青拳等の中国武術を学び、できる拳種が多かった。北京で丁稚奉公を始めた時、昼間は時間が無かった。責任者に知られて嫌な顔をされるのを恐れて、毎日他の人が寝付くのを待って、こっそり布団から抜け出して練習した。

劉光斗は実は劉老師の親類だった。父方の叔父だったようだが、劉老師よりも年下だった。劉光斗は大学生で、拳術が好きで王茂斎先生の最後の弟子だった。劉晩蒼老師は劉光斗先生と練習し、後に劉光斗先生が陝西省に仕事に行った時、劉老師も付いて行った。

劉晩蒼老師は陝西省から戻ってから王家で練習するようになり、王家で偶然李経梧にあった。二人とも同郷だ。王子英先生は言った、「お前たち二人は背格好も同じ位、歳も同じ位、いいコンビだ」。当時李経梧は東単に住んでいた。しかし二人は推手を始めるとぶつかってあまり具合が良くない。王先生に叱られた。山東弁で言うと、彼らのはまるで〝奔大跤（＝相撲）〟だった。以後、劉先生は王茂斎門下の張継之先生の家に行くことが多くなった。

北京に帰ってから劉先生は主に八卦掌と太極拳を練習した。彼の八卦掌は興三爺に習った宋氏八卦掌だ。晩年になってからは、劉老師は主に太極拳を練習するようになった。先生の言い方を借りれば、太極推手は近道を通り回り道をしない。年取ってくると八卦掌や譚腿はあまり練習しなくなった。譚腿は陝西で習ったイスラム譚腿で、体力が要る。

私が劉老師に太極拳を習えるようになったのは偶然の縁だった。劉老師は「帯芸投師」だったが、私の場合は言わば〝帯病投師〟だった。

私は１９３３年11月に生まれた。実家は北京ではなく河北省棗強県、今の衡水だ。14歳で北京に丁稚奉公に出た。その頃家は貧しく、学業は中途で止めた。自分で食べていくために他に方法は無かった。一人で北京に出てきた。来たばかりの時は絹布店で奉公をし、後に金物屋に移った。店の名を〝信昌金物店〟といった。

それは1947年のことだった。信昌金物店では食事は「福興食品」に注文していた。小僧さんが配達してきた。皆若かったので一緒に腕相撲などをした。一度、金物店と食品店で腕相撲をした。金物店の我々と付き合いのある陳坤という人がいて、彼が金物店のほうについて腕相撲をした。食品店の小僧たちは彼にかなわなかった。

小僧たちが話しているのを聞いて、私は陳坤が〝練家子（＝腕利き）〟だと知った。彼は三皇炮捶（訳注・少林拳の一種）の大家だった。食品店の小僧が言うに、「武術の練習だったら、ウチの北事務所（原注・安定門本店）の劉晩蒼先生がやり手だ」。陳坤は聞いて喜んだ「それは名のある人だ。功夫があって、八卦掌、太極拳の名人だ」。陳坤は劉老師より2歳年上だった。食品店の小僧は、「劉先生は昼間は仕事で、夜皆が休んでから自分は外に出て練習する。毎日練習している」と言った。

その頃私は何が武術か知らなかったが、ただ一つのイメージを持った。今思い出すと自分と劉先生との縁だ。その時もう種は蒔かれていた。

1953年、金物店は製造業になりベアリング工場になった。これが後の北京ベアリングで、その後北京自動車になった。私は定年までずっと北京自動車にいた。

小さい時、実家は〝鬧日本《ナオルーベン》（＝日本軍侵略）〟に見舞われた。村に居られず、逃れて何日にもわたって畑に這いつくばっていた。飲まず食わずで動くこともできず、その結果持病を持つようになった。顔の左半分の麻痺がだんだんひどくなり感覚が無くなった。左目からは涙が流れ続け両目の視力が衰えた。眠ると目には目やにが張り付いて起きると水で洗い流した。奉公の時はそれを口に出すことはできなかった。もし病気だと言えば雇い主はクビにするだろう。また、病院に行く金も無かった。

1953年になって労働組合ができ、診察を受けられるようになった。中医にも西洋医にも見てもらったが効果は無かった。1954年になって後門橋に鍼灸の王楽兵や銭月華など何人かの有名な中医がいるようになった。私はすべての有名な先生に診察を受けに行った。当時職場も鼓楼（＝故宮の北）に移っており、それらの医院に近かった。

その時一番ひどかったのが顔左半分の麻痺で感覚が無かった。銭月華医師は私に薬を処方した。四十数服飲んだが効果は薄かった。銭医師は、「あなたはこんな若さだがもう処方した薬は上限に達している。まだ病気に効果が出てこないが、これ以上投与すると別な病気が起こる」。そして彼は提案した、「他の方法を考えよう、太極拳を練習したらどうだろう。もしかしたらゆっくりと良い効果が出てくるかもしれない」。私は言った、「太極拳ってなんですか」。彼は言った、「ちょっと書いてあげましょう」。彼は王培生先生を訪ねるように言って、紙に書いたのは「小金絲套胡同南路西門」、覚えているのはこんな感じだった。しかしそこに行って人に尋ねてもそういう人はいなかった。王という姓の人も拳を教えている人もいなかった。

私はあちこち廻って積水潭（＝故宮の北西）のほうまで来て、〝滙通武術研究社〟というのを見つけて入って行った。そこの先生は高瑞周といってやはり有名な先生だった。私は自分について話した。その先生は「あなたは王培生に会いたいんですね。彼はそこにはいない。彼のところは金奨大院といって徳勝門のそばです。」と言った。そして「私と王培生は友達です。ここで勉強したかったらそれでもいいですよ」と言った。私が「銭医師が王培生を訪ねるように言いました」と言うと、「銭医師なら私も知っている。もし希望するならここで練習しなさい。どっちも同じです」と言った。私は「ここのほうが近いですからここで練習します」と言った。

その時私の職場は鼓楼西大街（＝故宮の北西）にあり、甘石橋は遠くなかった。月謝は5元だった。常識的に言って安いとは言えない。なぜならその頃給料は少なく最初はアワで9キロだった。後に上がって22キロ、最高で98キロだった。そして現金の月給はその頃は１９０ポイントでつまりは30元位だった。

高老師が言うに、「あなたは病気を治したかったら、辛い思いに耐えなければならない」。私は、「自分は田舎から出てきた小僧です。辛い思いなど平気です」と言った。先生は「あなたはここで站桩《たんとう》（＝じっと立っている練習）をしなさい。私が言うまで動いてはいけません」と言った。その頃私は站桩とは何か知らなかった。老師は私の姿勢を直した。壁に向かってずっと立ち続けるのだ。授業料を払って私はそこで壁に向かって站桩をした。高老師は花に水をやり私を部屋に置いて出て行った。部屋の中は刀剣槍棍の類で一杯だった。

立ってからほどなく身体が震えだして汗が噴き出た。手は前でボールを抱えた形で半馬歩桩だった。このような練習をひとしきりすると、足は敷居を跨ぐのも容易でなく太ももを手で引いて跨いだ。病気を治すために耐えた。立って45日が経った。顔に感覚が戻ってきた。掻くと掻かれたところが感じた。私は站桩し太極拳の練習をした。

高老師が主に教えたのは八技拳（原注：八極拳）、五行錐（原注：五星捶）だった。私は初心者だったので簡単な太極拳を学んだ。私はそこで全部で4か月練習した。この後事件があって職場が移転し、そこからは遠くなってしまい行けなくなった。そこで自宅で練習した。6、7か月経った頃には顔の病は基本的に全快した。

あの頃、王培生、高瑞周、張立堂など先輩方数人はいつも一緒にいた。張立堂は張之洞の後代で八極拳の名家だった。張立堂の師は、神槍と言われた李書文（訳注：八極拳の名人）だ。張立堂の家は積水潭の滙通祠裏手にあった。

私は太極拳の効果を知り練習を続けた。その頃妻子はまだ上京していなかった。1956年の公私共同経営政策以後、実家にいた妻子は北京に来て西公街の順天府交道口（＝故宮の北）に住んだ。私の給料は低く生活は厳しかったが、実家が大水被害に遭いどうしようもなく、妻子と妹が来たのだった。

我々が住んだ家の家主は、劉老師と親の代からの付き合いがある友達だった。劉老師と家主は年齢を超えた付き合いがあった。家主の息子三人は皆大学を出ていた。次男は劉爾謙といい劉老師と同年配で陽泉（訳注：山西省の炭の大産地）の技術者で陽泉で定年を迎えた。三男は西洋に留学経験があり帰国後体育関係の仕事をしていた。家主である父親は教養人だった。清朝に仕えた人で新中国成立後、文学歴史館で仕事し劉老師と友好が

1980年代初め、北海公園で。（左から）二人目王挙興、四人目王春亮、五人目劉晩蒼先生、七人目馬駿、八人目馬長勲

あった。劉老師の文学、書道、絵画などの教養はこの方から受けたものが少なくない。劉爾謙の代になっても劉老師との友好関係は相変わらずだった。

私がその頃練習していたのは五行錐だった。また太極拳も少し練習した。五行錐を教えてくれたのは兄弟子の白玉璽だった。彼は高瑞周老師の比較的上級の弟子で、高老師と同じ四合院に住んでいた。高老師は主に基礎のできている人を教えた。我々始めたばかりの者は基本的に白玉璽が教えた。その太極拳は高老師が自ら編んだ簡化40勢で、基本は楊式の套路だ。四通りの五行錐はすべて学んだ。しかし細かくは教わっていない。これの練習は大変だった。

私はこれら教わったものを自分で庭で練習した。劉爾謙はその頃定年退職していた。彼も太極拳が好きで、退職後は毎日太極拳を練習し、どこにでも行き、そして〝太極拳専門家〟と呼ばれるようになっていた。彼は文人で、やはり養生が目的で、病気を治すために太極拳を始めたのだった。

近所同士なのでおしゃべりをした。彼は、私がこんなにも太極拳の練習が好きで勤務後も毎晩練習しているのを見て、私に聞いた。「あなたに先生はいるんですか?」私は「これまで毎月5元を払って学んできました。でも今は自分で練習しています。」と答えた。彼は「これは自分で練習してできるものじゃない。訳もわからず練習すると体を壊す。本当に学ぶには先生を見つけなければ……、腕の立つ人に教わらねば」。私は「誰も知らないんです」と言った。彼が「紹介しますよ」と言って紹介してくれたのが劉晩蒼老師だった。

正式に弟子になる

私が劉晩蒼老師について拳を学び始めたのは１９５６年だった（訳注：馬先生22歳、劉先生52歳位）。地壇公園（＝故宮の北北東）で習った。後に公園で趙徳奉に出会った。似たような年だが彼のほうが何歳か下だった。やはり劉先生について学んでいた。

劉先生は呉式太極拳以外に譚腿（＝イスラム武術、弾くような蹴りを使う）、八卦掌も教えていた。それで私も譚腿を習った。その頃私は目が悪く、八卦掌でうまく回れなかった。一回りすると吐いた。劉先生は「あなたは太極拳をやりなさい。回るのはダメだ」と言った。私は近眼で眼鏡を掛けている。目も〝鬧日本（＝日本軍侵略）〟の時に悪くなった。高粱畑にうつぶせて飲まず食わずで怖さに耐えた。結膜炎のような赤い目が悪化して白っぽい眼になった。新中国成立後、目は少し良くなった。しかし近視になった。その頃何が近視か知らなかった。親方が「何時になった」と言うと掛け時計の前に駆けて行かねばならず目を細めて見た。この症状は小学生の頃から始まって、だんだん物がはっきり見えなくなった。席がだんだん前になり、ついに一番前になった。１９５３年、工場勤務になり近視は困ることになった。マイクロメーターやノギスの類を使う。はっきり見えなくては務まらない。眼鏡を掛けることになり、それ以来ずっと眼鏡を掛けている。

地壇公園で、ある年配の人が言ってくれた「本当に練習したかったら拝師（訳注：正式に弟子になる儀式）をしなければならない。こんな練習方法では深いところには行けない」。私は近所の劉爾謙先生にそのことを言ってみた。彼は「それは良いことだ。手伝ってあげよう」と言って紹介人になってくれて証書を書いてくれた。証書を取り交わすのは古い決まりだ。しかし客は招待しない。老師に表明してお菓子を差し上げるだけにした。

それは1960年で困難な時代だった。拝師のことを広く周りに言うことはできなかった。当時趙徳奉は医科大学をまだ卒業しておらず、両親について張家口から北京に出てきてしばらくの間は仕事が無かった。後に我々は地壇公園の練習で知り合った。証書を提出してから私は彼に提案した「我々両家の肉票で劉老師に何斤かの牛肉を買う、それだけにしよう」。つまり拝謁する礼儀でとても簡単だった。劉老師のお宅で簡単な儀式をした。額を地に付ける礼もせず、お辞儀をするだけだった。劉老師は「新社会になった。新しいやり方にしよう」と言い、ただお辞儀するだけになった。いずれにしろ正式に拝師した。

何年か経って趙興昆が拝師した時、やはり劉爾謙先生が証書を書いた。彼は菓子折りを買った。菓子折りは色とりどりできれいだった。私は特に家から風呂敷だったか、綿入れ上着だったかを探しだしそれで菓子をくるんで差し上げた。包みも一緒に差し上げるという意味だ。後には王挙輿が、いつ頃だったかは忘れたが拝師した。

その時代は多くの客を食事に招くことはできなかった。せいぜいお茶会をするぐらいだが我々はそれもしなかった。後に劉老師は張継之先生を伴って我々を連れて同門の人への紹介をした。楊禹廷先生を訪問した時も張先生を伴って行った。張先生は「師哥（訳注：兄弟子に対する呼びかけ）、老三（訳注：劉晩蒼老師のこと）は正式弟子をとりました」。つまり「先生には孫弟子ができました」、とこのような紹介をした。楊先生にお目にかかって、その後だんだんお宅に伺うようになった。

私は趙徳奉より年上で二人同時に拝師した。劉老師は最初に我々二人を弟子にした。後に趙興昆、王挙輿を弟子にした。後に趙興昆は私に言った「自分は一番の年上だ。交替しよう。私が大師兄（兄弟子）になる」。

私は「交替するなら交替しよう」と言った。劉老師はそれを知って私を叱った。「どうして交替できるんだ。半日早くてもそれが師兄だ。年齢ではない、交替はダメだ」。王挙興も私より年長だった。私の意見は聞かず彼も趙と一緒に交替し〝師兄〟と称していた。

その後しばらくして、劉老師の次子が地下資源調査隊にいて子供が生まれた。彼は甘粛省で仕事をしていた。劉夫人は産後の手伝いに行った。劉老師宅には他にも孫、孫娘がいて先生は外出できなくなった。この機会を得て私は毎日先生のお宅に行くようになった。一年余りそれが続いた。先生のお宅には小さな裏庭があった。広くはなかったが推手をするには問題がなかった。劉老師宅は北側の二間の家だった。東西は二間分の広さだったが南北は比較的幅があった。その頃私は毎日行った。そのため上達は少なからぬものがあった。

先生の自宅で拳を学ぶようになったのは、私にとって幸運だった。というのも先生のお宅までなら歩いて10分もかからなかった。先生宅の裏庭で1時間ばかり推手をした。劉老師は発勁に長けていた。発し方が鮮やかだった。我々はクタクタになり先生の家を辞する時は満身汗みどろで一重の服はびしょびしょだった。その頃は本当に転がされたが、若かったので平気だった。

劉老師は次兄と同じ四合院に住んでいた。我々は次兄を「二大爺《アルダイエ》」と呼んでいた。我々が行くとお茶を淹れてお湯を汲んでタオルを浸し、自分は小さな折り畳み椅子を門脇に置いて見物した。劉老師にとって教えることは自分の練習でもあった。お兄さんが来て言う「（弟子たちを）思い切って投げれば良い。投げないと練習にならない。もっとどんどん打て」。私は心の中で思った「今でももう十分ひどいのにさらにそんなことを言うとは」。劉老師は手を合わせれば発する。ひとたび発すれば相手を遠くに飛ばした。

「三年自然災害時期」（訳注：1958年の大躍進政策の失敗で1959年から1961年までに一説では

2000万人から4000万人といわれる史上空前の餓死者を出した事態）の頃、劉老師は見る間にどんどん痩せて腹はへこんで行った。私は「今はひどい時期だからまず練習はやめましょう」と言った。劉老師は「それはダメだ。飢えを恐れてはいけない」と言った。老師がこうなのだ。我々がやめるわけにいくだろうか。

1958年の〝大躍進〟が始まった頃、我々はまだ拝師はしていなかった。あの数年は昼間は仕事で日曜日も休みではなかった。劉老師は「あなたたちは何時に仕事が終わるのか？」と聞いた。私が「我々は時には夜11時になります」と言うと、劉老師は「私は地壇公園で待っている」と言った。だから仕事が終わると走って地壇に行った。その頃街灯は今のように多くなく公園は真っ暗だった。

ある晩小雨が降っており職場を出たのは11時過ぎだった。私は行こうか行くまいか迷った。行くにせよ遅すぎる。でももし行かなくて劉老師が待っていたら？　急いで地壇に行って見ると劉老師は麻袋と布を敷いて地壇の北壁の下であぐらをかいて坐り、我々を

劉晩蒼先生（扇通背）

劉晩蒼先生（撇身錘）

待っていた。我々が来るのを見て「来たか、さあ練習しよう」と言った。1時間ほど推手をした。一時に近かった。老師は「さあ帰って寝よう」我々は一緒に歩いて帰った。

このような日が、ずうっと続いた。

いつも一緒に行ったのは趙徳奉、趙徳庫などだ。劉老師は元来太っていたのだが「三年自然災害時期」は頬がこけていた。もうお年だった老師が……と今思い出して、心打たれ懐かしさに包まれる。

相得益彰（訳注：成語・互いに高め合う）

劉老師はとりわけ基本のやり方を強調した。彼が言うに「これは卓球の練習に似ている。基本に従って練習するとだんだん条件反射が身についてくる」。基本を破る人を見つけると劉老師は言った「あなた方はもう練習しなくて良い。そういう練習はすればするほど手の〝聞こえが悪くなる〟」。

地壇公園で劉老師は誰とでも推手をした。私ともした。（ギリシャ神話の）「タイタン」のような人が来ると誰もそういう人とはやりたがらなかった。名前は伏せておく。劉老師は彼を叱って「そんなに力を使うから、誰もあなたとやりたがらない。あなたはどうやって功夫を高めるつもりだ？」と言った。「馬長勲を見てみろ。十人二十人皆彼とやりたがる。彼はますますうまくなる。あなたにやられるとつらい。誰もあなたとやらない。それで何の功夫が高まるんだ？」

その頃、張継之先生がいつも来ていた。温銘三先生も来た。温先生が教える「小勁」は年齢の高い人に好かれた。

温銘三先生は修丕勲の生徒だ。修丕勲は王茂斎先生の故郷の生徒で、遠方で仕事していたことがあるが主に故郷にいた。李経梧と同じく山東省莱州の人で、村の名は掖県大武官村といった。温師叔の家は南池子（＝故宮東側）の蔵書苑という胡同にあった。温師叔の胡同を出ると、向かいが楊禹廷先生のお宅だった。私は彼らの家に行くことも少なくなかった。私が前に語ってきた故事も主に温銘三師叔が私に語って聞かせたもので、また劉老師から聞いたものもある。

温先生は王家と親戚だった。彼は王子英先生を「二叔《アルシュ》（＝二番目の叔父さん）」と呼んでいた。彼は太極拳が大好きだった。しかし体があまり頑丈でなくどちらかと言えば弱いほうだった。温師叔は文人だった。ずっと経理を担当しそれで帳場先生と呼ばれていた。温先生は小さい時から体が弱く、拳を続けてきたが腕前がとても高いというわけではなかった。しかし劉晩蒼先生の彼に対する評価は高く「手は弱いけど、とても細かい。勁がこまやかだ」。彼が行うのはとても微細な動きで、若い者が勢いよく相手すると功夫が足りず、かなわなかった。

温師叔の最大の特徴は王子英先生の勁を語れることだった。その勁の道理を解説してみせることだった。これは難しいことだ。武術界に於いて、ある人は功夫が高いが、しかし（その道理を）語れない。ある人は口達者だが、しかし功夫が無い。温先生は比較的両方を備えていた。生まれつきの体格のせいで功夫はさほど高くなかったが、彼はその道理をやってみせることができた。我々は彼によって多くを学ぶことができた。私は劉老師のところで拳を学び先生と推手をし、いつも飛ばされていたが、いつも（その理が）見当がつかなかった。しかし、温先生のところで彼に話すと彼はその道理を語ってくれた。その上我々にその勁路をやってみせてくれた。それは我々の代の者たちにとって益するところ実に大だった。

私は王子英先生に拳を習っている時、いつも温師叔のところへ行った。彼は王子英先生の勁も明瞭に解説でき、私の理解の助けになった。彼の話はとても細かく、例えば一つの手法、どのように牽動（＝きっかけを作る）するか、どのように発勁するか、相手を「拿住《ナジュ》（＝捕まえる）」するか、すべて語ることができた。このようなことは自分の体でできなければ決して語ることはできない。ある人は功夫が高く搭手（＝手を合わせる）するとすぐ相手を飛ばす。そしてあなたに聞く「わかったか？　わからないならもう一度……」。普通そうやって何時間やってもやはりこちらはわからない。

劉老師と温老師の方法を合わせると、我々の太極拳理解の非常な助けになる。

私が拳を学んだあの頃、太極拳の教え方は皆それぞれだった。劉老師の場合、彼は套路を教えるが理解するのは生徒自身だった。その頃、先生に質問した時の最も多い答えは「今のあなたに言ってもわからない。練習してその時が来ると自分でわかる」というものだ。これは劉老師の言い方そのままだ。当時は受け入れ難かった。しかし今思い返してみて、先生は正しいか？

劉晩蒼先生（雲手）

と言えばとても正しい！　練習を続けてやっとわかるのだ。この肘底捶はきっとこう使うのだ。倒攆猴は多分こう使うのだ。そしてまた練習する。方法を変えたらこのほうがもっとうまく使えそうだ。だんだんそれに行きついてきて、だんだん身に付いてくると、どんな擒拿も散打の勁も皆わかってくる。

「拆手《チャイショウ》（＝型の用法を使う練習）」を含めあなたが質問すると、劉老師はあなたに一手二手の拆手を使ってみせる。質問が多くなるともう言わなくなる。あなたに自分で練習させる。劉老師曰く「私が話すのは永遠に私のものだ。あなたが自分で理解したこと、自分で練習してマスターしたもの、それこそが本当にあなたのものだ」

先生の言い方を借りて言うと、先生がある技で四つの用法をやってみせるとする。以後あなたはその四つにこだわる。するともっと多くのもっと良い内なるものの体得はもはやできない。話ばかり多いと〝孫悟空の頭の輪〟のようにあなたを縛りつけることになる。芸は無窮だ。あなたが練習して身に付けて内側から出てきたものこそがあなた自身のものだ。その後、老師は用法を語ることなく技を使ってすぐ飛ばした。例えばあなたが攬雀尾の掤の勁を質問すると「よし、〝伸手！（＝手を伸ばしてかかってきなさい）〟」。私の伸ばした手は、タッ！と飛ばされる。「わかったか？　わからなかったらもう一度かかって来なさい！」

劉老師のこの教え方は温師叔の解説と相まって、我々の理解をより容易にし、また早めてくれた。

〝快手劉（＝早業劉）〟

劉晩蒼老師の推手の特徴は「功力（＝パワー）」が強く用法がしっかりしていることだ。しかし王子英先生のような細密な手法は少なかった。性格と関係があるようだ。劉老師は体が丈夫で大柄、人呼んで〝快手劉（＝早業劉）〟といった。パワーが強く、彼に力で向かったり押えつけようとしたりすると痛い目に会う。劉老師は1メートル80センチの大柄で、彼が化勁を使うとあなたの勁は全く彼に届かない。また彼があなたを「発」すると、あなたは十何メートルも飛ぶ。その上、手法の変化が多彩だった。私が手合せさせてもらった人は多いが、しかし功夫がこんなに〝頑丈〟な人はいなかった。体は一本の太い柱のようだった。劉老師の功夫が高いのは、彼の元々の力が強いことに加えて、努力して身に付けたものが多い。小さい時から丁稚奉公に出、夜中にこっそり起き出して練習した。晩年になると、日中は地壇公園で皆と推手をし、套路をする時間がない時は夜帰宅して〝補習〟をした。こういう先生を私は何度も目にした。私が知り合った三代目の方々、王子英、楊禹廷、張継之たちは皆言った、「あなた方の先生の功夫はすごい。技も多い。先生に付いてしっかり勉強すると良い」

劉老師はパワーがあるだけでなく推手が細かかった。パワーがあまりに大きいので皆は往々にしてこの繊細さに目が行かなかった。彼は大体において若い人と推手をした。華奢な人は支えられなかった。若い人は手を合わせた途端、最低10メートルは飛ばされた。どの技もこのようで、一般人ではとても支えられない。これは彼の親切であり、これが彼の教え方だった。「こうしないと練習しても身に付かない」と言った。体の弱い人は支えられず、自分から先に動いてしまって受けとめられなかった。

彼は、修行で得た「功力」も強く、また生まれつきの力も強かった。若い時、米の袋を肩で担ぎ、さらにもう一袋を脇に抱えた。1メートル80センチ以上の体だ。（たとえ先生が）太極拳を用いなくても彼を受けられる人はいなかった。

私もいつも先生と手が合うや飛ばされた。身体の内部の痛みは数日続いた。しかし先生はまだ震わせることはしていない。(もし震わせていたら)腸やお腹は皆乱動してしまう。しかしこれは若い人に対してであって年配の人には手加減をした。

劉老師の推手には特徴があった。一つは相手に技をさせないこと。二つ目はもし彼を制しようとする心があなたにあると、ひどい目に遭うということだ。

劉老師にはとても良い友人がいた。山東省の同郷人で田興作と言った。私が劉老師のお宅に伺うといつも彼に出会った。彼も太極拳、そして推手が好きだった。八卦掌も練習していた。彼の専門は鉄砂拳で、真伝を得ていた。鉄砂拳をたくさん練習している人は皮膚のきめが粗く厚いが、彼の手はそうではなかった。伸ばした彼の手は皮膚のきめが細かく柔らかで女性の手のようだった。劉老師は我々のために、彼に鉄砂拳の表演をしてもらった。地壇公園で、うわぐすりを塗った「瑠璃レンガ」を、これはとても硬いのだが、掌を振りおろしそれを真っ二つにした。

その年、交道口二条で殺人犯が出た。逮捕されまいと抵抗した。包丁を持って、北屋の門口に立って誰彼かまわず近づく者に包丁を振り下ろした。目は真っ赤だった。警察は槍で犯人を傷つけるわけにもいかず、田老師を呼んだ。田老師が来た。手に何かを持っていた。横から内側に投げた。犯人が一瞬ひるんだ隙に、飛び込んで斜めに大動脈を手で打った。犯人は倒れて白目をむいて口から泡を吹いた。

しかし、「功力(=腕)」の面では劉老師のほうが上だった。劉老師は人を傷つけたことは無い。劉老師もこういう使い方を教えたが使うのを許さなかった。もちろん何かあった時は仕方がない。また、推手の時うっかりして自然にこういうものを出してしまうことはあった。

その頃、劉老師と同じく地壇公園で練習していた中に、劉国志(原注:音から察した字)という人がいて楊式がとてもうまかった。劉国志は電気店を経営していた。劉老師は交道口に住み、劉国志は国子監口路東にいた。地壇公園から帰って劉国志は言った「店でちょっと坐って水でも飲もう」。二人は入って水を飲んだ。それからどうしてそうなったかはわからないが、二人は推手を始めた。劉老師は人に技をかけさせない。それがどんな友達でも、だ。劉国志は劉老師に技を仕掛けて見たかった。しかし用いるやいなや劉老師に飛ばされた。鼻が擦り剥け具合の悪いことだった。

実際は劉老師は穏やかな人だった。相手が彼を押えようとしなければ、彼も決して相手を押えない。それは自然の反応で意識的にやっているのではない。

劉老師は地壇に行く時いつも帆布の袋を提げてきた。腰かけは持っていかない。レンガのかけらを探して小さく積み上げた。帆布袋は本も入れられ敷物にもなった。袋に坐って皆とおしゃべりをした。

その頃北京製鉄所の荷役夫で、形意拳と八卦掌を練習している人がいた。叔母さんの夫から習ったものだという。かなりうまいと自認していた。ある日、劉老師が地壇の南門で例の帆布を置いたばかりだった。その人は劉老師の腰に向かって飛び掛かった。〝どうだ動けるか？〟

もちろんこれは試すものだ。しかし劉老師は知らなかった。自然に反応して激しく応じた。劉老師は腰を回し、肘を引いた。この人は飛ばされて貼餅子（訳注：釜の内側に張り付けて焼くトウモロコシ粉の餅）のように地壇の壁に張り付いた。劉老師は「お前は何をしたいんだ」と聞いた。彼は言った、「あなたの功夫がすごいと聞いたので……」。劉老師は「何でこんなふざけたことするんだ」と言った。

この人は夜、劉老師の家に行き拝師を申し込んだ。劉老師は「我々は一緒に遊べば良い。弟子にはしない。今時そういうのは流行らない」と言った。

それは80年代のことだった。このことは我々何人かの弟子は知っている。我々はこの人と推手をしたことがある。彼の勁はあまりに大きすぎて、彼がしっかり勁を出した時、こちらが放鬆すると、（勢い余って）

彼は腹ばいに倒れた。力を猛烈に使いすぎるので、その力を空にすると自分でバランスを失った。ある時、我々と推手をしている時、彼の叔母の夫が見ていて彼に何か言って叱った。多分恥ずかしくて、以後地壇で練習しなくなった。

劉老師はパワーがあり気が強かった。それは今に始まったことではない。

新中国成立前、安定門大街に「脚行」があった。「脚行」とは大八車で運ぶ運び屋だ。これは「独占企業」で横暴だった。どうしても彼らに頼まないといけない。たとえ彼らに頼まず自分で運んでも、彼らに荷役費を払わねばならなかった。これを〝過肩費〟と言った。

劉老師が営んでいたのは穀物問屋だった。穀物を積んだ大きな車が来た。(荷卸しするために)彼ら(原注：脚行)を探したがいない。別のところに出てしまっていた。来た車を待たせておくことはできない。待たせると「脚銭」を払わねばならない。脚行がいないので劉老師は自分で荷物を下ろした。下ろし終わったところに脚行が来てお金を要求した。劉老師は「払うのはいいが、私は一つは担いで一つは脇に抱えて荷卸ししたんだ。あんたも一つ抱えて一つ担いで運んでくれ、そうしたら金を払う」。脚行は見た。一包200斤（訳注：100キロ）の穀物だ。一人では持てない。うっかりこの人には関わらないほうが良い、ぶつぶつ言って去っていった。

脚行の話だけではない、日本占領時期、日本人の権勢を恐れない人はいなかったが、彼は恐れなかった。陝西から帰ってから、彼は店のカウンターで穀物を売った。当時ある人々は日本人の権勢を笠に着て鼻にかけすごんだ。しかし劉老師のところではその手は使えなかった。

その年〝北支（原注：日本占領時期は北支兵工廠といい、後の興平機械廠)〟の一群がカウンターの小麦粉を取ってそのまま行こうとした。金を払わない。劉老師は「金がまだじゃないか？」と言った。彼らは「聞いてみろ。我々が持って行く時、金を払ったことがあるか」。劉老師は言った「聞く必要は無い。ここではあんたが誰であろうと、金を払わずに物を持って行くことはできない」。劉老師は穀物をすくう時の鉄の柄杓を掴んで門口に立った。鉄塔同様だ。彼らは勢いをそがれ「もう行く、待ってろよ！」と言った。しかし彼らはその後二度と来なかった。

劉老師は気が強かった。劉老師の次兄は「お前がこんな風だと面倒が起る」と言い、彼をカウンターから下ろして外回りに替えた。外回りは穀物の注文をして受け取ると、それで用が終わる。用が終わると店には帰らず、天壇公園に練習に行った。

初めて太極拳の純功を知る

劉老師は〝吃功夫（訳注：相手の技量を吸収する）〟ができた。彼曰く「私は〝王師大爺《ワンシダイエ》〟に一回飛ばされるとすぐにその勁を自分のものにした」。この〝王師大爺《ワンシダイエ》〟とは王子英先生のことだ。

劉老師と一緒にいると、1日に何度「王師大爺」と言うかわからない。1日中、この王師大爺の功夫がどんなにすごいか、自分が彼にどのように学んだか、言うのを聞かされる。あまりに何度も聞かされてついに我慢できず、つい聞く。「先生がおっしゃる〝師大爺〟とはどなたですか？」すると劉老師が言う「それは王茂斎先生の御次男王子英、またの名王傑だ」。師大爺（＝自分の先生の兄弟子《あに》）と言っても王子英先生は劉老師より2歳年上に過ぎない。劉老師は１９０６年生まれ、王子英先生は１９０４年生まれだ。

劉老師が我々に植え付ける王先生の印象があまりに深いので、我々は毎年年越しの季節になると「王先生のお宅への年始に同行したい」と劉老師につきまとって頼んだ。劉老師はいつも「ダメだ、何年か経ったらな」と言った。そしていつも我々を連れて行かなかった。王先生がどこに住んでいるかも言わなかった。先生が言うに「あなた方の功夫はまだまだだ。また何年か経ったら考えよう。あなた方はここで学んでいることもまだマスターしていない。あちらのものはもっとわからない」。こう言っていつもダメだった。そのうちに私も言わなくなった。

ある年、何年頃のことだったかよく覚えていないが、覚えているのは日曜日だったことだ。我々が公園で練習しているとやがて雨が降り出した。我々は地壇南門まで行って雨宿りした。南門の下で雨はさらにひどくなった。ちょうどもう一人が雨宿りしていた。一目見て鮑全福先生とわかった。以前私は鮑先生に楊式太極拳を習っていた。彼は言った。「今日ここに来たのはちょうど良い、誰が（公園に）入ったか知っているか」。私は「どなたですか」と聞いた。「王子英だ。それから薫煥堂だ」。この二人はとても仲の良い兄弟弟子だった。彼が言うに、「彼らは趙暁華（原注：呉鑑泉の弟子、協和医院医師を引退したばかり）を訪ねて入って行った。今は雨だ。（間もなく上がったら）彼らはきっと出てくる。彼らが出てくるのを待ってあなたに紹介してあげる。あなたもあの人たちのあの勁を経験すると良い」。私は「お会いする機会が持てて、本当にうれしいです」と言った。

間もなく雨も止みそうになって三人が出てきた。この時鮑老師は片手で私の手を掴み、もう一方の手で王子英の手を引っ張って言った。「紹介しましょう、この人は太極拳狂いです。あなた方の『老三（＝劉晩蒼）』の生徒です。後で彼に勁を話してあげて、太極拳の味を教えてあげてください」。王子英先生は私に聞いた、「ここで何年練習している？」。私は「3、4年になります」、と言った。その時は大体4年ちょっとだった。ちょっと話して王先生は「あなたは彼（原注：劉晩蒼老師）についてよく練習をしている。彼の功夫はなかなかだ。

知っていることも多いし、できることも多い。太極拳が好きだったら彼についてしっかり練習すると良い」

話しているうちに雨が上がった。鮑先生は言った、「雨が止みました。行きましょう、外に出ましょう。この若い人たちに聴勁をさせてあげましょう」。このようにして私は王先生と手合せする機会を得た。王先生が聞いた、「あなた方の先生はあなた方にどんな手法を教えた？」。それで私は教わった手法を用いて相手に「問勁」した。感覚がいつもと違った。王先生は我々の先生より動きが小さく細かく、先生から推され終わった感覚がとても気持ちが良かった。劉老師が発した時のような、こちらが恐れおののく感じは無い。王先生は立ち去る時、私に言い聞かせた。「よそ事を考えないで、しっかり劉老師について練習しなさい。彼は功夫がとても高い」。私は尋ねた「あなた様はいつもどちらに行かれているのですか」。彼は「私は外には出ない」そう言って立ち去った。

後で鮑先生が私に聞いた「どうだあの勁は？　劉老師と違うだろう」。私は言った「はい、違います。王先生に打たれると、こちらはとても気持ちが良いです。とても軽くて放鬆した感じです」。鮑先生は「そうだ。王先生の打ち方は〝和（＝穏やか）〟だ。劉老師の打ち方は〝急《ジ》（＝激しい）〟だ。これは彼らの性格と関係がある。王先生の勁は、あれこそが太極拳の純正の勁だ」と言った。このようにいくらか話した後、我々は帰宅した。

密かな行動

地壇公園から帰ってから、あの時のことを何度も考えた。王子英先生についてたくさん学びたい。劉老師が連れていってくれない以上、自分で王先生の住所を訪ねていこう。

薫煥堂は新中国成立前は松竹園の支配人だったということを聞いていたので、私は松竹園に行った。松竹園は銭湯で東四牌楼北辺路東に在った。食事を済ませ出掛けた。「入浴にお出でですか」とそこの人に聞かれた。「いえ、入浴に来たのではありません。人を訪ねてきました。薫煥堂という人です」。その人は「それは新中国成立前のことです。彼はもう引退しました。支配人も随分替わっています。白ひげで太極拳をなさる方でしょう？　はっきりどことは私たちも知りませんが、甚錦花園に住んでいるとだけ知っています」と言った。

それで、私はこの甚錦花園（＝故宮の東北）をあちこち探した。甚錦花園は大きな胡同だった。当時呉佩孚がそこに住んでおり銭粮胡同と隣り合っていた。場所がわかってから自転車で行った。私は東側から聞いて行った。一軒目、聞いたが知らないと言う。次に聞いたが知らない。地区事務所で聞いた。事務所の人は、この胡同にはそういう人はいませんと言った。夜の9時になっていた。私は西口に出て帰った。

私はあきらめなかった。2日目、仕事を終え夕飯を済ませ、ボロ自転車にまたがって行った。今回は西の家から尋ねた。ずーっと尋ねて東の端まで来た。10時になろうとしていたが見つからない。私は変だと思った。東口を出たところでぼうっと立っていた。

この時老婦人が来た。小さな木の手押し車を押していた。私は尋ねた「ちょっと人を探しているのですが、前に松竹園の支配人だった人で、太極拳をする白いひげをたくわえた人です」。老婦人は、「あれま、その方ならここですよ」。指差すほうを見た。彼の家は甚錦花園ではなかったのだ。甚錦花園は東西の胡同で、ここは南北の胡同だった。彼の家は甚錦花園東口に位置するこの南北の胡同にあった。こうして、私は教えられたそこに入っていった。

門を開けると、感じの良い古い四合院だった。中庭には廊下があり、廊下の向こうに北屋があった。見ると老先生は一人で酒を飲んでいた。

私は門扉を引いて中に入った。ご老人はぽかんとして、しかしすぐにわかった、「どうやってここに来たんだ？」。私は「人に聞きながら来ました」と言った。ご老人は「こんな遅くにどうやってたどり着いたんだ。まあ坐れ」。こうして私は坐って話した。「私はあの日、王師爺にお目にかかって、あの方の勁がとても良くて、是非学ばせていただきたいと思いました。あの方のお住まいを教えていただけませんでしょうか」。彼は「それはダメだ。我々には君子協定がある。住まいに人を伴ってはいけないことになっている」。私は、「絶対秘密にしますから」と言ったが、彼は「絶対秘密にしてもダメだ」と言った。私はそこで粘った。粘って粘って、もう11時になろうという頃になった。ご老人はちょっと推手をしようかと言った。

薫先生の推手は良くなかった。彼は太極拳の勁

劉晩蒼先生
北海公園で

がわかっていなかった。力を使った。しかしご老人を楽しませるために、彼が出すと私は跳んだ。ご老人は喜んで「お前はうまいな、ぶつからない」。私は言った「やはり教えていただくわけにはいきませんか？王師爺はどこにお住まいですか？」。

ご老人は、「本当にお前はどこまでも粘る奴だ」と言い、ついに「教えてやる。しかし何があっても私から聞いたと言うな」と言った。私は「そうしますそうします」と言った。ご老人が言うに「王師爺の家は銭粮胡同東口に在って診療所の並びで、診療所の西側に荷車を入れる大きな黒門がある。それが彼の家の倉庫だ。門の上に『同盛福レンガ瓦舗倉庫』と書いてある。彼はそこに住んでいる」。私は礼を言ってご老人宅を辞した。

無理矢理のお願い

2日目、勤務を終え会議を終え食事を済ませ、まだ夜8時前、私は自転車に乗って王家に直行した。銭粮胡同（＝故宮の北東）は大きな胡同で有名だった。着くとすぐ王子英先生のお宅の門が見つかった。自転車を外に置いてカギをかけ門をたたいた。門を開けたのは正に王子英先生だった。先生が門を僅かに開けるやいなや、私は足を差し込んだ。私は決めていた。何が何でも帰らない、と。

王先生は私を見てびっくりして言った「どうやってここに来たんだ。まあ、入れ」。私は急いで中に入り、門を閉め老先生について北屋に行った。

老先生は聞いた「誰に聞いてここに来た？」。私は「誰にも聞きません。そこここで聞いて、何日も尋ねてやっと来ました」と言った。先生は「それは大したもんだ。あの時あなたに言わなかったか？　あちこち行かずに劉老師について学べば良いと。彼の功夫はとても良い。彼の功夫も若い頃ここで学んだものだ。」私は「あの日先生と推手をして以来、そのことばかり考えています。どうしても教えていただきたいのです」と言った。

王先生は「今日は時間が無い。もうすぐ会議がある」と言った。私は「どうぞ会議にいらしてください。私は奥様とおしゃべりをしています」と言った。

こうして老先生は出て行った。私は奥様とおしゃべりをした。私は「こちらには皆さん来ますか」と聞いた。奥様は「そりゃもう、毎日来ますよ。来たり帰ったりですよ」、奥様はこのように言い、私はそれで何となくわかった。なるほど毎日人が学びに来るのだ。私は「皆さん何時頃来ますか」と聞いた。奥様は「皆さん7時頃来て9時頃帰ります。いつも何人かで、新しい人はもう受け入れません。皆さんの先生はお歳ですから」。このように話していて腕時計を見ると、もう9時近い。帰るべきか？　でも諦めきれない。厚かましくもそこで時間を潰した。しばらくして老先生が戻ってきた。「まだ帰らなかったのか」と言った。私は、「お待ちしていました」と言った。

先生は「全くよく粘る奴だ」と言った。私はすぐに部屋にお迎えし、お水を注いで話をした。「教えていただきたい」と言った。少し話して、私は先生のお寛ぎを邪魔してはいけないと思い「もう帰ります。以後たびたびお邪魔します」と言った。先生は何も言わなかった。私は奥様にお暇を乞うた。

先生は門まで送ってくれた。門口で言った「太極拳に一生懸命だな。じゃこうするか。何人かがここに来る。一緒にやるか」。そして、それが何時と何時で、1週間に何回か、皆話してくれた。「時間があったら来なさい」と言った。私は心中喜び一杯で「では少なからずご面倒をおかけしますが」と言った。こうして王家を辞した。

　このことはずっと劉老師に言えなかった。旧正月まで言えなかった。年始の時になって私は劉老師に「今年は私も連れて行ってください」と言った。劉老師は「ダメだ、あちらにご迷惑をかけてはいけない。いずれそのうちにだ。何でそんなに行きたいんだ。ここで十分に練習できているのに」と言った。私は「十分に練習できていますが、私はもう行ったのです」と言った。

　劉老師は驚いて言った「行った？　どうやって行ったんだ？　何回行った？」。それで私は王家を訪ねた経緯を説明した。劉老師は言った「全くお前ときたら。何で私がお前を連れて行かないかわかるか？　私は若い頃ずっとあそこで勉強した。長いことあちらに面倒をかけた。私の生徒がまた行って迷惑をかける、そういう訳にはいかないだろう？　しかしお前は自分で行った。いいだろう、なら私は構わない。これはお前のことだ。私のあずかり知らぬことだ。良い良い、なら一緒に年始に行こう」。

劉晩蒼先生（二起脚）

なぜ劉老師が我々を連れて行かなかったか、やっとわかった。彼は若い頃いつも王先生のお宅に行った。王先生はもうお年だ。先生の教えた生徒の弟子がまた行くのは適当とは言えない。

王家に着いて、劉老師は私のために王先生にお願いしてくれた。「私の生徒までお邪魔して、本当にご迷惑をおかけします」。王先生は「この若い人は太極拳が好きだ。それなら来て勉強すればよい。構わない」と言った。こうして私は王家との繋がりを持つことができた。以来、王家でたくさんの良いことを学んだ。

これは〝文革〟前のことだ。大体「三年困難時期」のことで、１９６０年位だった。王先生は１９０４年生まれで、当時は60歳近かった（訳注：馬老師は26歳位）。

王家で芸を学ぶ

王家で学んだあの日々は、本当に懐かしさを覚える。

覚えているのは、春秋冬はよく行ったが夏はあまり行かず、全く行かないことさえあったことだ。王家は大所帯で男も女もいて、都合というものがある。いつ行ったら良いか、いつは行かないほうが良いか、すべて温師叔が計らった。暑い日になると温師叔が皆に言った、「今日は暑いから都合が悪い。何日かしてから行こう」。秋になって涼しくなると、我々は温師叔を訪ねて「もう行けますか?」と聞いた。温師叔が見て、もういいだろうとなると「よし行こう」と言った。普通は1週間に二、三回行った。冬はほとんど毎日か1日おきだった。

王家に（初めて）行って、私はすぐに思った、「これは絶対学ばねば……」。

私はいつも一番早く行った。王子英先生はまず坐って練功をする。早く行って暇なので、掃除をし湯を沸かし石炭を足し、皆のためにポットにお茶を淹れた。先生は練功を始めている。王家には一脚の大きな肘付の木の椅子があった。目を閉じて練功が始まると、誰が来ても口をきかない。7時から8時まで1時間だ。そして手を擦り両目を撫で収功（＝練功を終える）し、それから1時間、皆に教えた。

何人かの生徒は王先生が手の話をしている時に、しょっちゅう自分の手の形を変えたり、見よがしに動かしたりしている。私はそれを見て学び方が下手だと思った。例えば先生が1＋1＝2を教え、さらに＋1＝3の時、先生がまだ言い終わらないのに、「1を足しますか？」と言う。これは学び方が下手だ。話を受け止めるより前にいつも自分が変わってしまっては、先生はそれからどう教えたらいいのか。またある人は先生に逆らうような問いかけをしたり、勝手なおしゃべりをする。これは皆学び方が下手だ。

私は新入りの分際だ。先生が話す間、我々（若輩）は口を差し挟めない、私は傍らでメモを取った。私が覚えているのは、あの頃いつも王家に行っていたのは、李経梧、劉晩蒼、孫楓秋、温銘三、戴玉三、金玉章、李広悌、劉馨斎、李樹峻父子、孫伯彦父子、孫伯彦の弟子崇希恩、薫煥堂老先生、馮世英、李秉慈、形意拳の艾玉山、陳式の田秀臣、それから杜という姓の老人、……多い時は十数人、少ない時は七、八人、覚えているのはこの位だ。このような達人たちが一堂に会する、これは武林の一つの美談だ。

一度私と崇希恩が推手をした。彼は私より年上だが、学び始めたのは後だ。彼は一つ按の勁を出した。私は化して化し続けて、空になった。彼を空で受けた。王先生は彼に言った「あなたの勁は欲張り過ぎだ。相手が放鬆して手を振えば飛ばされる。自分から苦境に入っている。あなたはこうしなければいけない」……王先生は私の手を取ってやってみせた。これが王先生に手合せをしてもらった二回目だった。

私が王先生に出した勁は、他の人よりちょうど良いものだった。一つの勁が来た、次にどんな勁が来るか、また返す。とてもスムーズだった。このことがあってから、王先生は勁について説明する時「長勲来なさい」と言って私を相手に皆に説明した。これによって私は学ぶことができ、その機会が多くなった。

自分の勁がうまく出せてこそ、相手の勁の路、方向、速度、時間もわかる。終わったらすぐメモを取った。

あの頃、勤務以外の時間はすべて太極拳に費やした。二つ目の趣味は無かった。太極拳を学ぶには仲間が必要だ。後に私は弟弟子の趙徳奉に相談した。彼が言うに「あなたにはまとめて仕入れる時間がある。仕入れた後、我々はそれを消化しなければならない」。彼の勤務先は豊台（＝北京駅から南西に2駅）にあった。勤務を終え（列車で）北京駅に戻り、駅から自転車でまず我が家に寄る。私は交道口（＝故宮の北）に住んでおり、彼は安定門外（＝交道口のさらに1キロ北）だ。合流したらそのメモを取り出して研究する。一緒にこれらの手法を研究し繰り返し二人で使ってみた。

このような練習を何年も続けた。正しく「問勁」することは簡単なことではない。強く打ったり無理強いしたりしてはいけない。一つの勁がわかるとうれしかった。しかし往々にして翌日になると消えてしまうのだ。これは「使ってみたらうまくいった、だからもう良い」というのではない。体の中で絶え間なく変わっていく、決まったものでは無い。身体の協調が着いて行かないと往々にして腕の力が出てしまう。腕の力では太極拳のものとは違う。そういう時は「聴勁」も「拿勁」もあまり正確ではなく、やはり腕でやっている。やはりまだ〝太極推手不用手（＝推手に手は用いない）〟の道理がわかっていない。老先生方の打ち方があのようにきっぱりしているのを見ても、しかしただ外形だけしか見えず、戻ってきて動いてみるとあの勁ではない。老先生方の説明も（よくわかっていなかったので）あまり意に留めなかった。その後功夫が段々上がってくるとやっと「これは手の勁ではない。すべて『脚底下』から戻って上がって来るものなのだ」とわかってくるのだ。

こういうことは、老先生方のお話を思い出す中で次第にわかってきたのであり、後に教えるようになっても、少しずつこの二人での練習を続けた。繰り返し練習することで段々とこの理がわかってきたのだ。

劉老師のお宅で劉老師は私に聞いた「師爺はあなたにどんな手の話をした？」。劉老師の手で試し温先生の家でも同様で、こうして総合的に練習し学び質問し、また拳論を見た。そしてまた老師の手で理解を深め、このようにしてちょっとそれらしくできて、しかしまだ精髄に達していない。そうしてまた努力する。このようにして生きている限り学び続ける。私は今年で80歳だ（原注：2013年時点）。まだ拳論を研究しなければならない。芸に終わりは無い。

1976年頃、北京体育館外で。日本代表団の接待の休憩時間に劉晩蒼先生と馬長勲が推手を表演（日本代表団撮影）

推手を専門とする

一時、劉老師は我々にあの大杆を振わすことをさせようと思った。大杆は一般に一丈（＝3・3メートル）の長さで、太さは太いほうが指二、三本分だ。彼の大杆は〝丈四〟これは一丈四尺（＝約4・6メートル）の意味ではなく、杆の〝逞しさ〟の度合だ。握ってちょうど一握りを一丈という。杆が太くて、指一本分開くのを一丈一、彼の大杆は〝丈四〟だ。指四本分開く太さだ。大杆は長年置かれていたので少し曲がっていた。劉老師は水を付けてしばらくくるみ、水を吸ったら真っ直ぐにしようと思ったが、力が強すぎてうっかり折ってしまった。

我々が先生の家に遊びに行くと彼は言った「見てごらんなさい。あなた方に用意していた武器は折れてしまった」。私は見てびっくりした。しかし心の中ではよくも折れてくれたと思った。もし折れなかったら、誰がこれを振わせられるか。劉老師は要求が厳しい。練習したら大変な目にあっただろう。

後に、呉彬芝老師が一対の大杆を持ってきた。〝丈二〟だった。これは普通だ。劉老師のあの大杆は売っているところは無い。あまりにも〝逞しい〟。劉老師はまた、特注品の八卦刀を持っていた。鉄を折って叩いて作ったもので見栄えが良かった。〝文革〟の時、地区交番に提出し、〝文革〟が終わった後行方知れずとなり、誰のものになったかわからない。劉老師はこれをずっと残念がっていた。この刀と王子英先生の家の〝断臂剣〟は、今あったらどちらも文化遺産だ。

劉老師はあの折れた大杆を、一対の〝攔馬撅〟（訳注：次頁挿絵参照）に改造した。これは一種の「奇門兵器（＝隠し兵器）」で、棍の先端を尖らせたような物だ。彼が扱える武器は多い。彼は多くの人に学んできて、練習してきたものが多い。身体もできていた。断門槍、春秋刀などどれもとてもうまく、私もすべて学んだことがある。しかし劉老師はこれらを私にそれ以上練習させなかった。劉老師が言うに「あなたの推手は見込みがある」。山東弁で言うなら〝睁眼（＝悟る）〟している。あなたはこれを専門にすると良い。あれこれやたらにやらないほうが良い。役に立たない。ひたすら推手に専念すると有名になれるかもしれない。その後、私は推手一つに専念するようになった。

攔馬撅

私のする套路は呉式だ。楊式もする。そこで感じる勁は異なる。呉彬芝老師と劉老師は親しい友人だ。私は呉先生に楊式を学び、鮑先生にも習った。後に呉式を専門にするようになった。

楊式はつまり〝大〟で、発力の方法が良い。掤《ポン》、捋《リ》、擠《ジ》、按《アン》、採《ツァイ》、挒《リエ》、肘《ジョウ》、靠《カオ》の八つの手法が順序だってはっきりしている。呉式は違う。すべて蓄勁で、すべて隠れている。相手が来たところどこでも顔を出す。違いはここだ。しかし楊式が本当に「鬆透（＝とことん放鬆する）」すると同じになる。楊式の拳は教えやすく、ゆったりとおおらかで見栄えが良い。あなたが（楊式を）本当に理解すると、その中にも引き締まって集まった小さな何かを見つける。同じものだ。李雅軒先生（訳注：楊澄甫の弟子・楊式の大家）も大鬆大軟を言わなかったか？　彼は軟弾力を使うのに長けていた。「整（＝全身的）」で早い。人はきっかりと飛ばされる。もし力で飛ばすと遠くに飛ばず、飛ばされたほうは無理強いされたいやな感じがする。

私が教えた生徒は多くはない。正式弟子もいない。来るも去るも自由だし、そもそも人に教える程のものが十分あるわけでもない。もし人の進歩を遅らせたりしたら具合が悪い。元々の何人かの生徒は別なものを学びに移って行った。劉老師は言っていた「貴方は生徒を選びなさい。多くてはダメだ。四、五人または五、六人で良い。こういうものを教えて、それをずっと無くさないように。先輩先生方は我々を教えるのに一生懸命だった。我々のところで途絶えさせる訳にはいかない」。それらの生徒はこの言葉に当てはまる生徒だった。それで私は彼ら何人か若い生徒を選んだのだった。彼らの家にも行った。しかし社会の影響にはかなわない。ある人は（彼らに）言う「あなたは若いのにこんなことをやっていてどうするんだ？　八卦掌等のほうがいいんじゃないか。こんなのを練習して何の役に立つんだ。練習しているうちに年取ってしまうよ」

このことを私はすぐ理解した。後に私はこれらの生徒たちに教える時に言った「家庭や仕事に影響を与えてはいけない。あなたが今それらに影響があると思ったり、別な拳に替えようと思っているなら、ここをやめても良い」。こうして彼らは来なくなった。（そのままいて）私に適当に調子を合わせたりする必要は無い。当時私が東単武術館で教えていた生徒で今残っているのは張徳永、団結湖で教えた中で残っているのは王玉柱とあなた方何人か。東単武術館で当初たくさん教えたが、今は皆連絡が無い。あなた方は基本的に最後の一団だ。李文傑先生のあの套路を何人かの生徒に教えた。しかし誰も保持していない。子供ができたり生活に追われたりして、練習しなくなった。

人には感情というものがある。そのような（拝師のような）形式にこだわると、後で別れた時さらに面倒だ。弟子が来るも去るも自由にして、心中もそれにこだわらないようにする。（拝師のような）手続きをして、そしてその弟子が去ってしまったら、自分も辛く感じる。いっそのことこうするほうが良い。生徒は学ぶ。自分は隠さず教える。学びに来る者には誰にでも教える。生徒は良いと思ったら続ける。良くないと思ったら他のものを習う。

外からの誘惑は多い。考えが少しでもしっかりしていなければ続かない。私にはとても良い友人がいた。ある日曜日地壇公園に行った。彼はあっちへ行っておしゃべりしようと言う。我々の劉老師は西南の角にいる。彼は私を東南角に連れて行った。彼は言う「あなたはこんなに一生懸命練習していてもう劉老師に近づいている。劉老師はもうあなたを教えきれない。私はあなたに良い先生を紹介しよう」。彼が紹介しようというのは蒋玉堃先生だ。形意拳にも八卦掌にも優れている。「できることがとても多い、習いに行くと良い」と言った。私は「どこへも行かない。ここで練習する。私は何かしたいと思わない。体を鍛錬したいだけだ。劉老師は私が一生かけて勉強するに十分だ。お気遣いありがとう」と言った。彼は劉老師ととても良い友達なのにこのように言う。彼は「行かなくてもこのことは劉老師には言わないように」と言った。私は言った「そんなこと言ってどうする」。

蒋玉堃先生は楊式の名人だ。もし興味があれば私は行っただろう。蒋先生は当時我々の劉老師より有名だった。しかし私は何か他に目指すようなものも無かった。私は劉老師のところで学ぶので十分だった。

太極拳で一つのものを守り続けるのは難しい。私も回り道をした。そして少なからぬ誘惑に出会った。しかし私は守り続けた。

何が回り道か。例えばこの「放鬆」というもの。最初のうち放鬆はできない。放鬆しているつもりでもそれはまだ放鬆とはいわない。放鬆を模索するが、放鬆できない。そういう時は心中いろいろ考える。放鬆だけで問題解決できるか。太極拳には内勁があるのではないか。自分で中に勁をこっそり隠し持って拳を練習する。内側に勁を作って、これが内勁というものだろうと思う。実はそれが回り道なのだ。

ある事柄に関しては、(先生に)質問する勇気がない。劉老師の教える方法はとても良い。私は今はそう思う。しかし、当時はわからなかった。劉老師は言った「あなたは練習をたくさんしなさい。言ってもわからないから、ひたすら練習し続けなさい。そうしたらうまくなってくる。そうしたらわかる。私が語るのは私のものについてだ。それはあなたの体には置き換えられない。あなたが本当にわかると、それはあなた自身のものになる」。

先生の言うことには道理がある。言われたように練習し続けると本当にそうなった。套路に熟練してくると考える時間ができる。これが掤で、これが捋だ、あれが按だ……このように少しずつ発見がある。そして推手と結合する。始めたばかりの頃は結合できない。後になっても（すぐには結合できず）、套路と推手は別のものだ。推手の時に試して、この掤の勁を用いる、捋の勁を用いる……こうやって段々実践し、学んだ。

あるものは先生が数十年にわたって積み重ねてきたものだ。そういうものは聞いてもすぐに理解できるものではない。例えば先生は言う、「いわゆる掤《ポン》、捋《リ》、擠《ジ》、按《アン》、手を合わせるとそれらすべてがそこにある。」「何を〝整（＝全体）〟というか。一挙手一投足一転腰には、晃動乾坤（＝陰陽の揺れ動き）が必要だ」……ある境地に達していなければ、こういうことは言えない。またある境地に達していなければ、聞いても理解できない（訳注：掤、捋、擠、按は太極拳の八つの手法の内の四つ）。

私は病気を治すために拳を学び始めた人間だ。だから勝ち負けを第一とする考えは始めから持っていなかった。それは克服すべき障碍を一つ省くことができたようなものだ。回り道のように思えても、必ずしもそうではないということもある。それはちょうど階段を登るのに似ている。いきなり最高の段に上がることは不可能だ。必ず一歩一歩だ。これを「随練随扔（＝練習するはしから捨てていく）」という。練習したものの全部を取っておくことはできない。

始めてすぐの時に、腰がどうの足がどうのと誰がわかるか。先生は「これはやたらに力を使っている、間違いだ」と言う。しかし、力を用いてはいけないとわかっていても、力を用いる以外の何もできない。こうして少しずつ練習し、少しずつ改めていく。

いわゆる回り道というのは、つまり拳論に即して動いていないということだ。そういう（拳論に即さない）

練習は辛い。しかし辛くないやり方を知らないのだ。老先輩に出会って、少しずつ総合化して、徐々に後天の本能を克服して、仲間を得て研究し、それから自ら生徒に教え、一つずつ実践してきた。

だが辛さを感じるのも悪いことではない。今はもう始めるやすぐ「放鬆」で、どのように「打点不打人」するか研究する。（たしかに）こうすれば進歩は早い。自分たちが始めた頃はわからなかった。しかしそれは先輩が教えてくれなかったせいだとばかりも言えない。あの頃は拳を教える時、専らこの方法だった。自らの練習に懸っていた。練習しないとわからない。太極拳を早く身に付けたいなら、決まりに基づいて練習する。例えば放鬆、これをいい加減にしてはいけない。放鬆して柔ができてくるようにする、鬆から整が出てくる、鬆から化が出てくる、鬆が脚に至る……これは完全に拳論に符合している。我々の推手はすべて「脚」にある勁だ。拳論には無駄な話は無い。手は接触点だ。聴勁は手でやる、反応は思惟でやる。「変化」というこの勁は「脚底下」から上がって来る。足から胯に至り、背中に至る。胯が動くと「整体（＝全体）」だ。背が向きを変えると手に至る……。

太極拳というが、何が太極か。極は極限のことだ。虚の極み、鬆の極み、剛の極み、快の極み。しかしいっしょくたにしてはいけない。一緒になったら「擁力（＝力んだ力）」、「滞力」、「笨力（＝馬鹿力）」になる。それではきっかり打てないし、気持ち良くない。何を「以逸待労（訳注：成語・十分に英気を養って疲れた敵兵を待つ）」というか。動かない時、私は零だ。用いると、私は100だ。しかし80を用いねばならない時、100は用いない。30を用いねばならない時、50を用いない。これが臨機応変だ。剛は「硬い」を意味しない。これは一つの速度の問題だ。例えばガラスに針を刺す。これは速度の問題だ。ゆっくりやってはできない。「打点不打人」、「打点不打面」。これは科学的で力学原理に符合するものだ。神にせよ、意にせよ、すべて鬆の意味を含む。すべて〝用力〟と区別される。「神」を用いて、あなたの「整（＝全身）」を調節する。「意」

を用いて、あなたの「軽」を調節する。最後に拳論に戻る。つまり「軽霊」だ。「軽霊活発」には「懂勁」が必要だ。「不活発」が「僵滞」だ。

だから繰り返し昔の拳論を読まなければいけない。これらを全部読んでわかるようにする。しかし昔の拳論は含みのある難解な言葉をたくさん使っている。ある言葉は簡単だが、含まれている内容は広く、始めたばかりの者には理解しづらい。

正式に拝師して後、これらが少しわかったのは、拳を始めて3～5年の頃だ。後に1980年頃、東単体育館の中に全国で初めての武術館ができた。公立だ。始まってすぐ、私と李秉慈が教えに行った。後に王懐、劉敬儒なども加わった。劉老師はこれをとても後押しして、私に「しっかり教えてこういう文化遺産の伝承をするように」と言った。私と李秉慈は職場の同僚を呼んで、一緒に地ならしし草を取り木の家を建て、このようにして始めた。私は武術館で推手のみを教えた。教えることは自分の勉強にもなる。6、7年推手を教えたことで、私は大きく成長できた。

あの頃は時間もあり、実践する相手もいた。始めたばかりの時は動きが割合大きかったが、年齢が上がるにつれ（太極拳の）認識も高まって、動きが小さくなり軽霊、巧勁を求めた。当時先輩に教わっていた頃、理解はできなくてもすべてを記録した。自分でノートに書き取った。例えば楊禹廷先生の勁はどんな感じか、（ノートを見て）思い出しながらそれをやってみる。ゆっくり模索して自分で探し求めていく。もし先輩の指導という助けが無く、自分に頼るのみだったら、とてもできなかった。

〝入門引路須口授（＝拳を学ぶのは必ず誰かについて学ぶ）〟というのはつまり方法が正しくなければならないということだ。しかし始めたばかりの頃あなたにそう言っても、あなたはそう深くはわからないだろう。あなたは（一人でコツコツ練習する）寂しさに耐えなければならない。ゆっくり練習し（そうしているうちにやがて）先輩のい

1980 年代北海公園で。劉晩蒼先生が馬長勲に推手を教える

う〝開竅（＝コツをつかむ、悟る）〟、劉老師のいう〝練通（＝練習して精通する）〟になる。

名門派

一度劉老師に尋ねたことがある「何々派と言いますが、うちの派はつまり何派ですか」。老師は「今これは流行らないが、我々は『世家派《シジアパイ》（＝名門派）』に属している」と言った。

それはどういう意味か。一つは読書人の家柄だということ、もう一つは名門の子弟だということだ。つまり商人、官僚、清朝・国民党時代の生き残りなど、教養があり裕福、こういうのを「世家派」という。力づくでやり合ったり、型で芸を売っているのとは違う。劉光斗はといえば、彼の弟も大学生で、皆専門家、教授などだ。彼らが付き合うのはみなこういう人たちだ。王茂斎先生が教えた多くの人は皆インテリだ。李文傑、張継之は当時の大学生だ。比較的生活が苦しかったのは楊禹廷先生で、彼は他所ですでに大分習ってからこちらに来た。彼は性格が大変良かった。教養はあまり高くなかったが、人柄は非常に良かった。

しかし、のちの生徒たちにはそれほど心意気の高い人はいなかった。稀にはいた。前の幾代かは特に良かった。我々は太極拳を学ぶだけでなく、人間的にも多くを学んだ。我々がよその拳の良し悪しをあれこれあげつらったりしているのを聞きつけると、老師は叱りつけた。「どうしてわかるんだ。良くない拳は無い。練習が良くないんだ」「人から尊重されたかったらまず人を尊重する。人を尊重しないで、どうして人があなたを尊重する？」いつもこう言った。

皆、劉老師が大武術家だということを知っている。実際は文武両道だ。仏教、道教、儒教、医学すべてに

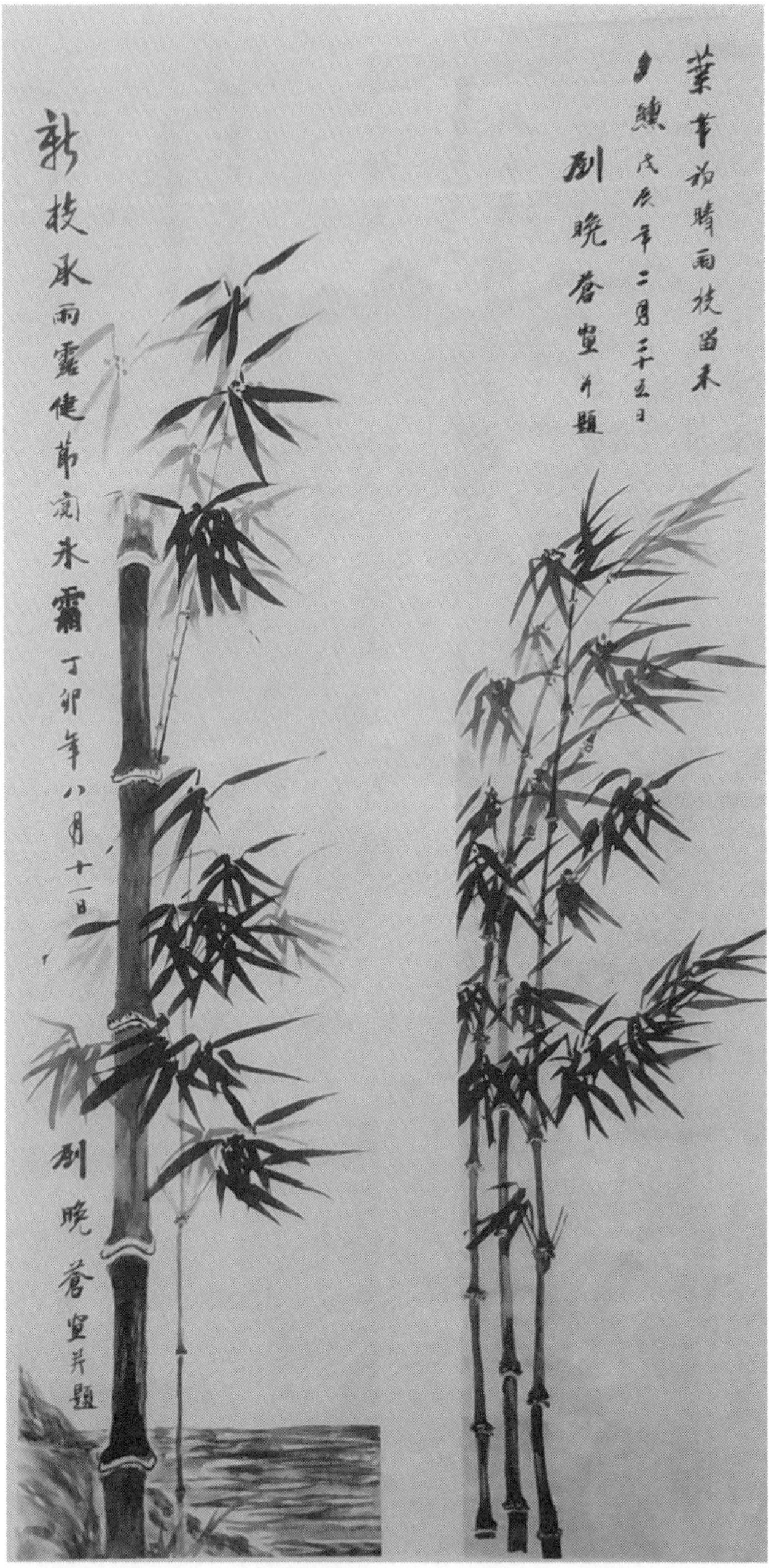

劉晚蒼先生の書と絵

劉晩蒼先生の書と絵

通じていた。私と趙徳奉は性格が丸く、受け継いだ基本は彼の〝文〟の方面だ。劉老師は忠義に厚く善良で品があり寛容、我々が想像するような武術をやる人のようではなく、まるで学者のようだった。彼は書をよくするばかりでなく、絵もうまかった。教えている生徒が多いため、時には筋肉や骨を傷める者も出てくる。そこで血行を盛んにし瘀血《おけつ》を取る薬を配合した膏薬を自分で作り、無料でそういう生徒にあげていた。老先生はいつも言っていた「太極拳をマスターしたかったら、道家の学説を学ばねばならない」。老先生方は集まるといつも、どのように座禅をするか、養生するか、そしてこれらと太極拳の関係はどうか、などを議論した。残念ながら当時我々はわかっていなかったし、あまり興味も持たなかったし、その上当時これらは〝封建迷信〟に属するとして力を入れて広めようという機運が無かった。だから劉老師が我々に話すことも少なく、我々が聞いてもそのままになった。その後各種の気功が盛んになった。我々はそれらを比べ見てわかった、「あの頃劉老師が話してくれたのは本物で着実、人を惑わすような中身の無いものではなかった」と。もし今、あの先生方の解説が聞けたらどんなに有益なことだろう。

劉老師と交流があり、拳を学んでいた優秀な人たちは多い。例えば胡海牙は陳攖寧先生の弟子だ。趙紹琴は三代続く御殿医だし、欧陽方の家ではかつて楊澄甫先生を自宅に招き住まわせていた。その他潭柘寺住職に清拳を学んでいた張敵寒、呉公儀の同級生の羅葆臻、呉鑑泉の甥の何先生、万福林など。また〝高級知識分子（＝教授・文化人など）〟も少なくない、とりわけ林業部、文化部を退職した老幹部など。いずれにせよ皆インテリだ。

劉老師は人品骨柄に優れており、武術界のすべての人が彼を褒め讃えるだけでなく、万人がそれを認めていた。あの〝文化大革命〟の時、多くの有名な武術家が迫害を受けた。王子英は実家に帰った。楊禹廷は教えなくなった。しかし我々はずっと地壇公園で練習を続けた。少しの影響も受けなかった。一度我々も老師に言ったことがある。今社会はこんなに混乱している。何なら我々も止めましょうか。劉老師は言った「構わない。自分の練習をしなさい。あなた方の人となり、人柄を公安事務所も地区派出所もよくわかっている。安心して練習しよう」。実はこれも劉老師の人柄のお蔭だ。誰であっても彼を信頼しない人はいなかった。その上彼はいつも地区派出所や公安事務所でたくさん仕事をしていた。それで老師は我々にかくも良い環境を与えることができたのだ。

世間一般の人は往々にして劉老師の〝雷手段（＝強面の部分）〟しか知らない、彼の〝菩薩心（＝やさしさ）〟を知る人は少ない。

例えば〝文革〟後期、我々が練習しているところに王という名のご老人が来た。身なりはあまり良くなく家も貧しかった。80を過ぎていた。しかし動くのが好きで、譚腿を習いたかった。劉老師は真剣に教えていた。このようなお歳なので動きをなかなか覚えられない。劉老師は繰り返し彼に見せながら一緒に動いた。間もなく見ている我々は飽き飽きして、劉老師に聞いた。「彼はあんなにお歳で、それなのに先生はどうして彼に譚腿を教えるのですか。彼には無理ではないですか」。劉老師は言った「あなた方は知らないが、あの人は奥さんはもういない。家では息子の嫁と折り合いが悪い。彼が譚腿を練習できるか、私もわかっている。でも彼は来る。私は彼に楽しい思いをさせねばならない」。またもう一人鄧という姓の人がいた。やはり80を過ぎていた。あの王老人と状況は似ていた。鄧老人が習っていたのは長拳だ。毎日歩法や腰のストレッチをした。劉老師は彼に練習方法を一つ教えると言った。「あなたはベッドの上でこの練習をしなさい。割合安全だから。もしひっくり返りでもしたら、若い人に迷惑をかける」……劉老師というのはこういう人で、善良なだけでなく注意深かった。いわゆる「仁者愛人（訳注：仁のある人は人を愛する）」というのはこういうことだ。

武術界にあって劉老師は自己を吹聴したり他人を貶めたりということをしなかった。また他門の技の高低もあれこれ言わなかった。功夫は高かったが、手の中にはいつもいくらかの余地を残していた。

劉老師は友人が多かった。孫楓秋など皆と推手をした。ワハハと笑いながら話に花が咲いた。気難しそうな顔などは見せなかった。もしそんなだったら誰も来なかっただろう。王栄堂の散手はとても良かったのだが、劉老師と手を合わせるや、彼は飛ばされた。人々は言った「ああ、これはすごい」。〝掰扯（＝認めない人）〟はいなかった。ネットには、劉老師が誰かに武術試合を挑んだというような噂が流れている。ありえないことだ。劉老師は絶対このようなことはしない。老師は平素から他の拳種を尊重し、これは良くないあれは良くないと言ったりすることは無かった。

呉式門は揉め事を起こさない。学び始めの時にまず言われる「人の悪口を言うことは許さない、どの拳にもそれぞれ優れている点がある」と。例えば我々が楊禹廷先生のところへ行くと、話が始まる。先生の態度はさらに良かった。他の拳のことを生徒が尋ねたり、あの拳は大したことが無い等と言ったりするのを聞くと一言「私はこれを研究したことが無い」。それで話は終わりになる。王家も同じだ。我々に言った「一般の人相手に技を使ってはいけない。技芸は高めるが揉め事を起こしてはいけない」

新中国成立前は、拳を教えている時に他所の門派の人を打つと、後から人が来て腕比べの日を決めお互いに約束し、その際誰かが仲裁に入ったりなどイザコザが多かった。しかし呉式門のどこにそんな揉め事があったか？　そんなことは教えないし、教える際こう言う「我々はそういうことはやらない。揉め事を起こすな。門を閉めて練習すればそれで済む」と。ある人は「呉式門には何も栄光の歴史が無い。呉式門は打てない」と言う。実は打てないのではない、やらないだけだ。

これは伝統と関係がある。呉全佑自身実直な人だった。出身は王の警備で護衛兵だ。呉鑑泉先生も良い性格だった。王茂斎先生は商売人、郭芬は大学卒業生だ。劉老師も文化人で四書の素養が深かった。

劉老師は拳を教えるにあたり、ひたすら耕すのに精を出し、収穫は問わなかった。先生はいつも言っていた「人に教えて人に何かを期待するな。自分の練習も同じだ。しっかり練習するだけだ。自分の体にこういう変化をああいう変化をと期待しない。功夫が付くと自然にあなたの助けになってくる。練習もしないで自分に何か良い変化をなど、そんなことが可能なわけがない」

生活にまつわるくどくどとした細かいことも我々は劉老師に皆聞いてもらった。例えば家庭のこと、仕事のことなど、皆受け止めてくれ励ましてくれた。だから劉老師から受けた教育は少なくない。武術だけではなく、多くの人の道も学んだ。

私が西公街に住んでいた時、妻は1日中子供を連れて先生のお宅に行きご面倒をかけた。妻が言うに「ウチはいつも先生宅に迷惑をかけている。祝日に菓子票が配られたから、菓子を買ってお宅に届けてください」。五人家族で2・5斤分（＝1・25キロ）の菓子票があった。私は菓子を買って、老師のお宅に持って行った。劉老師は何と言っても受け取らず「今は『困難時期』だ。大人はわかっているが子供にわかるか？　あなたの奥さんは1日中子供を連れて私のところに来る。私は（その前で）あなたの菓子を食べられるか？　持って帰りなさい」……このことは、思い出すと涙があふれてくる。

また60年代の始め頃だった。劉老師の体格は元来がっちりしていた。しかし毎月の配給は穀類11キロだった。先生は目に見えて痩せて行った。我々は心を痛め「先生、まず拳の練習を止めましょう」と言った。劉老師は「それはダメだ。困難は克服しなければいけない」と言った。

一緒に練習する中に邢宝仁という人がいた。彼が言うに「劉老師はこんなに辛い思いをされている。我々は先生にたっぷり召し上がっていただこう」。劉老師の性格から言って、はっきり言ったら先生は来ない。

そこで二人は先生を北海公園に遊びに誘った。劉老師は歩きながら周りを見て、太極拳をやっているのを見かけると「あれは何拳だ、特徴は……」などと話してちょうど昼になった。我々はわざと高級レストラン「仿膳」の入り口に着いた。我々は言った「ちょうど時間です、入って食事にしましょう」。言いながら二人で劉老師の両腕を抱えて中に入ろうとした。劉老師はぶるっと振わせた。我々二人は振い落された。そのまま振り向きもせず行ってしまった。我々は急いで追いかけて「先生！　食事しましょう」と言った。先生は「あなた方はいくら稼いでいる？　あそこは我々が入るところか？　食べたいならお前たちだけで食べろ」。劉老師は本当に怒っていた。我々は帰るしかなかった。

私は言った「こういうことで劉老師を怒らせてはいけない」。しかし邢宝仁は言った「劉老師は京劇が好きだ。円恩寺で切符を買って、老師のお兄さんの分も買って、我々もお供しよう」。その京劇は私の記憶では、裘盛戎の「鍘美案」、李多奎の「望児楼」などだった。我々は切符を手に入れ老師に言った「切符はもう買いました。払い戻しはできません。一緒に見に行きましょう」。見終わって劉老師は言った「あなた方が拳を学びたいなら、私は残さず教える。こういうことは前例にしない」

話しても信じてもらえないかもしれないが、私が劉老師と出会って40年、京劇を聴いていただいたあの一回を除いて、劉老師は私のもてなしに応じた一回の食事も召し上がっていないし、一杯の茶も一杯の酒もお飲みになっていない。一度、我々兄弟弟子たちで誕生日祝いを企画し、その意図をお伝えした。劉老師は「その祝いは誰が金を出すんだ？」と聞いた。「あなた方に出させるのは忍びない。自分で出したいが出せない。自分で出せたらあなた方を招く。私に『吃徒弟（＝弟子を食べる・弟子から利益を得る）』させようとしても私はそれはしない。」。私がこのような劉老師と出会えたということは、本当にこの上ない幸せだ。

ある時、劉老師、私、趙徳奉と趙興昆は体育委員会の依頼で外国使節団の応対をした。各人には20元の報酬が出る。仕事が終わって私は劉老師のお宅に遊びに行った。劉老師はそのお金を出して来て「これはこの間の外国使節団に対応した労務費だ。持って帰りなさい」。私は「自分は1日中先生のお宅に迷惑をかけています。このお金は先生に茶葉でも買って差し上げます」。劉老師は「それはダメだ。1日いることはいること、労務費は労務費、別なことだ。私の分はもうもらった。彼らのは彼らがもらった。あなたも持って行きなさい」。私は執拗に断った。劉老師は怒った。私はこう言うしかなかった「わかりました、持って帰ります」。帰る時、老師が気が付かない隙にお金をテレビの下に押し込んだ。半年経って春節の時、私は劉老師のお宅に年始に行った。劉老師は物入れを開けて封筒を取り出して言った「このお金はあなたが置いたものだろう。テレビの下に押し込んで……。持って帰りなさい。あなたは私の名誉を傷つけてはいけない」。私はただ「先生孝行」をしたかっただけなのだが、まさか先生がこのことをこんなに厳しく見ているとは思わなかった。

しかし我々が劉老師のお宅に伺った時、折よく何かおいしいものがあると我々に食べさせた。私は劉老師のお宅で、傅作義将軍から贈られたという大桃と大林檎を食べたことがある。どういう種類か知らないが、市場では見たことも無いような物だった。劉老師は分けて我々に食べさせた。ある時はちょうど我々は珍しい物に行き会った。それは半分の〝長生果〟だった。まるでミカンのようで、とても貴重なものらしい。誰かが老師に半分贈った。その人自身二つ三つあるだけだった。その時は私と趙徳奉が伺っていた。劉老師は「いいところに来た」と言って我々にそれを見せた。老師はその〝長生果〟を割って二つをポットに入れて茶を淹れた。その茶は黄金色で少し甘い香りがして新しい体験だった。

劉老師は地壇公園で拳を教えて数十年というもの、お金も品物も受け取らなかった。教えるという面で、先生の方針はこの八文字だった〝来者不拒、去者不留（訳注：来る者は拒まず、去る者は追わず）〟。来さえすれば誰にでも教え、他のものを学びに去れば、それに任せた。彼の個人的信条は〝只求耕耘，莫問収成（訳注：ただ耕すのみ、収穫は問わない）〟だった。我々に対する要求も同じだった。彼が教えた人はとても多い。近くには工場が多く、例えば三機床、興平機械廠、機床研究所など、工場労働者が多かった。教わりに来る人も多く、名前まで覚えきれない。覚えるために仕事や住んでいるところに姓を付けて呼んだ。便利で覚えやすかった。例えば石匠高、足場工事王、自動車張、鉄道馬、天津陳……教えた中には、「文化部」、「業務部」、「幹部」と呼ばれる者もいた。劉老師は門派で人を分けなかった。来さえすれば真剣に教えた。孫徳善、劉敬儒のような人たちだ。彼らには別に師がいた。しかし誰であっても劉老師は同じように対応した。

あの頃地壇公園に来て一緒に遊んだ名家は多い。日曜日になると推手をしに来るのは40~50人、若いのだけでも20~30人、自転車が黒々と並んだ。劉老師は近づいてきて話したり笑ったり、いる人皆と推手をした。ある時は朝早くから午後1時まで続いた。彼の教え方は親切で、出し惜しみしなかった。

劉老師はお金を取らなかった。しかし劉老師は裕福ではなかった。昔は穀物店を開いていた。この店は新中国成立以後、一番早く閉じた。その後はアルバイトをするしかなかった。どんな仕事も経験した。乳羊の飼育もした。子供たちが大きくなると今度は家で孫の面倒を見た。

後にもっと年齢が行くと、劉老師の無報酬の教室は地壇公園から北海公園（＝故宮の北西に隣接）の北門に移った。場所を替えた主な理由は、元々の同好の士と練習し交流するのに便利だからだった。

1980年代後半、劉老師は山東省に教えに行った。山東省の龍口に王雲龍という漁民がいた。家族が多く、生活のために北京に出稼ぎに行った時、劉老師の技の噂を聞いて劉老師の自宅を訪れ、習い始めた。劉老師は惜しまず教えた。王雲龍は龍口に戻ってからも、劉老師を招いて教えを請い、基礎を固めた。劉老師が世を去ってからは私を呼んだ。今ここのグループはとても発展し、当地に太極拳協会ができている。王雲龍の功夫は相当なもので、劉老師の真伝を得てその上組織力があり、各式の太極拳が皆集まっている。

　劉老師は我々に一冊の本を遺した。「太極拳架与推手」だ。これは劉晩蒼老師と劉石樵先生が我々に遺してくれた貴重な宝物だ。当時劉老師は原稿を書き終わって、北京で出版社や体育委員会を探したが、8年間出版できなかった。関係機関が何度も検討したが、結局通らなかった。あの頃、民間武術家が国家に貢献することは難しく、後に劉石樵先生が上海で尽力し、やっと上海教育出版社から出すことができた。この本は素朴で飾り気が無く回りくどくなく、劉老師が一生練習して会得したことが書かれている。そのため出版以来各方面から好評を博し、再販を重ね、販売部数は多い。

　しかしこの本には残念な点がある。当時出版にあたり劉老師の写真を撮るために、上海の記者が突然来た。時間が無く、直ぐに写真を撮る

劉晩蒼先生（下勢）

劉晩蒼先生（金鶏独立）

と言う。撮り終わると急いで列車に飛び乗って帰って行った。劉老師は少しの準備もできず、服も靴も替えることもできず、場所を探して慌ただしく撮った。

　劉老師はこの出版をとても重く見ていたので、このように大事なことをあまりに慌ただしく済ませたことを心中怒っていた。この感情は写真にも見て取れる。しかもこの記者は全く太極拳を知らなかった。劉老師はこれも不快だった。動作がつい崩れた時も、記者は知らずにその崩れた瞬間を写した。そして正しい動作として編集された。これでは後代に悪い影響を及ぼす。正さねばならない。例えば転身蹬脚、劉老師の体は少し歪んだようだが、訂正されずに出版された。本当にこのように練習したら間違ってしまう（原注：図参照）。しかしどうあってもやはりこの記者には感謝しなければならない。彼がいなければこの套路の写真さえ無かったのだから。

　先生は元来人のことを悪く言わない。この本を見て、ただ、「理想的ではない」と言った。

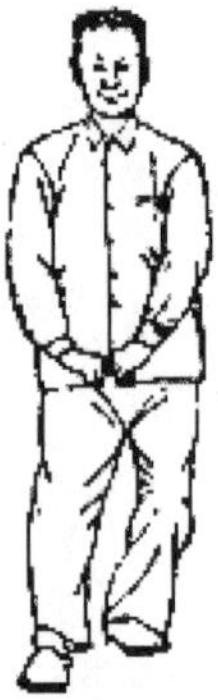

图 66

图 67

身体后倾作斜披，提膝起脚向前踢。
披身须以腰为轴，进退咸宜可待敌。

劉晩蒼先生の著書「太極拳架与推手」のイラスト

君子の徳

劉老師は生涯、堂々として公明正大だった。

劉老師にまつわる伝説は多い。外国の賓客の接待もあった。しかし技比べで人を飛ばしたことは無い。大言壮語したり、技比べに人を挑発したりなどさらに無かった。劉老師は決してこういうことをしなかった。これまで人の良し悪しを噂したことは無く、人のことをいつも良く言った。劉老師のことをあれこれ言う人は、挑発であって信用できない。

劉老師は何をするにも真剣だった。国家の命で外国賓客の対応をすることを、その頃は「外事工作（＝外交任務）」と呼んだ。こういうことを今まで人に吹聴したことは無い。何人かの友人がそれを知って、彼のところへ行くと彼は「済まない。国には決まりがあって『外事工作』は、無暗に人に言ってはいけないのです」と言った。人に教える時はとても厳格だった。人柄がとても良かった。劉老師に本当に入門したのはつまり4人だ。私、趙徳奉、趙興昆、王挙興だ。私は北京での最初の弟子だ。劉老師は若い頃陝西省で二人の弟子を取った。しかし私は会ったことが無い。しかも遠い。行き来は無かった。

劉老師に関して巷での噂は少なくない。だれかが劉老師に腕比べを挑んで、劉老師が「来なさい待っている」と言った、などという類いのものだ。しかしそういうことは全く無かった。私の劉老師の人となりの理解からすると、絶対に無いと言ってよい。劉老師は武徳があり、人の後ろでこのようなことを言う人ではない。今まで人の噂話や他拳の噂話をしたことが無い。どの拳にもその優れたところがあり、ただそれぞれの人で練習に違いがあり、必ずしもすべての人がうまくやっているわけではない。劉老師はこの点で非常に慎重だった。自分を持ち上げて人を低く見るようなことは絶対しない。

皆劉老師の推手は〝歴害《リーハイ》（訳注：すごい、すさまじい）〟だという。実は先生は相手によって変えている。老人が相手の時は非常に軽い。若い人だと少し重い。そうしないと相手にわからない。若くて元気な人には、飛ばし転がすことが多かった。先生は飛ばしても傷めないことをわかっていた。先生の手の中にはいつも手加減があった。劉老師が無報酬で拳を教えて数十年、パワーがあのように強くても、いまだかつて人を傷つけたことは無い。

劉老師は練習一途だった。晩年になっても地壇公園であのようにたくさんの人と推手をして、帰宅してなお必ず套路を練習した。公的な要人にも拳を教えた。おおよそ1～2年教えた。我々も最初は知らなかった。我々は老師が見当たらないので聞くと、実家に帰ったという。実は要人の家に教えに行ったのだ。このことは後に長い時間が経ってから、我々がやっと知ったことだ。当時偶然、林山という人に会う機会があった。彼は要人の家に行って暖房装置を取り付けたり、電気器具を修理したりしていた。我々は一緒に散歩しながら閑な話をしていて、彼が話したのだった。

1974年か75年、中日国交回復から間もなく、ある民間交流の日本代表団を接待した。国は劉晩蒼老師に依頼した。劉老師は武術を紹介する責任だけでなく、相手の安全確保の責任も持たねばならなかった。練習の便のために、国家の指図に基づいて、劉老師は自ら三つの場所を整えた。記憶によると、一つは地壇公園、一つは天安門広場東側、歴史博物館前のあの松林。そこには拳を練習している人たちがいた。劉老師は自らその人たちに言った「ここの場所をちょっと使わせてください」。人々はすぐそれが政治任務とわかり、礼儀正しく譲った。

その代表団の責任者は三浦英夫氏、彼は柔道六段だった。それから中野春美氏。劉老師の責任は推手を紹介することで、李徳印が24式を教えた。推手を紹介するには二人必要だ。私が補助についた。その頃、人を借りるには職場に公文書を出さねばならなかった。劉老師は公安事務所を通して書類を出した。私が参加した何回かは全部北京体育館だった。接待の総責任者は毛伯浩、北京方面は範宝雲、劉作新、潘東来。いくつかの写真が残っている。日本側から回ってきたものだ。その頃決まりがあって、無暗に代表団と話してはならず、勝手に写真を一緒に撮ってもいけなかった。

最後に宴会があった。我々担当者の全員が出席したのではなく、どの時も一人か二人だ。普通は劉老師が出席した。私は帰った。ある時、私が出席するように言われた。劉老師は言った「こういう機会はなかなかない。一生に一度か二度だ。行っても固くなってはいけない」。今回の活動で代表団は私に腕時計をくれた。シチズンだ。しかし国は代金を要求した。80元だった。私の1か月の給料はやっと60元だ。もらうにしても困った。後に私はお金を借りてこの腕時計を手に入れた。劉老師もお金を借りて、一つの記念にした。

第一回代表団の接待は劉老師一人だった。2年目から私を連れていくようになった。第一回の接待の時、送別会は豊澤園飯店、食事の時三浦英夫氏が話を持ち出した。柔道にはいくつかの「擒拿《チンナ》（訳注：関節技）」がある。太極拳でこれを「化解《ファジエ》（訳注：ほどく）」できるか？　その頃はどんな事柄も指導部に上げなければならなかったが、ちょうどよくテーブルが隣り合っていた。劉老師は隣のテーブルの指導部に聞いた。毛伯浩は「このことはOKだ。しかし、第一に中国人の面子を潰さないこと、第二に中日の友好関係を傷つけないこと」と言った。相手の面子を保ったままこちらの技術を見せるというのは、相当難しいことだ。

指導部の要求は正しかったし、また劉老師の対応も良かった。まず相手に掴ませた。相手がちょうどよく掴んだと思うところまで掴ませる。通訳を通して、それを伝えた。日本人がガチッと掴んだ時、劉老師は「聴勁」「化勁」を用い、「彼微動、己先動」、相手のその手をきれいに化した。化しただけで、それ以上「拿」

はしなかった。

最も美しくまた最も危険なのはこういう一手だ。柔道は投げ技に長けている。相手は次に劉老師の手の先端を掴み、肩で劉老師の肘を担いだ、老師の腕は真っ直ぐに伸びた、「騎馬蹲襠式」の立ち方になった。普通なら相手が尻を沈めると腕は折れて、体も持って行かれる。劉老師は「やってください」と言った。相手はすぐ力を入れた。劉老師の肘が沈んで、相手はドシンと尻もちをついた。劉老師はすぐに相手を抱きかかえた。みんな笑った。これは正常な「切磋琢磨」だった。劉老師は今までどのように日本人を飛ばしたかなど言ったことが無い。戻ってきて自分の生徒に言うことも無い。彼の目から見て、これは一種の外交任務だ。もし生徒に話して、その生徒が少々大げさにそれを周りに言いふらしたら、もう元に戻せない。後に飛行場に見送りに行った時、日本人たちは相変わらずこの技術に心を奪われ、劉老師は彼らに再度あの技を披露したのだった。

この話は後に武術界に広まった。何でこのようなことができるのか。これと伝統の切磋琢磨は違う。一般の切磋琢磨は両者平等だが、これは違う。今回対処した逆関節の擒拿は、劉老師が後に言うに〝六把大拿（訳注：六種類の拿の大技）〟だ。相手は完璧に姿勢ができており、各種の逆関節技が完全にかかっていて、こちらの身法はすでに完全に歪められ技がかけられている。この時相手は完全に主動の立場でこちらは受動、こちらが自由になる余地が全くない。この時局部の手法を使っても、もはや効き目が無く動けない。この時は完全に身法と聴勁に頼る。反応はただ一瞬だ。すべては技だ。

この〝六把大拿〟は中国の言い方で言うと、〝外掰筋（原注：左右）〟〝拐肘〟〝翻天印〟〝小金絲（原注：金絲纏腕）〟〝懐中抱月〟それからまた民間の言い方は上品ではないが、〝黄鼠狼拉鶏（＝イタチが鶏を引く）〟だ。

実はこのような示範は何度もやっている。北京体育館でもやった。後の日本代表団は、この問題に相変わらずこだわって、今に至るまでメンバーはこの問題を持ち出す。当時の若者は今、50、60歳だ、今だに中国に学びに来る。新しい人も決まって、これらの技を見せてほしいと我々に要求する。

当時劉老師のお宅に行った時、劉老師は私にやり方を教えた。後に日本人相手に私にやらせた。初めてこういう情況に置かれて、私は内心緊張した。劉老師は「怖がるな」と言った「私がついている」。こういうことをする時、劉老師はずっと私の周りで見守ってくれた。客人たちは皆礼儀正しいが、こういう擒拿の手法はうっかりすると簡単にケガをさせてしまう。私もうまくできて、劉老師はとても喜んだ。劉老師は「あなたは若いから鍛えなければ」と言った。

この接待の仕事は、1979年まで続いた。その年私は南寧の全国武術観摩大会に参加した。劉老師の助手は李天驥の弟子の劉慶洲に替わった。劉老師以外にまた何人かの専門家が参加した。例えば李秉慈、葉書勲、謝志奎など。劉老師は後に、その他の国や地域の代表団の接待をした。フランス、台湾などだ。後にこの仕事は我々の代の者たちがするようになり現在に至っている。これらの外国の友人は1993年から私について深く学び始めもう二十数年、この

日本代表団を接待。後列左から、馬長勲、李秉慈、潘東来、一人おいて劉晩蒼先生

ことは決して私馬長勲がどうのというのではなく、彼らが劉老師の遺したものに出会って、このものの中の奥妙を探り当てたいと願ったのだ。今在るのは皆劉老師の影響を受けてのことだ。当時我々は撮影を禁じられていた、しかし外国賓客には制限は無かった。彼らは多くの貴重な映像資料を残している。私が今持っているたくさんの写真は彼らからもらった物だ。

今何人かの太極拳家は外に出て行き、拳を研究しようとか、発勁してみなさいとか、私を掴んでみなさいとか言ったりして、お互いに勁を聴き合う。しかし相手と別れると、言うことが変わる。誰それを打った、誰それを飛ばした、誰それを押さえた、という話になる。このような態度は本当に良くない。

あなたはこういうことができますか？　友達が遊びに来て推手して、友人を打てますか？　外国からの友人を何も言わずに打つ、そういうことがありますか。そういうことでは筋が通らない。王子英、郝家俊先生のお二人は、とても仲が良かっ

1976年頃、北京体育館で。坐っているのが劉晩蒼先生。
立っている右から、馬長勲、李秉慈、劉作新等

た。功夫が高く、互いに慕い互いにいたわり、相手の名誉を守り互いに尊重した。このような武術界は我々の手本としての価値がある。皆高尚で品格があった。ある人々は違う。わざわざことを構え、誰を打った、誰をどうしたと、ありもしないことを言う。これは武術界の病だ、こういうことをしてはいけない。

１９８２年その時私は東単武術館にいた。友人が訪ねてきて言った「アメリカからクーマという名の人が来ている、体育院で太極拳を学んでいる。相当傲慢な人で、東南アジアで敵無しだったと体育院に脅しまがいのことを言う。体育学院はあなたに状況を探ってほしいと言っている」。

私は「これは公務ですか？　私的ですか？」と聞いた。彼は「つまりはちょっと手伝ってもらいたい」と言った。２日目は日曜日だった。我々は行った。紹介が終わった後、このアメリカ人は少々傲慢で、上半身裸で短パンを履いて胸毛を出して、見た目こわい感じだ。傲慢は確かに傲慢だが、しかし彼らが言うような類の傲慢ではなく、紹介が終わるとクーマは言った「アメリカは先進的だ。あなた方の拳にせよ、推手にせよ、我々は録画できる。帰ってスローで見ると、把握しやすい」。私は言った「外面の動きは録画できて、スロー再生もできる。しかし、心の中のものはどうやって撮るんだ」。彼は「それはどうしようもない」と言った。私は「中国武術はかなり多くが内在のものだ」と言った。彼とは気持ち良く交流できた。

後に推手をし四正手を回し互いに勁を聞いた。この人は力が強かったが、太極拳のレベルが足りない。力はあるし背も高いが、我々は彼を「化開」できた。私は「推手はこんなに大きな力は使わない。小さな力で相手を押さえられる」と言った。しかしすべて友好的だった。私が会ったのはこの一回だけで良い雰囲気だった。しかし後におかしな噂話に変わって行った。アメリカの力持ちを打ったとか、クーマさんは武芸が優れていたが、ある人の掌中ではそうはいかず、等々。事に当たっては事実が大切だ。一は一、二は二だ。誇張してはいけない。クーマ先生が知ったら良い気はしないだろう。

呉門の優れた先輩たち

私は劉晩蒼老師から学んだ以外に王子英師爺にも学んだ。また幸いなことに呉式第三代の他の何人かの先輩方との接触もあった。さらに劉老師にはたくさんの友人たちがいて、そういう方たちとも触れ合えたのは実に益するところ大だった。

張継之

張継之先生は王茂斎先生の弟子だ。20歳で「懂勁《とうけい》（＝自分の勁がわかる）」ができた。張先生の推手は、「軽」でも「沈」でもなくちょうどその間のような自然な手法だ。そのやり方は定歩推手で、相手がどう押しても両足が動くことは無かった。

張継之先生の父親は「営造廠」を経営しており、王茂斎先生の同盛福と商売上の付き合いがあった。「営造廠」は今の言葉で言えば建築会社で、建築工事にはレンガ・瓦・石灰・石が必要だ。張先生の家は金持ちで、しかも一人っ子だった。つまりその家の宝物だった。張先生は姿が良く、乗っている自転車は〝白金人〟と呼ばれるイギリスから輸入したものだ。車体は銀メッキで、タイヤは透明性のある純粋ゴムで中には生糸が使われていた。その頃、もしこういう自転車を持っていたとすれば、ガラスをはめた格納庫に飾ってあっただろうが、彼は街中をさっそうと走っていた。

親は息子の体を丈夫にするために、中学（＝日本の中学と高校にあたる）に通っている時太極拳を習わせ始めた。まず楊澄甫先生について学んだ。彼の家は交道口や安定門があるあたりの鑼鼓巷（＝故宮の北）にあったから、楊先生の広安門（＝北京市南西部）まで習いに行くとなると、いつも自転車で1時間かかった。学び始めて一年経つ頃、張継之は楊澄甫に推手を教えてもらいたいと申し出て叱られた。

張先生はお坊ちゃまで、家ではいつもお世辞を言われているので、小言を言われてしまうと帰宅しても面白くない。家でそのことを言うと、父親は「先生の言うことを聞きなさい」と叱った。ちょうど話している時に工場の監督が入って来て、お坊ちゃまのご機嫌が悪いのを見て訳を尋ねた。父親が言った「この子は叱られて落ち込んでいる。一年間太極拳をやって、なんと推手をやりたいなどと言って、それで老師に叱られた」。監督はそれを聞いて言った「広安門まで太極拳を習いに行くのは、近くを捨て遠くを求める、ではないですか？　ウチと取引しているあの同盛福の店主は太極拳をやっている。ここからすぐです。銭粮胡同（＝故宮の北東）で自転車で10分もかかりません。明日あなたをお連れしましょう」

このようにして張先生は王家に行った。始めてすぐは元々習っていた套路をやった。やがて両方の套路をやり、やがて四正手もやり推手もやるようになった。顧客を教えるとなると他の人を教えるとは違う。その上王茂斎先生は張先生が気に入った。だから繰り上げて彼に推手を教えた。

後に楊澄甫先生の誕生祝いの時、張先生は自分も技を使えるようになったと思い、楊先生の弟子と腕比べをしたいと思った。そこで祝の品を買って楊先生の誕生祝いに出向いた。楊先生は聞いた「何でこの頃来ないんだ？　どうしていなくなった？」、張先生は嘘を言ってごまかした。飲んだり食べたりした後、楊先生は何人かの古い知り合いと麻雀などをしに別室に行った。張先生はかつての兄弟弟子と一緒に推手をして遊んだ。まず一押しすると良い感じだ。何人かの兄弟弟子はやはり頑張って推す。こうしてテーブルに当たったり丸椅子に当たったり、ガタンゴトンちょっと音を立てた。それが楊先生の耳に入った。ドアののれんを上げ見た。合点がいかない「この子はどこで習ったんだ？」。他の子たちは彼をうまく推せない。張先生は適当なことを言っていた。そこでのれんを上げて入って言った「君たち何をやっているんだ？　馬鹿騒ぎするな」それで皆はそこらを整えて推手を止めた。このことはそれで終わった。

しかしそれで張先生は大体の感じがわかった。その時から真面目に王家で学び始めた。後に良い機会ができた。楊禹廷先生たちが（王茂斎先生に）「拝師」することになったのだ。張先生は言った「私も一緒にさせてください」。楊禹廷先生は当時暮らし向きが悪かった。李文傑は学生だったし、曹幼甫は鉄道の切符売りでもっと金が無かった。張先生の家は金持ちだ。だから拝師の費用は全部張先生が出した。当時隆福寺に大きな料理店があり、そこで卓を並べた。張先生が王茂斎先生に（正式弟子として）習い始めて3年が過ぎた頃、茂斎先生が世を去った。この3年の終わりのほうで、張先生は悪い習慣に染まった、家にお金があるためにアヘンを吸うようになったのだ。

推手の時、老先生は匂いですぐおかしいとわかり怒った、「お前はアヘンを吸ったのか？　すぐ止めろ。止めないならもう来るな！」しかし、このアヘンというものは一旦染まると止めようと思っても止められない。それから王先生は言うたびにきつくなった。張先生はこわくて王家にもう行くことができなくなった。老先生は78歳の年、病気になり協和病院に入院した。張先生は見舞いに行ったが老先生の顔を見る勇気が無かった。先生を怒らせるのが怖かった。ドアの隙間や窓の外から見た。いずれにせよ、張先生は王茂斎先生について正式に3年学び、その3年で「懂勁」ができるようになった。彼の推手はかなりのものだった。

張継之先生の家と劉晩蒼老師の家はとても近かった。張先生の家には庭があった。だから刀や槍を皆張先生の家に置いておいて、夜張先生の家に行き練習した。片や交道口、片や鑼鼓巷、歩いて5分とかからなかった。張先生は王家のいろいろな出来事をたくさん話してくれた。

彼は一度呉鑑泉先生のことを話してくれた。その時彼はまだ若くていたずらだったので呉先生と推手しながら言った「先生、先生の手はいい感じですけど、先生の大きなお腹は邪魔です」。呉先生は言った「邪魔だと？　じゃ、推してみろ」。張先生が言うに、その時はまだ若くて物を知らないから、推せと言われて「そうか」と推した。力を入れた瞬間、このお腹はゆらっと無くなってしまったかのようで、思わず「いけない！」と叫んだ時、その手がまだ戻らぬうちにバンッ、直ぐにお腹が戻って来て、たちまち飛ばされた。その上、手を挫いてしまい長く腫れが引かなかった。その後張先生は言った「呉先生のお腹は触れない。見ると柔らかいけど、発勁すると早くて鮮やかだ」

張先生の套路はある風格があった。彼の套路は我々がするようなゆっくりで均一のものではなかった。彼の套路は王茂斎先生が彼だけに教えたものだ。すべて「牽動」しつつ動き、手の中にもいつも小さな「牽動」があった。張先生の推手にもそれがある。見ていて美しく実用性がある。その頃私は交道口土児胡同に住んでおり先生の家に近かった。私は特にこのことを先生に聞いたことがある。彼は「あの頃王先生がこう教えた」と言った（訳注：この場合の「牽動」とは何か。馬駿先生にメールで質問したが「文字では説明しにくい、会った時に教える」との返事。東京でお目にかかった折、この点につき伺った。馬駿先生と私は椅子に坐って正対した。私は左腕を水平に曲げて出した。馬駿先生は私の左肘のあたりに右手薬指をかけて、時計回りに大きく、ゆっくりから早く、またゆっくりのように、緩急のある動きをされた。私は大きくカーブを描いて左に連れて行かれる感じがした）。

張先生は家庭環境が良かったので、仕事をせずに父親の遺産で暮らしていた。新中国成立後、家作を没収され、売れるものはほとんどすべて売った。そしてその後は外で自転車の番をして生活した。我が家の情況も苦しかったので、先生に何か差し上げたくてもお金が無く、しかし何とか先生を助けたいと思い、先生が自転車の番をするのを手伝って、先生の代わりに番をした。

その頃自転車の番をするには札が必要で、一か所ではなく鼓楼、寛街など場所はいろいろだった。管理事務所がそれらの手配をしていた。私は仕事が終わると先生の自転車番を手伝った。大体2時間だ。店などが営業を終えるのを待って自転車置き場の門を閉めた。私は自転車番に使った札と袋を先生に渡して自宅まで送った。お金を処理して十数分推手の話をして、彼から推手を学んだ。

張先生は推手が大変良かった。しかし説明はできなかった。相手が手を出すと手を合わせ、あっという間に「パッ」、相手は飛ばされる。彼について套路を練習しても同じだ。これはどういう道理かと聞いてもいつも同じ返事だった。いつもこう言った「これはね、気功なんだよ」またこうも言った「太極拳はマスターすると、仙人になるんだ」。いつもこの二言だ。

彼の推手には特徴があった。手を合わせた時揺れる。相手を飛ばした後また少し揺れる。習慣になっていた。

あの頃私と一緒にいつも張先生の家に行った兄弟弟子がいる。趙徳奉だ。私より3、4歳年下だ。我々は同時に劉晩蒼老師に拝師した。彼は私の最も良い拳の相棒だ。拳を練習するには必ず良い相棒が必要だ。学んだあと習熟する必要がある。習熟には必ず相手が要る。太極拳は一種の知覚運動だ。相手がいなければ練習できない。

彼は豊台に勤務していた。勤務を終えると（列車で）北京駅まで戻って、（駅から）自転車で帰宅する。

私は交道口、彼は六部炕（＝交道口よりさらに2キロ程北西）に住んでいた。まず私の家に来て「どうだ？何か良いもの手に入れたか？」。それで我々は一緒に練習した。一つの勁を探し当てると大喜びした。彼の手はとても細かかった。一つの技を覚えても、練習する人がいなければダメだ。彼は仕事が忙しく家も遠かった。私の家は近くて割合便利だった。

張先生の家にはいつも行った。先生が自転車の番をするのを手伝う時だけでなく、朝公園から戻って、出勤は先生宅の門前を通るので、時には先生の家に寄った。たとえ3、4分話すだけでも良かった。それから急いで自転車で出勤した。その頃は太極拳に夢中で、自由時間はすべて太極拳だった。今日はここへ、明日はあそこへと、どの家にも行った。

こんなことがあった。私はこの目で見た。その頃私は交道口土児胡同に住んでいた。胡同の入口の向かい側に風呂屋があった。記憶では「広清園」か大体そんな名前だった。張先生は広清園の外側で自転車の番をしていた。張先生の家は鼓楼東大街鑼鼓巷口（＝故宮の北）だった。ちょうど息子の馬駿が歩き始めた頃だ。時には馬駿を連れてずっと自転車の番をし、老先生にはご自宅に帰って休憩してもらった。9時になると銭湯は閉店する。私は子供を家に連れて帰り、また自転車番の札を先生に渡しに走って行った。そして張先生に推手を教えてもらった。

風呂屋には一人の若者がいた。彼は張先生が武術家と知っていていつも、老先生の体に触って勁を味わってみたいと思っていた。張先生はいつも彼を叱った。「あなた方若い者は技を使ってみようといつも思わないように、すぐ相手とぶつかって良い具合ではない」。このように彼に何度も言っていた。言えば言うほど彼はやりたくなった。あの日私はちょうどその場にいた。若者が先生に言った、「おじいさんはいつも俺に、お前は何を練習しているんだって言うけど、俺はひと押しであなたを椅子にへたり込ませることができる」。

これは私がはっきりと覚えている。張先生は首をかしげて笑って言った「一押しで私をへたり込ませる？できるか？」。若者は言った「できないというなら試してみよう」。彼は言いながら張先生の胸ぐらをひと押しした。本当に力を入れた。張先生は彼の手を軽く「採（＝下に払う）」してすぐ肘を立てた、若者は立っていられずにタタタと数歩後ずさって、ドスンと広清園の石段に尻もちをついた。

若者はぼうっとして言った「あなたのその力はどこから来たんですか？　もっと猛然と行った。もう一回やりたい」。張先生は言った「もう一回来なさい」。若者は意気込んでもう一回行った。この時張先生は手さえ動かさず、腹を軽く吸ったかと思うとすぐ前に張った。若者はタタタッとまた飛ばされた。張先生は言った「また来るか？」。若者は言った「もう行きません」。

一度、趙徳奉の次兄趙徳庫が、我々二人と一緒に張家に元旦の年始に行った。張徳奉には三人兄がいて、皆「摔跤（＝中国相撲）」が好きだった。年始の挨拶を済ませそこで推手になった。趙徳庫はあまり推手をしたことが無く推手がわかっていなかった。彼は相撲をやってきた。彼も技を試したいと思っていた。

我々は言った「あなたは張り合わないほうが良い。老先生はお年だからぶつかっては具合が悪い。それにもしひょっとして老先生が自然の反応を出したら、あなたも具合が悪い」。しかし彼は相撲が身に沁みついていて、つい力を出した。張先生は彼に肘を出した。先生の家は西屋で、風よけの二重ドアに四枚のガラスがあった。きちんとはまっていなかった。一つが落ちて割れた。1月1日だ。急いで紙を糊で貼りつけた。さもないとどんなに寒かったろう。私は咎めてはっきり言った、「力を使うなと言っただろう」。彼は言った「この老先生の手は何でこんなにすさまじいんだ。『整』で素早い。力を出そうと思ったが3分の1の力も出さないうちに戻ってきた」。そうなのだ、張先生は聴勁が大変正確なのだ。

李文傑

私が触れ合ったたくさんの先輩諸先生の中で、最も〝文〟な推手をするのは李文傑先生だった。李文傑先生は文人で、王家への年始はいつも一人で来た。一般の武術を練習する人とは話が合わなかった。比較的孤高で高雅だった。彼は王子英先生の推手の相手で、楊禹廷先生と仲が良かった。楊禹廷先生が私に、李文傑先生を訪ねるようにと言ったのだった。

彼と推手をすると、押さえつけようとも掴みもせず放つことすらせず、すべて聴勁だ。相手の体に達するとこう言う、「あなたは動けなくなった」。相手が動けなくなっても、そこで相手を飛ばさない。彼は打たない。そして今度は相手の力が彼の体に達すると、にこっとして言う「私は動けなくなった」。あなたのこの勁は下から来た。私は動かされる」。彼は必死にならない。彼の推手はとても文雅だ。「点（＝接する）」するにとどめる。「発（＝飛ばす）」することができるが「発」しない。「拿（＝捕まえる）」できるが「拿」しない。相手を推しながら笑って「ほらあなたは動けないだろう?」。それからどうして動けないか、相手にその道理を解説する。あなたがずっと推して「問勁」すると、彼はやがては動けなくなる。彼は言う「見てごらん。これはどうしたことか。あなたは私を擠して動けなくさせた」。そして彼の体にどんな反応が起こっているのか、仔細に語ってくれる。性格がとても良く、いつも楽しそうに笑い誰に対しても丁寧だった。

彼はその時代の大学卒業生で、それは当時大したものだった。彼が自分で書いたものは内容が高かったが出版はしていない。この本は我が家にある。〝文革〟時に書いた。中にはやはり〝毛主席は我々を指導して曰く……〟と毛主席語録等があり、私は手で写した。こういう部分も写さねばならなかった。

李文傑先生の推手はとりわけ〝文〟だった。しかし彼の套路は脚力、体力が必要な套路だった。他の人のとは違っており、昔の呉門の〝練功夫的架子（訳注：功夫を高めるための套路）〟だ。彼が身に付けたものは、王家と呉家の精華だ。

李文傑先生が王家で拝師した時、楊禹廷先生と一緒だった。拝師してから呉鑑泉先生はとても李文傑が気に入った。李文傑は読書人の家柄だ、見かけも性格もすべて呉鑑泉先生の肌に合った。王茂斎先生はそれを見てとって、李文傑に言った「あなたの師叔（＝呉鑑泉）はあなたがとても気に入っているようだ。彼についてしっかり勉強すると良い」。

以後、王、呉の二人の老先生は仕事を分けた、例えば1週間を、月水金、火木土に分けて教えた。だから李文傑先生の套路は呉鑑泉先生から教わったもので、今皆が普通に見かける呉式太極拳とは違っていた。練習に骨が折れる套路だった。李先生はいつも私に言っていた、「これは呉先生の『関門（＝門を閉めて外に見せない）』の練習套路だ」。李先生はあまり生徒を取らなかったので、この拳を伝える人は少ない。

当時、楊禹廷先生が私に李文傑先生のところへ行くようにと言ってくれたが、私は李先生が退職してからやっと日壇公園で会えた。楊禹廷先生はこのことを私に言う時、彼がどの胡同に住んでいるか思い出せず、番地はなおのことわからなかった。ただ朝陽門近くの袋小路の胡同とだけ言った。朝陽門地区と言っても広く、袋小路も少なくない。何度も探したが見つからず、その後探すのを止めた。その後日壇公園で、それは1979年か80年、またはもっと前だったかもしれない。公園の北門の中で出会えた。

私はそこで誰かが拳を教えているのを見た。非常に素朴で街で見かける普通の拳とは違っていた。しかし呉式の太極拳だった。折よく彼はそこで話をしていた。私はそこにいる人にちょっと尋ねた。その人は彼の先生は王茂斎だと言った。私はこの人はきっと李先生だと思った。私は近づいて尋ねた「あなたは李文傑先生ですか？」。彼は私に「どうして私のことを知っているのか？」と聞いた。私は「楊禹廷先生からあなたを訪ねるように言われたのです」と言った。このようにしてやがて先生のお宅に伺うようになり彼について拳を習った。それは呉鑑泉先生が当時練習していた拳だ。

李先生は「自分はこの拳を練習するには少々歳が行き過ぎた」と言った。私は当時40歳手前だったが、足腰はまだ丈夫だった。そこで彼についてこの套路を学んだ。これの練習はとても辛くてエネルギーを必要とする。現在行われている套路とは大きく異なる。その特徴は体の内部の勁を練習することができる点だ。外面は今の呉式太極拳のように美しくはない。例えば摟膝拗歩の動作の時、

李文傑先生の太極拳

摟膝

野馬分鬃

上歩搬攔捶

退歩跨虎

前足は「提」「蹬」「点」「落（原注：つま先着地）」、前足が地に着くと後ろ踵が上がる。これは武術に偏っている。この套路は私の世代では私だけ練習したようだ。と言ってもそれほどは練習しなかった。あまりにも疲れる。

後に馬岳梁、呉英華と集まった時、私はこの套路のことを話題にした。呉英華が言った「父呉鑑泉は李文傑がとても気に入っていて、彼には太極拳の奥妙をたくさん話したそうだ」。私は「私は李文傑先生にこの套路を習いました」と言い、いくつかの動作をやってみせた。馬岳梁が言うに「全く間違っていない。しかしこちらでは今誰もこれを練習する人はいない。余りにも疲れる」

この套路は若者ならまだ大丈夫だ。年齢が少しいくと耐えられない。姿勢がかなり低く、起勢するや即深くしゃがむ。手が起きて、足は提、蹬、点、落、攬雀尾はこのようだ。攬雀尾には三つの圏がある。今皆が練習しているのには一つの圏しかない。例えばこの攬雀尾の捋は一度戻って来る時、寸弾の勁を含み続け、表には出ないが内部にはその道筋がある。摟膝で手が起きてくると、手は親指、人差し指、中指の指先でつまむ。手首と肘を垂らして手を出すと、人の眼球に向かって突進する。また戻って今度は喉に向かって突進する。李文傑先生だけが呉、王両家のものを持っている。推手をする時、彼と王子英先生はいつも二人で組んでいた。練習仲間だった。

楊禹廷

楊禹廷先生のお宅にも行ったことがある。楊先生のことは世の中に割合よく知られているから、私は別のことを話そう。

楊禹廷先生はいつもキセルを吸っていた。しかし彼のキセルは持つのではない。「擎《チン》（＝手のひらで捧げ上げる）」するものだ。湯呑を手のひらで捧げ上げるようにすると小さな力も捨てることができる。我々は彼の家に行き、練習が終わると皆で筒子河（＝故宮の外堀）に行った。彼はいつも「私はゆっくり行くから、あなたがたは先に行ってください」と言う。なぜそう言うか。実は彼はちっともゆっくりではない。実は皆と一緒に歩くとずっと「おしゃべり」になって、そうすると先生は練功ができない。彼は歩きながら練功するのだった。これは後に我々がやっとわかったことだ。彼は歩く時ステッキを持った。杖にするのではなく、背中に両手で後ろ手で持つ。そして

1957年5月5日楊禹廷先生が弟子を迎えた時の写真。（二列目）右から二人目王子英、呉図南、楊禹廷、李子固　（一列目）右から二人目孫楓秋、戴玉三、李秉慈、（三列目）左から二人目李経梧、五人目劉鑫富、（後列）左から二人目王培生、郭西敏、一人おいて翁福祺

ゆっくり歩く。

一度筒子河に行った時のことだった。彼には張玉書という弟子がいた。それほど若くはなかったが、いつも楊先生に冗談を言っていた。

私は大体先頭を歩いた。そして皆に言った「先生は一番後ろだ。間もなく見える」。案の定すぐに楊先生がゆっくり来るのが見えた。張玉書は並んでいる松の木に隠れながら身をかがめて楊先生の後を纏わりついて歩いていた。そして後ろから先生のステッキを引いた。楊先生が振り向くや、張玉書は飛ばされてごろごろ転がった。楊先生は彼の勁を聞くや、「落空」してステッキを震わせたのだ。それで張玉書はすっ飛んだ。「またお前だ、いたずら者!」。

これらを私たちは皆見た。わからない人が見ると何事だろうと思い、そして神格化する。実は二人の勁が合ったのだ。もしあなたが一人の若者で、先生のステッキを掴んだとしても、この勁が出てくるとは限らない。張玉書は先生の勁に「順」にしたので飛ばされたのだ。

楊先生と我々が推手をするのは故宮の転角楼だ。東南の角にその角楼がある。東華門を風よけにしたところだ。そこで老先生は皆に推手について話した。我々はその頃いつも行った。まず先生の家に行って、先生がいなかったらもう行ってしまったということで、我々は角楼に走って行った。

他門の名人

王家は友人が多く付き合いが広かった。劉晩蒼老師も友人が多く、そのお蔭で我々若い者も恩恵を受けた。

王茂斎先生がお出での頃、尹福、馬世清、尚雲祥、劉彩臣……こういう人たちが皆常連の客だった。これらの友人には、摔跤（＝中国相撲）の人もいれば、八卦掌、形意拳、長拳の人もいた。このように大勢の友人と交流して、王茂斎先生御自身も彼らから影響を受け、たくさんのものを吸収した。

劉老師が地壇公園で練習していた頃、そこはまた先輩先生方がいつも集まる場所でもあった。劉老師が教えた人はとても多い。普通20、30人、実践の機会も多かった。劉老師は武徳に優れ人からとても好かれていた。たくさんの老先生方が彼のところに来た。王栄唐、呉彬芝、鮑全福、張継之、周俊佛、劉談風、馬漢青、孫楓秋……同門もいれば、他門もいた。こういう情況だったので、我々が学んだものも多かった。

私は郝家俊先生のお宅にも何度も伺った。彼は武術をやる人にありがちな雰囲気がなかった。大学教授のようで、言葉使いがきれいで鷹揚だった。こういう方たちに会うと、劉老師は我々をよろしく頼むと言った。このような良い環境に恵まれてたくさんのことを学んだ。

一世代上の武術家たちは皆互いに良い友達だった。今誰があのように集まって研究しあうだろうか。皆、自分が正しい、人は正しくない、だ。あの頃老先生方は集まって話に花を咲かせることができた。技芸を磨き合い、良いところを取り足りないところを補い、お互いが向上した。今はただ当時を思い起こすのみだ。

呉彬芝老師と劉晩蒼老師は良い友達だ。私が呉先生に学んだのは楊式だ。以前鮑全福老師に学んだのは紀子修の套路で、やはり楊式だ。呉彬芝老師に習ったのは楊澄甫老師の大架式だ。呉老師はまた武式拳も教えた。すべて古い套路で、一つの知識として学んだ。内面に確かにたくさんの良いものがある。しかし我々には君子協定があり、これらの套路は自宅で練習するのみで外では練習してはいけないのだった。だから今の人はそれを見たことが無い。これらの套路の特徴は「沈」だ。外で皆が練習しているのとは違う。今ではどこにも見ることができなくなった。

鮑全福老師は北京大学の卒業生だ。若い時は体育が好きだった。彼の太極拳は紀子修先生に習ったものだ。鮑老師は30歳余りの時肺結核に罹った。その頃肺結核は、現代で癌になるのと同じで不治の病だった。しかも伝染する。この時鮑老師は鍛錬によってこの病を治そうと決心した。薬を飲んで通院するのに加えて、鍛錬を続けた。練習して汗を流し、汗を拭いてまた練習する。このように一生懸命続けて、1、2年の時が経ち肺結核は全快した。

鮑老師は旗人（＝満州族）だった。代々役人の家柄だった。一生仕事をせず、家賃収入で暮らした。新中国成立後、国は彼の家作を没収した。彼には五人の娘と一人の息子がいた。息子は16歳の時、不幸にも夭折した。たった一人の外孫（＝娘の息子）は体が弱く、老先生の生活は容易ではなかった。先生に学んでいる我々のグループは、兄弟子が劉学文、それから郝棟、弥慶祥、邢宝仁、私、それから王という姓の銀行員だった。

その頃鮑先生の教え方は、例えば摟膝拗歩とすると、1か月以上他のものはやらず、これだけを練習する。兄弟子の劉学文はとても良い人で、私に言った「鮑先生が教えるのに、あなたは毎日来ないとダメだ。彼は教え終わると、もう来ない。でも彼は別なところからあなたが練習しているかどうか見ている。あなたがもし毎日練習したら、彼はもしかしたら2週間後、再び来てあなたに何か言うだろう。しかしもしあなたが何週間か来ないのを知ると、もうあなたのところには行かない。あなたが再び来てもあなたには教えない。私はあなたに本当のことを言う。もし本当に練習したいのなら毎日来るほうが良い」。だから私は毎日行った。

一度、私はちょうど摟膝拗歩を練習していた。端まで来てまた転腰回身した。その時地壇には二通りの壁の道があった。今、頭道壇壁は見当たらず、西門にその痕跡があるようだ。古くなって修理もされず壊れてしまった。振り返った時鮑老師が私を見ているのが見えた。素早く振り向いたので、鮑先生は隠れるのが間に合わず、私の目に入ってしまった。私は思った「兄弟子の言う通りだ」。先生は身をひるがえして行ってしまった。私のところには来なかった。

私はこうして毎日練習した。後に先生は私に雲手、倒攆猴、野馬分鬃を教えた。いずれにせよ（摟膝拗歩と共に）これらは四つの基本功だ。この拳を私は1年学んだ。彼は少しずつ教えた。彼は第一動作から第八十動作までを前から順番に教えるということはしなかった。順は追わず、例えば今日は単鞭、続いて一つ下勢をして、また単鞭をして、高探馬をして左分脚、このように一つ一つ教えた。前後の順は構わない。私はこうしてまず基本功を練習し、それからこの動作、あの動作と「小さな塊」を練習した。前年の8月中秋節から翌年の8月中秋節までの1年が過ぎ、先生は言った「私はこの中秋節の前までに教え終わるように努める。教え終わるだけでなく、中秋節にはお前に月餅を買って食べさせる」。

この套路は紀子修先生が練習していたあの套路だ。この套路と楊澄甫、崔毅士が教えたものとは多少違っている。例えば提手上勢、玉女穿梭、分脚、これらは大分違っている。というのも後に私は呉彬芝先生に太極拳を習ったが、呉先生のは崔先生の套路でそれで両者が違っていることを知ったのだ。

鮑老師は推手もとても良かった。誰もいない時、彼は私と推手をした。人がいる時はやらなかった。私は「先生の推手はとても良いのに、どうして他の人とやらないのですか」と聞いた。彼は「あなたは若いからわからないけど、推手は問題が起こりやすいのだ」と言った。我々は隅っこで、推手をした。彼の「小勁」も「整勁」もとても良かった。

鮑老師と劉老師の住まいは斜向かいにあった。二人は仲が良かった。その頃、鮑老師の持家はもう没収されていたが、北側の三部屋だけは残されて廊下もあった。その彼の家にも行ったことがある。鮑老師は古い北京っ子で、花を育てたり魚を飼ったりするのが好きで、家具は清朝時代の一揃いで黒い漆塗に金の縁取りで良質の木製だった。室内には名のある人の書画が掛けてあり、鮑先生も書がうまかった。先生は最後は病むこともなく生涯を終えた。朝早く朝食を買いに出て、香児胡同の小学校の門で、木にもたれかかってそのまま亡くなった。
鮑先生の家は生活が苦しく、着るものには継ぎが当たっていたがいつも清潔だった。着ている青い天竺木綿はすでに色が抜けていた。ゲートルを巻いて中国靴を履いており、その頃それは「学者靴」と呼ばれていた。手には文化ステッキ、それは地面に突くのではなく手に持ってゆったりと歩いた。彼は大きな黒鞄を持って、奥さんが作った六角の小さな黒帽子を被り、清朝時代のサングラスを掛けていた。清朝時代のサングラスは、ガラスに穴があって鋲の上に眼鏡のつるが掛かっていた。新中国成立後時流に合わなくなり、元々の眼鏡のつるを外して大きな枠を付けた。眼鏡は本物の水晶だった。「老北京（＝北京っ子）」の粋がりだった。

ある時彼は地壇公園に行った。道すがら北新橋の野菜売り屋台で韮の苗がみずみずしく新鮮なのを見つけた。その韮苗を買って鞄に入れた。金を渡す時眼鏡をそこに置き、金を払った後眼鏡のことを忘れた。ステッキを持って小唄を歌いながら地壇公園の南門に着いた。そこで思い出した。

「眼鏡が無い、あそこに置いてきた」。思い出すだけで緊張した。すぐに自分に言い聞かせた、「緊張するな、眼鏡が無い。無い物は無い。この歳だ、緊張したら気血が上がる。もしかしたら死ぬかもしれない。まあいいや、私はまずこの心を落ち着かせねば。戻ろう、あっても喜ばない。無くても慌てない」。老先生は小唄を歌いながらゆっくり戻った。野菜売りは彼を見つけて言った「老先生、眼鏡をここに忘れたよ」。老先生はそれを聞いて自分に言った「喜ぶな、興奮するな、まずこの石段に坐って気を落ち着かせよう」。野菜売りはいぶかって言った「早く取りに来なさいよ、そんなところに座り込んでいないで」。老先生は気を落ち着かせ、やっと眼鏡を取りに行き、野菜売りに礼を言った。また地壇公園に戻った。

先生は我々にこのことを話した「人はな、興奮しちゃいけない。喜び過ぎは良くない。焦るのも良くない」。
私はその頃若かったのであまり気にせず冗談として聞いていた。今私は当時の鮑先生の歳になって先生の話がやっとわかった。

後に私は団結湖で思いがけず鮑老師と同じ四合院に住む趙興華に出会った。趙興華は本屋に勤めていた。本屋に拳論に関する本が入るといつも彼は持ってきてくれて、私は代金を払うのだった。我々は鮑先生のことを話した。私は言った「鮑先生は本を書いたことがある。先生の家に遊びに行った時見せてくれた」。その時、鮑先生は言った、「あなたが退職したらあなたにあげよう。今読んでもわからない。すべて修身養心の話だ」。鮑先生は我々に八段錦を教えてくれた。文武八段錦、床上八段錦、易筋経を含むもので、私は鮑先生の考え方に沿って養生八法を編集した。趙興華も鮑先生の套路を練習していた。

鮑先生と一緒に撮った写真がある。１９６０年に撮ったものだ。劉学文、郭棟、邢宝仁と弥慶祥も一緒だ。春節の時我々が

1960 年、鮑全福先生と弟子たち。中央が鮑全福先生。（後列左から）邢宝仁、弥慶祥、劉学文、馬長勲、郭棟

先生の家に年始の挨拶に行くと、奥様が言った、「主人は皆さんの姿が見えないと寂しがってねえ。毎年年越しの時になると、写真を取り出して撫でて、八角テーブルに置いて、彼らが来ないねといつも噂にするんですよ。あなたは時には来てくださるから……」。

鮑老師も他の先生と同様、何を贈っても辞退した。後に我々は先生が嗅ぎタバコが好きなことを知った。しかしどこで売っているかわからず、あちこちで聞いて大柵欄の北に嗅ぎタバコの店があるのを知り、そこで私は一箱買って先生のところへ持って行った。先生は「贈り物などしなくて良い」と言い、私は「先生は我々を教えるのにご苦労なさっていますので」と言った。先生は「今回だけだ。前例にしてはいけない。もしまた買ったら私は怒る」と言った。私は「今回だけにします。私はわからないのでちょっと嗅いでみてください」と言った。先生は嗅いでみて「この嗅ぎタバコはどこで買ったか私はわかる。嗅ぎタバコが一番良い大柵欄の「北嘍」（原注：地元語で北の場所の意）で買ったものだ。そうだろう」

この時鮑老師に嗅ぎタバコを差し上げて、それ以外は何もしなかった。他の先生方にも白湯一杯も差し上げたことは無い。

師であり友であり

道家の練習では何人かの先生と触れ合った。例えば胡海牙先生、鮑全福先生、また胡福生先生だ。胡海牙とは良い友人で、年齢を超えた付き合いがあった。彼と趙紹琴医師も劉晩蒼老師に太極拳を学んだ。地壇公園から北海公園に替わって、また劉老師が亡くなってからは、団結湖で私と一緒に拳を練習した。

胡海牙は陳攖寧の伝人（＝正式に技を受け継いだ人）で、また有名な中医だった。腕が良く、特に鍼灸に優れていた。道家についてもよく知っていた。彼が練習していたのは皆自然のものだ。座禅はしない。当たり前に暮らし、心を調節した。天元、地元、人元という三元功法では、天元を練習した。天元大法は最も自然で最もわかりやすい。人元は陰陽双修で、昔は金持ちや高級官僚や妾を作ったり女を買ったりする人間などに彼らの喜ぶ理屈を示して騙した。多くが金を取るためだった。私は胡医師と家で何でも話した。

胡福生の見方は胡海牙とある部分で違っていた。どちらの家にも遊びに行ったことがある。もし胡福生が存命なら100歳を超えている。彼は八路軍に参加し「国共談判」の時、彼と葉剣英は一緒に北京に来た。彼も道家の練習をしており、邱祖一派、清修派だった。彼は私に黄元吉の「楽育堂語録」をくれたことがある。この本は大変私の助けになった。私は長いことこの本を探していたが見つからなかった。それを彼は私にくれた。これは縁というものだ。後に私は兪炎が注解した「参同契」を探したがそれも長いこと見つからなかった。ところが団結湖で一人の老婦人が拳を練習していて、私がこのことを話したら、彼女は「大丈夫です、見つけてあげます」と言い、3日目に持ってきてくれたのだった。彼女の甥が首都図書館に勤めていて、そこにこの本があり夜勤の時にコピーしてくれたのだ。

道家は道教とは異なる。道教は一つの組織で宣伝が必要だった。道家は一種の学問で太極拳と同様とても簡単だ。私は彼らから学んだ。「鬆」していくととても気持ちが良い。ゆるみさえすればもういいのだ。椅子も無くなるし足も地に着いておらず、気持ち良さの極みだ。套路をやってもこの感覚が出てくる。一回套路をするとこの感覚が出てくる。推手は何であのように軽いのか。全く力を使わずあの感覚を使うのだ。これができるようになると、バスに乗っていても飛行機に乗っていても、ただ放鬆して両目を閉じると体の内部の気血が落ち着いて来る。そしてこれがやってくる。2時間位坐っているとひと眠りするよりも気持ちが良い。

簡単だというのになぜ皆違っているのか。胡海牙医師がこのことについてこう言った「もし有名になりたいならまた大勢の人に教えたいなら、人を〝騙す〟ことだ。騙さないと人はついてこない。あなたみたいに教えていては、誰がついてくるか。ただ放鬆するだけなのだ。誰でもできる」。

実際、道家の修行も同じだ。とことん追求すると、最後は〝鬆静自然、神気合一〟、この八文字だ。しかしあなたが「この八文字だけだ。さあ練習しよう」と言っても、誰があなたについて学ぶか？　鬆静自然は誰でもできる。どうしてわざわざあなたについて練習しなければならないか？　天干地支、八卦五行、陰陽、抽離補坎、乾坤顛倒、水火離位、……やたら複雑にすると、かえって人々は興味をもって、そして信じる。

結局のところ、核心は一つの言葉〝神気合一〟

2006年、劉晩蒼先生生誕100周年記念大会で。馬長勲（左）と胡海牙先輩（右）

で、非常に自然なものだ。神気合一だけでもう十分だ。もしあなたがレベルを上げたかったら、この〝一〟も忘れる。混ぜて一つにし、そしてそれも忘れる。即ち放鬆だ。調節して放鬆の状態にする。「静」でなくても構わない。「静」は段々できてくるのを待ち、ただ放鬆ができさえすれば、あなたの体には相当助けになる。それであなたが「静」になることができればさらに良い。複雑ではないがかなり大変だ。放鬆を通して体の中の気血などが皆「合」する。身体にはある感覚が出てくる。この感覚は相当気持ちが良い。必ず座禅をしなければならないというわけではない。それを身に付けるといつでも練習できる。

例えば今我々二人はおしゃべりをしている。何で疲れないか？　私はずっと放鬆しているから疲れない。気はいつも丹田に在る。意識的に養うのではない。自然にそうなる。あなたとおしゃべりして緊張して気が上がって、頭がくらくらするなどというのではない。座禅のあの状態を保持すれば1日中おしゃべりしていても疲れない。道家の練習は玄学ではないし迷信でもない。しかし気功が伝わって行く間に、一部の気功の指導などでは、非常に複雑に言い神秘的なもののように言っている。いわゆる道家の練習は、実はとても素朴な道家の文化なのだ。

拳理編

太極拳の核心はすなわち〝鬆〟だ。
しかし普通はこれを疑っているか、
または半信半疑で、口では放鬆を言いながら、
心の中では「小聡明（＝浅智恵）」を働かせている。

呉式の源流

〝太極拳〟というこの名前は、聞くところでは清朝光緒帝の先生だった翁同龢がつけたものだ。楊露禅が永年（訳注：河北省邯鄲市）で拳を教え始めた頃は〝綿拳〟と呼んでいた。北京に来たばかりの時も〝綿拳〟と呼んでいた。楊露禅が貴族たちに拳や推手を教えている時、翁同龢はいつも傍らにいてずっと見ていたそうだ。そして彼は言った、「この拳の中には哲理がある。だから提案する。この拳を〝太極拳〟と呼ぶのが一番良い。〝綿拳〟では聞こえが良くない」。太極拳の名はこうしてついた。これについては史実を調べた人がいる。

呉家のものは、実は楊家のものだ。呉全佑は楊露禅から学んだ。私が劉老師に拳を学んでいた頃、呉式という名前は無かった。〝楊式小架〟と呼んでおり、ある時はさっぱりと〝小架〟と呼んでいた。つまりすべて楊式の一部分だった。

〝小架〟という言葉は人に誤解を与えやすい。なぜならその動きは決して〝小さく〟ない。〝小架〟と〝大架〟の関係は拳の形の大小ではなく、一、二の関係だ。例えば「一路」は大架と呼び、「二路」は小架と呼んだ。これはつまり長男・次男の意味だ。決して呉式が小さく巧み、楊式が大きく広がっているという意味ではない。実は呉式拳はとても「開展《カイジャン》（＝ゆったりと広がっている）」だ。呉鑑泉先生、王子英先生、劉晩蒼先生の太極拳はとても大きかった。しかし〝小架〟というこの名前は外部の人に誤解を生みやすく、呉式が大きく広がらずゆったりしていないと思わせた。しかし実はそういうことではなかったのだ。

私が拳を学び始めた頃、呉式拳は自らを楊式小架と称していた。新中国成立後、政府は拳種ごとに資料を整理させ、国がこれらの流派に基づいて名前を決めた。そして陳式太極拳、楊式太極拳、ひいては呉式、孫式、武式までができた。私が知る限り、楊式、呉式のこの名前は決して自分で名付けたのではない。少なくとも呉式太極拳のこの名は、自分で作ったのではない。

太極拳は一代一代と伝わってきた。楊露禅から、楊班侯、楊健侯、呉全佑、楊少侯へと、一代一代で進展変化してきた。

昔私が触れ合った先生方は基本的に自分で楽しんでいた。多くの人が自分で商売をしており、あるいは張継之先生のように代々の財産を受け継いで、自分では働かずに生活ができ、専ら太極拳を楽しんで過ごした。新中国成立後、皆勤めに出て、愛好者は仕事の余暇に楽しむようになった。

技術の観点から言うと、第三代が求めたのは〝精（＝精密さ）〟だが、第四代は〝功（＝パワー・強さ）〟に傾いてきた。それは彼らがおかれた環境、生活と関係がある。第四代の多くが人と接するや、相手をはっきりとポンポン飛ばした。しかし一代上の人たちの、感覚及び聴勁の精密さには及ばなかった。ここがこの二つの代の違うところだ。劉晩蒼老師の功夫は高かった。もし功夫を比べるなら彼をどうにかできる人は何人もいないだろう。

太極拳は「捨己従人（＝己を捨てて人に従う）」「力従人借（＝力は人に借りる）」を重視する。つまりこれが一つの尺度だ。第三代の先輩先生たちは、相手を推したいと思ったらまず相手の勁が顔を出すようにして、それから推した。この代の人たち以降は社会の需要なのだろうが、この点で段々変わって来た。後のできる人たち、我々が知っている劉晩蒼老師、李経梧先生、王培生先生など、この代の人たちは「功夫（＝パワー）」に片寄っている。「功夫（＝パワー）」や技や速度を偏重し主動的な攻めが多くなった。相手の力を借りて打つというやり方は、その上の代の人に比べると少なくなった。かわりに「功夫（＝パワー）」の感覚は大きくなった。

私は呉式拳の門の第三代の方たちにたくさん接触した。これらの先輩先生方の推手はとても細かく、微妙な違いを重視した。この代の人たちは「精」を求め、必ず拳論に照らして考えた。第四代になると社会の変化を受けて「功力（＝効率）」や勝負を強調するようになり、勝ち負けの観念が強く、手を合わせるやいなや相手を飛ばした。だからその代の人たちは「功力（＝効率・飛ばすという結果）」を見せるのが多く、推手はこの方向に変遷してきた。発することが多く、人を掴むのも、足を動かすのも多くなった。しかし第三代の方たちのような、人との密接な結びつきは少なくなった。この変化は社会環境の変化と関係がある。人々は皆仕事を持ち余暇は減り、学ぶとすぐ結果を欲しがった。だから技や、「功力」や「活歩（＝フットワーク）」を偏重するようになった。

第三代は必ず触れて勁路がわかってから打った。接するやいなや打つこともあるが、この勁路の力点を打った。第四代になると新中国成立後であり、「功力」や用法に偏り、当然聴勁はあるのだが、第三代のように〝純〟でひたすら正確な点を探す、というのではなくなった。

我々第五代になるとさらに隔たりができた。〝文革〟を経過すると老先輩方のものを引き継いでいる者はますます少なくなった。今練習を続けているのはある種の〝迷症（＝マニア）〟で、一生のめりこんで太極拳以外のものに見向きもしない。李和生や高壮飛、そして私も含めて一生夢中だ。青年時代は皆、勤めが終わった後それぞれの先生方の家に行き勉強し、いろいろ教わり太極拳がすべてだった。このようにしてやっとある程度のものを身に付けた。しかし全体の趨勢を見ると身に付けるものは減っていくばかりだった。

呉式第三代の人たちが強調していたのは、絶対に「太極拳的東西《ドンシ》（太極拳のもの）」を練習しなければならないということだ。あの頃王子英先生はいつもこのことを言っていた、「あなたが推しているこの手と套路の手は合っていますか?」。今そういうことを語る人はいない。套路は套路、推手は推手になっている。ある人はこれを評して「今、套路と推手は完全に分かれてしまった」と言う。かつて人々は強調していた、「自分が用いるのは必ずすべて『太極拳のもの』でなければならない」と。推手は用法ではない、その勁を研究するものだ。推手が用いるのはどの勁なのか、そして套路の中にもその勁がある。

第三代は定歩推手にこだわった。たとえ一晩やっても、その定歩（訳注：足を定位置に置き移動しない）の足はニラの葉の幅も動かない。定歩だからこそ、あなたは太極拳の「整体的勁（全体的勁）」を出すことができるし、軟弾、驚弾、寸弾（訳注：いずれも短い勁）もはっきりと使うことができる。足を動かすと、うまくいけば〝抖弾《とうだん》（＝震え弾く）〟だが、うまくいかないと物理的な〝擁力（＝グッと力で押す）〟になってしまう。

呉式拳には他拳との違いが一つある。あなたが20歳で練習するものと、80歳になって練習するものとは、きっと套路の形は同じではないだろう。楊家では拳を教えて生活している人が多かったので套路は基本的に正確でなければならず、変えることはできなかった。呉式拳はほとんど商業化していなかった。門を閉めて中で自分で楽しむ人が多かった。だから人により形の違いが大きい。だが変わるものは変わっても、内側のものは一貫していて変わらない。

例えば〝南呉北王〟で一方は南、一方は北、それぞれが伝承し数十年の変化は少なくない。しかし内側の勁路はやはり同じものだ。

１９８０年代、全国武術代表大会が開かれた。老先生方が一堂に会するのは滅多に無いことなので、呉式門で会食をしようということになって、期間中に一回集まりが持たれた。馬岳梁、呉英華、劉晩蒼、王培生、馬金龍、李和生、李秉慈、翁福麒、楊鑫栄父子、王挙興、趙興昆、梁秀珍、と私等、すべて呉式門だ。食事後西単で記念写真を撮った。人を待っている時、私は馬岳梁先生に言った、「先生ちょっと推手を教えていただけませんか」。老先生の勁はとても良かった。北京の先生の推手と同じだ。完全に内部の鼓盪勁だった。聞くところでは呉英華（訳注：呉鑑泉の娘で馬岳梁夫人）の功夫は馬岳梁よりさらに良いそうだが、外部にはほとんど出てこない。

呉家の中では、楊禹廷、王子英、馬岳梁、曹幼甫、張継之、李文傑、これらの人たちは皆とても良かった。これらの人たちは皆「精華（＝エッセンス）」を探し求めていた。後に我々の先生の代になると、「功力（＝効率・結果）」を求めるようになった。だから後の劉晩蒼老師や李経梧、王培生の太極拳は皆「功夫（パワー）」だった。「功夫（パワー）」に用法を加えていた。第四代はどちらかというと勝負の観念が強くなった。昔第三代の老先生方と推手をすると、少しするだけで1時間

1982年呉式同門の北京での記念写真。（前列左から）李秉慈、劉晩蒼、馬岳梁、呉英華、王培生、楊禹廷長男、翁福麒　（後列左から）李和生、王挙興、一人おいて趙興毘、梁秀珍、馬長勲、宋蘭平、楊鑫栄

の站桩をするよりも気持ちが良かった。体の中が「打透（＝拳の練習をすることで気が全身に行き渡っていく）」するのだ。今の推し方は皆気持ちが良くなくて、推手をする人が段々減ってきた。

私はあまり社会的活動をしないので外の世界との接触が少ない。私が知っている呉門の中で私と同年代には李和生、高壮飛がいる。彼らは先輩たちの高みには達していないかもしれないが、手には勁があって、やはりそれは呉式太極拳のものだ。兄弟弟子たちは皆それぞれだ。趙徳奉の手は良かった。彼は私の兄弟弟子で、古い仲間だ。王挙興、趙興昆は、功夫に加えて元々の力があった。彼らは体が大きく力持ちで、呉門の微妙さは面倒だと感じる性格でもあった。

私の功夫は先輩の先生方とは比べものにならない。ただ〝玩児（＝楽しむ）〟で、趣味性と芸術性を高めるだけだ。搭手したらすぐ相手を制する、などという心理は私には無いし、そういう勝負の観念も無い。ただ遊んで楽しむ、「自娯自楽」だ。今、私は拳を教え推手を教えている。それはかつて先輩先生方が私に教えてくれた通りのものだ。定歩推手は無暗に推さない、力比べをしない。

呉式太極拳の第一代は呉全佑だ。はるか昔のことで想像も及ばない。第二代は最高峰だ。第三代の人たちは、第二代の先輩方を評価し敬服しない者は居らず、皆先輩を〝技高一籌（＝レベルが一段と高い）〟と言っていた。同様に、四代は三代を評価し、五代は四代を、六代は五代を評価する。皆この感覚だ。

これは謙遜しているのではない。時代はこのように変化してしまった。その頃王家の父子は交友が広く、家にはいつも名人名手がいた。弟子たちも多かった。技術を高めたいと思う時、こういう名人が〝陪練（＝一緒に練習）〟してくれずにどうしてそれが可能だろうか。劉晩蒼、王培生の時代になっても毎日数十人が手合せしていた。我々第五代になるとこういう条件は無くなった。あなた方第六代になると相手がおらず、套路練習が多く推手が少ない。套路の時間さえも多くなく、拳論と套路と推手の結合などは言うまでもない。

これはどうしようもない。皆勤めに出なければならず、家族を養わなければならない。これはつまり社会環境の大変化だ。私の功夫は私の師と比べると、大きな開きがある。私の生徒はまた私と大きな開きがある。功夫はこのようにして段々落ちていく、これは大きな問題だ。私が話すこれらは本当の話だ。誰かを貶めようというつもりで言っているのではない。

私の個人的観点としては、呉式拳は、今どこでも〝力〟の段階にある。第四代は〝功（＝パワー）〟の傾向がある。二代三代の中の傑出した人たちは〝幾近於道（訳注：水の在り方は『道』に近い・老子第8章・上善如水）〟で、ほとんど「道」に近づいていた。

呉式は人を飛ばせない

こう言われている、〝呉式太極拳打不了人（＝呉式太極拳は人を飛ばせない）〟。私が思うに、この評価は決して呉式太極拳を貶めるものではない。

武術界は悶着が多いところだ。こういう言い方がある「文無第一、武無第二」（訳注：「文」というのは順位を付ける性質のものではないので一位は無い。「武」というのは勝つか負けるかだから二番目はない）。「武」の世界には威勢を張ってすぐに手を出すような輩が多い。しかし呉式拳では相対的に悶着は割合少ない。これは呉式太極拳の考え方と関係があり、さらに呉式太極拳を伝えてきた人の性格と関係がある。例えば呉式の創始者の呉全佑先生は真心があって、温かみがあり、人の良し悪しをあげつらわない。だからこの一門が伝えてきたものは、武術界の良し悪しの議論では無く、基本的に自分が楽しむものだ。

呉式拳は揉め事が少ない、度を越した話もしない、彼らは元々そのように教育されている。王子英先生も含め1930年代の中国で誰もが認める名手たちは、ほとんど外に出なかった。安易に公園にも行かなかった。自宅で自分で練習した。何人かの同門が家を訪れた。こういうことは一般の人にはできなかった。

太極拳の練習で身に付けるのは人間としての素養だ。技芸が上がれば素養も上がる。相手を本当に飛ばすなどはもちろんしないし、考え方としてそういうことをいやがった。誰を打つのですか、その人はあなたの敵ですか？　武術であるからには、比べたり試合したりはある。しかし比べるのは技術であり、容赦の無さではない。

（清の時代に）太極拳が北京に来てから、それをどういう人たちに教えたか、王侯や貴族、文人学士だ。清朝が滅びてからは、どういう人たちが太極拳を練習したか、名人や名士、財産家、実業家、お屋敷の御隠居や奥様たちだ。こういう人たちが殴り合いの喧嘩をする必要があるだろうか。

北京は「蔵龍臥虎」と言われ、たくさんの武術家がいる。太極拳がそこに足場を築けたのも、道理がある。尚雲祥（訳注・形意拳の名人）は功夫が素晴らしく、あだ名を鉄羅漢といった。王茂斎先生のお宅に行って、二人はどうして喧嘩しないか。尚雲祥先生の娘が出した本にこのことが書いてあったのを私は覚えている。彼らは志を同じくする良い友達なのだ。

一世代上の先輩たちは集まって研究を続けることができた。これは良い手本だ。世の中では、兄弟弟子が集まると、お互い相手を認めないというのはよくあることだ。しかし先輩たちは一緒にいて、一つのものを繰り返し練習して研究した。このようにして両方ともが進歩した。

努力するということでは王茂斎先生は相当なものだった。聞くところでは彼が朝陽門で站桩する時……その頃はまだ城壁があったのだが、その城壁上の凸凹の凹の上に立って站桩したそうだ。それは今普通に見かける無極桩だった。站桩はすべて養いながら練習するもので、無暗にただ立つのではない。楊禹廷先生もそう言っていた。

王茂斎先生が推手を教えるために家の床に敷いていたのは輸入物のタイルで、毎日石油で擦って光らせていた。まるで鏡のようだった。普通の人は安定して立っていられず、推手で相手と「較勁（訳注：力を比べる）」しようとしてもできない。当時私は王家に拳を学びに行って、いつもこの床の上で推手をした。

彼らの研究はとても細かく、だから教えた弟子たちの功夫も高かった。王茂斎先生が教えた何人か、楊禹廷を兄弟子として、李文傑、張継之、王子英、彼らの推手はとても良かった。聴勁は非常に細かく高尚だった。この代の人の推手は完全に拳論と合っていた。決して強引に打ったり引っ張ったりせず、相手に力を感じさせなかった。

私が会ったのは、王子英先生、李文傑先生、楊禹廷先生、張継之先生だ。この四人の方々の功夫には差があったが、推手には共通の特徴があった。曖昧に打つのではなく、非常にはっきりしている。必ずあなたの勁が顔を出してきたところを打った。とてもきれいで、打たれた人はとても気持ちが良い。相手の力を感じない。こういう推手は本当に奥妙だ。会うやいなや相手を飛ばすのではなく、「引手（＝誘いをかけて相手の虚実を知る）」を用いて相手の勁を引き出して、それからその勁を打った。力を使うのではない。

どうして「呉式拳は人を飛ばせない」または「太極拳は人を飛ばせない」と言うのか。それは人が太極拳を見ると、套路だろうが推手だろうが、ふにゃふにゃして全く力が無いという印象を受けるからだ。実は推手は一つの〝玩児（＝遊び）〟で、遊びの中にある何かがあるのだ。

例えば前に言った王茂斎、王子英、劉晩蒼老師、彼らの事績を見ると、やはり〝玩児（＝遊び）〟から出てきたものなのだが、しかしあなたはそれを本当ではないと言えるか。当時宝三、瀋三の相撲はとても良かったが、「あれは〝活跤（＝相手を生かしておく、傷めつけない相撲）〟だ、つまり偽だ」と言う人はいただろうか？　まさか宝三が毎日人を殺したら本当と認めるというのではないだろう。

さらに例を挙げる。これは日壇公園で李文傑先生から聞いた話だ。当時呉式太極拳第三代に趙鉄庵先生がいた。彼は王茂斎先生の弟子なのだが、呉鑑泉先生が彼を気に入って、それで李文傑先生と同じく彼は両家の真伝を得た。趙先生のは套路も推手もとても柔和だった。当時崇文門外の順城壁を西に曲がった西月壁で練習していた。そこはとても閑静だった。

当時北京に有名な拳師がいた。饅頭を売って暮らしていたので〝饅頭郭〟と呼ばれていた。練習していたのは八卦掌で、功夫のある手をしていた。練功のために、転掌の時、手首にいつも大きな分銅をぶら下げていた。彼が使っていたのは250キロの大ハカリの分銅で、分銅は3、4キロあった。彼は店主だったが、自ら一輪車を押して饅頭を売っていた。饅頭を売りながらいつも趙鉄庵先生が練習しているところを通る。趙先生が拳を練習し推手をするのを見て、まるで嘘同様と思い、ある時皮肉っぽく言った。〝饅頭郭〟は山東人で、性格は少々〝魯（＝がさつ）〟だった。我慢できずに聞いた、「あなたのこれは本当か？　嘘か？　試していいか？」彼は自分の功夫を頼りにして、一発で趙先生を倒せると思った。彼は趙先生と「搭手（＝手を合わせる）」するや、手首を落とし先生の下腹にめがけて「掖掌（訳注：八卦掌の手法で掌を内旋し横向きにした手）」を出した。先生は「吸腰」をして放鬆した。〝饅頭郭〟は自分でバランスを崩して、バタンと地面に手をついた。〝饅頭郭〟はきまりが悪くて、ぶつぶつ言って、「待ってろよ、明日人を誘って来る」というようなことを言ったが、もう来ることはなかった（訳注：吸腰とは腰椎を後ろにふくらませるような動き。……馬駿先生の解説）。

推手は偽だ（＝本当の勝負ではない）。しかしその中には本当のものがある。だからこのような練習方法、練功の方法なのだ。趙先生はやり返したのではない。ただ「引進落空」をして相手を少し化した。もしやり返すなら？　もちろん我々は勇んで殴りかかるというような方向に行ってはいけない。技巧と知恵を学ばなければならない。

楊露禅は当時北京の皇族の邸宅で拳を教えていたが、もし力に頼っていたら皇族たちは彼に付いてこれを学んだだろうか。当時太極拳界でこんな言い方があった〝地を恐れない、天も恐れない、楊家の軟十三は恐れる〟。柔らかいが柔らかさの中に何かがある。

太極拳は実戦するなら、文も武もすべて練習しなければならない。（しかし）我々が今教えているのはすべて文の練習方法だ。

私は若い頃劉老師について、まるで実戦のような本気の「投げる打つ」を受け、いつも何メートルも飛ばされ、全身はそれに反応して生き生きとやり合った。

今我々がそういう練習をしたら、良いか良くない

北京の太極拳家たち：（左から）李徳印、李秉慈、劉晩蒼、謝志奎、葉書勲、馬長勲、劉高明

か？　良いと言えば良い。武術界にはどんな手の人もいる、一種の〝渾手（＝わきまえない手）〟に出会ったら、あなたは対処できないだろう。だから軽々しく知らない人と推手をしてはいけない。人には虎を害する心は無いが、虎には人を傷つける意がある。ただひっくり返されるだけならどうということは無いが、身体の内側が傷ついたら、一体どこに訴えればよいのだ。

私個人は細かく研究するのが好きで、だから私が教えている生徒もその路線を行っている。しかし武術界は複雑だ。どんな手法もある。同じように〝推手〟と呼ばれていても、力と手法に頼るものもある。こういうのに出会ったら、あなたも（そういうものに対処する）練習の経験が必要だ。この方向に力を付けたかったら、この方面の功夫を身に付けなければならない。しかし我々の推手は決してこの路線にはいかない。

私は生涯にわたり推手をしてきた。我々の推手を野蛮だと言う人はいない。時に誰かと推手をして、相手は力で頑張っている、そういう相手をこちらは動かさない。相手が私を動かせなければそれで十分だ。人によっては、推し終わってから〝中定勁不錯（＝貴方の中定勁は良いね）〟と言う。あなたはそんなに力を費やして私を動かせない。中定ができていて、私が相手を飛ばせないでしょうか？（ただ飛ばそうとしなかっただけだ）皆の心中でわかっていれば良い。

推手はつまり練功だ。相手がいる練功だ、物質相手の練功ではない。あなたにサンドバッグを打たせたり、杭を蹴る練習をさせたりするものではない。王茂斎、王子英、趙鉄庵、彼らの誰がそんな練習をしただろう。

推手は力比べではない

推手が力比べではないことは皆知っている。皆そう言っている。しかし、そう言っている人が本当にそう思っているか、聞いている人が本当にそれを信じているか、と言えば、そうとは限らない。

私が知っているある二人の老先生は、一生この考えから抜け出せなかった。その一人は私の友人だった。彼は技術者で太極拳が大好きだった。定年後あちこちに名師を探しては拳を習いに行った。北京にはたくさん拳を教える先生がいる。彼はすべてに習いに行った。しかし残念ながら深く入っていくことは無かった。ある日彼とおしゃべりしたことがあった。私の先生たちがどのように私を教えたか、どんなに力を使わせないようにしたか、放鬆させたかを話した。彼が言うに、「そういう話は聞かないほうが良い。彼らは皆お年だ。あなたを放鬆させて、だから彼らはあなたを推せるのだ。もしあなたが力を使ったら、それでも彼らはあなたを推せたか？」。彼は自尊心が割合強く、推手でも勝ち負けにこだわる。自分の〝勁〟を手放せず、だからいつまでたっても「太極拳の本当のもの」を得ることは無かった。彼のように教養がありこんなにも太極拳が好きな人間でも、太極拳に対する見方はこんなものだ。血気盛んな若者だったら、いかなることになるか。だから放鬆とか軽霊とかいうものは、なかなか人に受け入れられない。

もう一人は、1960年代、劉老師について練習していた太極拳好きで陳という天津訛りの人だった。我々は〝天津陳〟と呼んでいた。彼の家系は皆郵便関係で、中国に郵便局ができた時から一家はその仕事に就いていた。彼の家には清の時代の完全な一揃いの切手があった。聞くところでは中国にそれは二揃いしかなく、国に一揃い、彼の家に一揃いだった。彼の家は金持ちで、当時我々は〝労働布〟と呼ばれる木綿を着ていたが、彼は〝毛嗶嘰（＝毛織サージ）〟を着ていた。60歳を少し越して、百七十数センチの体格で、血色が良く、健康的だった。〝天津陳〟は太極拳と推手に夢中だったが、しかし欠点があった。勝ち負けにこだわり有利になりたがった。劉老師は彼に何度も言った「そんな調子ではいけない、面倒を起こす」。しかし彼は耳を貸そうとしなかった。我々はいつも一緒に練習したが、彼は早く結果を出したがって強い力を使い、どうしても人を飛ばしたがった。

彼が教えを請うた人、訪れた人は多い。太極拳が好きで、劉老師以外に王培生先生、汪永泉先生、崔毅士先生、楊禹廷先生等すべてに習いに行ったことがある。およそ有名な推手の先生のいるところにはすべて学びに行った。学ぶと、あちこちの公園に行って相手を探して推手で遊んだ。彼はそういう性格だった。後に我々がまた彼と出会った時、あんなに良かった顔色が変わっているのに気付いた。顔全体が黒ずんでいた。彼が言うには心臓が悪くなり、いつも心臓の薬を持ち歩いている。この病を得てから1年もせず亡くなった。後に〝鉄道馬〟という彼と仲が良かった友人に聞いたところ、彼は一度東単で、何の拳をやっているかわからない人と推手をして飛ばされた。飛ばされた時、「按（＝押す）」された場所が悪く、ちょうど心臓のところを「按」された。心臓が相当傷ついた。1年余りでこの病で亡くなった。とても残念なことだ。

張三豊は太極拳論の中で言っている、〝欲天下豪傑延年益寿、不徒作技芸之末也（訳注：天下の豪傑たちに長生きしてほしい、いたずらに技の細部にこだわらないように）〟。王宗岳は「太極十三勢歌」の中で言っている、〝詳推用意何在、益寿延年不老春（訳注：細かく意を用いるのは何のためか、いつまでも長生きするためだ）〟。太極拳は一般の武術とは違う。太極拳が重んじるのは「益寿延年」で、武で体を損なってはいけない。もしあなたがどうしても強くなって勝ちたいと願うと、必ず体を損なうことになる。この二人は年齢がかなり高く、70歳前後だ。それでもこのような練習をしていた、身体には決して良いことではない。

拳論では何度も「用意不用力」を強調している。どうしても力を使おうとしたなら、それは身体に良いことだろうか。この二人はとても教養があった、だからこれは性格の問題だ。私はいつも先輩老師を尊重し拳論に照らし合わせ、「軽霊」の道を歩いてきた。私は体があまり良くなかったのだが、このように練習することで病は段々消えて行った。これは決して神秘ではない。人体は自己調節機能を持っている。放鬆してこそ、その自己調節機能は働く。

劉老師が我々に拳を教える時はいつも、穏やかであるように、均質であるように、力を用いないようにさせた。先生は例えを用いた、この例えはとても良い。先生曰く、「あなたが弁当箱を持って、卵をいくつか買って、弁当箱に入れた。手で下から支えて、家までの間に壊すわけにはいかない。もし弁当箱を持ってパンパン叩いたら、弁当箱は何ともないが、中の卵は皆壊れる。太極拳もこの理屈で、あなたが穏やかに練習すると、心身に有益だが、力を込めて推したり引いたりすると、体の中は必ず痛む」

試合を唯一の目的にしてはいけない

時代の変遷に伴って人々の好みも変わってくる。しかし太極拳と推手にとっては、必ずしもそれが進歩とは言えない。

拳論では推手の四大病を言っている、「頂《ディン》（＝ぶつかる）、癟《ビエ》（＝へこむ）、丟《ディウ》（＝離れる）、抗《カン》（＝抗う）」だ。今、それらの病は拡大している。引っ張る、逆関節をとる、捻る、ついには蹴りまで出て来た。昔はこうではなかった。

何事にも変化の過程があるが、今起こっている変化は私が見る限り変化につれてレベルが上がるというものではない。攻撃という方面では向上したかもしれない。しかし本当の太極拳の内なるものは減ってきた。推手をすればする程興味が湧く、というものではなくなった。今、人は推手を見たからと言って自分でやってみようとはしない。昔はたくさんの人が推手を練習していた。今私が見るに、練習する人は減ってしまった。昔の推手は人の興味を惹いた。しかし、終わったあとアザだらけ、顔面腫れあがり、気がやられ、というのでは誰が好んで練習するだろう。

太極推手は確かに健身（＝健康増進）と教養の向上に独特の価値を持っている。今、関係部門が掘り起こし、整理している。私はこの運動が無くならないようにと願っている。しかし問題は、試合に出るとかメダルが欲しいからといって、推手が〝角力（＝力比べ）〟〝推車（＝車押し）〟に変わってはいけないということだ。そうなっては価値が無くなる。

実際、たくさんの運動は中国独自の何かを持っている。しかし中国式の相撲を含め、これらの独自の何かは無くなってしまった。惜しいことだ。中国相撲の試合はある、しかしその時優劣を問うているのはその独自のものか？　その違いはとても大きい。今の相撲の試合はすべて力比べだ。かつて相撲も〝聴勁〟を重んじていた。それらの試合ではあなたには馬鹿力は見えない。足の動きが正確で、小さく動くと相手はもんどりうってひっくり返った。

ある一つの運動の発展にとって、試合という形式が必ず必要とは限らない。試合と日常の練習は結局違いがある。

昔、天橋に二人の相撲の名人がいた。一人は宝三といい、もう一人は瀋三といった。宝三は本名を宝善林といった。新中国成立後、大勢の人が彼の相撲を見た。瀋三は確か少し早くに亡くなったように思うが、はっきりとは覚えていない。宝三の相撲は普通の人がやるような、角突合せ、大汗をかくようなものではなかった。相手の動きに従って動き、相手が行くところに行き、相手の勁に順で動き、相手の勁を借りて技を使った。その相撲はなかなか美しいものだった。もし相撲をしたことのないそこらの若者が土俵に上がったら、滅茶苦茶になってしまい、そういうものでなくなってしまう。内容豊富なものにはなりえない。しかしこの二人の相撲はとてもきれいで、人を惹きつけた。見た人は自分も練習したくなった。

しかし今試合場に行くと、金メダルを取るためにいろいろな技術も頭から飛んでしまう。私も中国相撲の試合を見たことがある。すべて力ずくだ。その典型が両腕を突っ張って相手を打ち、相手を近づかせないようにする。とても見苦しい。

ある運動を発展させたいなら、試合を唯一の基準にしてはいけない。いろいろな形式が並び立たねばならない。結局のところ試合に出る人というのは数が少ない。互いのものが結合して、表演を競う試合も良い。また勝負を競うのも、メダルを目指すのも一つのあり方で、いろいろあって良い。

例えば推手の試合について言うならば、一番多く挙げられるのが、いわゆる真実性の問題だ。しかし「真実性」を重んじることによって、まずもたらされた結果が、推手がぶつかり合いになってしまって、服が破けたりさえするようになったことだ。これを〝真的（＝本当）〟というのだったら、過去の表演は〝偽的（＝偽物）〟だ。だから我々は思わず問うてみたくなる、今体育学校で教えており表演で最も多い三節棍対槍、素手で匕首を奪う、等の表演は「本当」か？　これらは「表演」できるのに、なぜ太極推手は「表演」できないのか、なぜ中国相撲は「表演」できないのか、これは矛盾ではないか。少なくとも不公平だろう。人は推手を偽だというが、三節棍対槍の表演も偽だ。なぜそれらは表演できて、太極推手は表演できないのか。さらに言うなら、太極推手は「偽」ではない。

「真」か「偽」かは、どの角度から決まるか。例えば我々が京劇を聴く。聴きたいのは北京訛り、北京の調子だ。決してただ大きな音を聴くのではない。ただ大きいだけの音なら列車の汽笛のほうが上だ。

今、人々の健康作りが言われるが、羽根蹴りが良いからと言って全員が羽根蹴りをするわけにはいかない。中国古来のもので、身体に良いものはとても多い。例えばコマ回し、羽根蹴り、縄跳び、蹴鞠、武術など、これらは皆良い。ジョギングマシーンなどはどれだけの人がそれを買えるだろう。何千元もして、マンションには置く場所も無い。太極拳はすぐできる。場所も服も要らない、道具も要らない、喜んでせずにはいられない。

脇で見ている人にはわからない

推手は自分で体験するものであって人に見せるものではない。太極拳の内なるものは素人がわかるものではない。

推手を見て、人は皆こう言う、「これは体力づくりに役立つか？　そんなにゆっくり動いて体が鍛えられるか？」。体力づくりというと、バーベルを挙げたりジョギングをしたりすることで、「こんな油を売っているような動きが何の役に立つのか？」と人は思う。しかし太極拳は人に見せるものではない、(知りたければ)体験してみる必要がある。推手はさらにそれがいえる。見ているだけの人には理解できない。80過ぎの老人が指をちょっと動かして相手がタタタッと飛ぶ、これは本当か？　見ている人にわからないだけではなく、それを練習している人も、功夫がまだ至っていなかったらわからない。あるレベルに達して初めて受け入れることができて、やっとわかる。ああ、この老先生の手は本当に良い、自分は一寸触れただけで不安定になる。「傍観者清（訳注：成語・傍目《おかめ》八目《はちもく》、脇で見ている人のほうがよくわかる）」というが、太極拳と推手についていえば、「傍観者不清（訳注：脇で見ている人にはわからない）」だ。

もし李連傑（＝ジェット・リー）が刀を手に上へ下へと身を翻すと、皆必ず拍手し彼の技がすごいことは誰もがわかる。しかし太極拳は違う。あなたが練習しているどの点が好ましいのか、人にはわからない。良い套路も、見たところ暇つぶしに見える。素人は表面の面白さだけを見る。玄人はコツを見る。太極拳のコツは見えにくい。多くの人は長い間太極拳をやってもよくわからない。ましてや初心者や未経験者に評価させて、「太極拳のもの」をどうして評価できるだろうか。

１９５０〜６０年代、北京では暖かくなってくると、東単、西単、北海すべてで露天の体育場ができ、たびたび武術の表演が行われた。夏は……冬は条件的に合わない……露天の体育場で、太極拳の特別興業があり、大勢の観衆で立錐の余地も無かった。楊禹廷先生も見に行った。小さな腰かけを持って、人ごみに押されながら首を伸ばして見た。皆私がこの目で見たことだ。その頃人々はこれが好きで、切符も高くなく、一毛だった。

また、太極拳、形意拳、八卦掌、この内家三拳の特別興業もあった。呼ばれて出てきたのは陳子江、駱興武（原注：形意）、崔毅士、王子英、楊禹廷、徐致一、呉図南などの老先輩、それから尚雲庸、王達三、少し若くて李秉慈、劉高明、宋志平、孫楓秋、彼らは前座で、その後は老先輩方だ。始めは套路の表演で、前座が李秉慈、劉高明など、当時は皆若かった。それから孫楓秋、宋衛平などの中年勢が足を動かしての大捋《ダアリ》や、活歩推手をする。後半は老先生方、やはりまず套路を演じて、トリは推手で、とても人気があった。

それは、一つは鑑賞することで一つは学ぶことだった。老先輩たちの表演を見ることで自分の考えを高めることができた。もし試合で、掴んだり引っ張ったり袖が破れたり、終わってからもなお打ち合っていたりするなら、そんなものを見てどうするのだ。現在は娯楽が多いから、それも（観客が減った）一つの原因かもしれない。しかし娯楽が多くなっても、それを楽しむ人の数も増えたのだから、やはり推手それ自体に問題があると考えなければならない。

そのような専門の興業の時だけではなく、大体どこでも推手の表演があった。いろいろな体育の試合や、労働者スポーツプログラムなど、最後になると多かれ少なかれ推手の表演があった。その後、どうしてそういう風の吹き回しになったかは知らない。しかしこれは人を騙している、皆嘘だ、と言われるようになりプログラムから取り除かれた。

１９７９年、南寧で全国武術観摩会が開かれ私と吉良辰が推手を表演したが、これが大体最後だった。後にこのような規模の推手表演は無くなった。指導層が指示を出した。曰く、「これは先生が生徒を騙すものだ。先生と生徒が共同で観衆を騙すものだ」。その結果無くなった。

私が覚えている最後の表演は豊台で、香港復帰を祝っての会で、私は推手の表演を頼まれたが体調が悪いと言って断った。上層が皆偽だと言っている以上、どうして私が行ってその「人を騙す」という行動ができるか。私は自分の生徒二人に表演させた。まず馮志強先生、次に私の二人の生徒の表演があった。私は観覧席で見ていた。観衆が何と言っていたか、「見てごらん、彼らはずいぶんホントらしいフリをするのがうまいねえ……」

だからこれは素人に見せるものでは無い。これは昔言われた北京に出てきた田舎者の京劇鑑賞と同じ理屈だ。「蘇三起解」を見るとすぐお婆さんたちは涙を流す。なぜか。あの若い嫁がいじめられているからだ。二番目の出し物は「千里送京娘」、赤い顔の大男趙匡胤が長い棍棒を持って出てくる。お婆さんたちは言う「ほら、実家のお兄さんが仇を打ちに来たよ」。これは「劉老々進大観園（訳注：劉婆さんが賑やかな大観園にやってきた・小説の一場面）」だ。そういう観客をあなたは批評できるか？

１９５０〜６０年代、素人は疑っていた。あんなこと不可能だ、あんなに小さな動きで、あんなに遠くに飛ばすなんて。推手というものは、玄人でもわかるとは限らない。ましてや素人が疑うのも無理もない。昔からある言い方で言うと、「耳聴為虚、眼見為実（訳注：聴くだけではダメだ、目で確かめるのが大切）」。見てもなお信じられないのは、わかっていないからだ。

あの頃老先生方の表演は生き生きとしており、観衆もとても多かった。拳を練習する人も多かった。どの公園でも推手をしている人がたくさんいた。表演を見たり表演会に鑑賞に行くことは、技術を上げるのに役立った。あるレベルに達してから老先生方のこういう手法を見ると、あなたはそれらをお手本にすることができる。

推手は内なるものを失いつつある

１９８０年代、国は推手を武術試合の種目に入れた。最初はやはりたくさんの観衆がいたが、やがて段々いなくなった。皆力比べで、かと言って相撲でも中国相撲でもなく服は破れ腕には青アザ、太極拳がどうしてこんなものでありうるか。後に改変を重ねたが、すべてルール上の改変で本当に競技者を養成しようというものではなく、方向性がはっきりしていなかった。

彼ら（＝国）が最初にルールを作った時、それは瀋陽で私も参加した。第一回の会議で第一条は、「尚巧不尚力（＝巧みを尊び、力を尊ばない）」だった。しかし結果はどこに巧みがあるというのか。すべては力だった。厳しく言うと太極推手は（勝ち負けを競う）試合という形式にしていいものでは無い。武術ではすべて「操手（＝二人で相対しての練習）」にこだわる。套路だけをして「拆手（訳注：技の用法を使って見せる）」をしないというのでは、技術は向上しない。例えば少林拳はサンドバッグを打ったり杭を蹴ったり二人で腕をぶつけあったりする。これらはすべて基本功で、実戦への準備だ。一方太極拳は人を相手に練習する。四正手でも活歩推手（訳注：足を移動しながらする推手）でも、実戦のための基礎だ。

我々が手合せして練習していたもの（推手）を競技にしたのだが、老先生方がしていたような生き生きとしたものにはならなかった。加えて勝負の観念が入り込み、あのメダルが欲しいこのメダルが欲しいなど、身体も心も緊張した。その結果、推手の競技は今に至り30年になろうとしているが成功しているとはいえず結果は深刻だ。今、ある人はどのように選手を育てようとしているか？　手押し車に石を載せて砂地を行かせるようなことをさせる。このような練習は完全に太極拳の拳理に反している。

規則を改めるとしたら合理的なものはただ一つしか無い。即ち拳論に基づいて規則を定め、拳論に基づいて選手を育てる、ということだ。このようにすれば見どころあるものになるかもしれない。今多くの大学に太極拳の専門学科がある。しかし多くの教師が太極拳をわかっておらず、そういう人が教えると面倒なことになる。

１９８１年瀋陽で定めた規則に基づいて、１９８２年北京の工人体育館で実験をした。散打も新しい規則で試してみた。当時あのように大きな体育館が満員だった。何回かの後、見る人はいなくなった。

推手を健康のためのものとして語るならそこには独自のものがあり、これほど安全なものは無く、これほど文化的なものも無く、また哲理がこれほど深いものも無い。もし本当に研究すれば、太極拳の套路を広めると同時に、推手も正確に広めることができ、老若男女すべてが練習できるようになる。とても雅《みやび》で文化的だ。もし攻撃を強調するならば40歳以上の人は練習のしようがない。紅焼肉はおいしいがテーブルすべてが紅焼肉という訳にはいかない。漬物の一皿も良い。しかしなぜ太極拳ではこの一皿の漬物も受け入れられないのだろうか。

多くの老先生方がこの問題を提起した。例えば重慶の張義敬先生は初めにこの問題を提起した。しかしすさまじい集中攻撃を受けた。これは二十数年前のことだ。多くの人を怒らせた。後に関係指導部が出てきて争いを止めた。実は張先生は太極拳とは一体何なのか、現状と対比したに過ぎない。解放後太極拳はずっと普及を続けてきたが、内包するものはかえってどんどん少なくなった。国家はあのようにたくさんのお金を投じて、套路を作ったり改めたりしたが、套路の内容を充実させたり研究したりはしなかった。このようなことが続けば、二起蹦子（＝両足を前に跳ね上げる）や、３６０度くるっと向きを変える（＝一回転する）套路がもうすぐ出てくるだろう。

例えば（今は）左右対称を強調する。昔の人は左右対称を知らなかったのか？　なぜ右単鞭の類の動作が無いのか？　それは我々の体の生理的な特徴と関係がある。我々の心臓は左側にある、だから左手の動作は比較的少なく、右手の動きが比較的多い。これは我々の体を健康に保つことと相関関係がある。古人は左右を知らなかったとでも言うのか？　あなたは昔の人の意図を分析しなければならない。

推手には必ず規則がなければならない。そしてその規則は必ず昔の拳論に照らし合わせて用いなければならない。拳論に沿って用いなければ、出鱈目になってしまう。規則について語るなら、太極拳の発展の歴史を見なければならない。太極拳の盛衰と社会的影響には関係性がある。

例えば楊露禅の時代（訳注：おおよそ清朝末期）、楊露禅、武禹襄、李亦畬《リイユ》は同時代人で太極拳の伝播と広がりに多大な貢献をした。「精益求精（訳注：成語・さらに磨きをかける）」の年代だ。一つのピークの年代だ。彼らが教えたのは王侯貴族だ。馬鹿力で腕を振り回すのだったら彼らはそんなものは練習しない。この頃広まっていた故事は皆このことを語っている。例えば楊露禅と董海川（訳注：八卦掌の創始者）の故事だ。

第二代（＝楊式の第二代）になると、攻撃の面が目立つようになった。楊露禅はかつて楊班侯（訳注：露禅の次男）を叱った。「お前は勝ったかもしれないが、袖が破れている」……広まっている話で、万鈞力と楊班侯の故事だ。万鈞力は張り紙をして楊露禅に武術試合を挑んだ。当時東四牌楼の東にあった石碑に張り紙をした。楊露禅は行かなかった。息子たちにも行かせなかった。しかし楊班侯は我慢ができず、白馬に跨って行った。互いに名を名乗った。楊班侯の最初の一手は劣勢だった。第二手で万鈞力の平手が石碑に当たった、石碑は砕けた。班侯は相手の手を「化開」し、万鈞力を掌で打った。万鈞力は血を吐いて倒れた。しかしそれで楊露禅に叱られた。楊班侯と楊少侯（訳注：露禅の三男楊健侯の長男）は攻撃を重視し、教えた人は多くない。なぜなら教える時に本当に打つから、受けられる人は多くなかったのだ。楊健侯と楊澄甫（訳注：健侯の三男）は違った。性格が良く太極拳の理に沿って教え比較的柔和、教えた人はとても多い。一般の庶民にとって1日中攻撃にかかずらう必要は無い。健身のほうが攻撃より歓迎される。

観衆の心理から言えば、なぜ当初は観衆が多かったのか、そしてなぜ後に力比べになってからは見る人がいなくなったのか。それは多くの人には合わず、ごく少しの人にだけ合ったからだ。

太極拳の二回目のピークは楊澄甫、呉鑑泉のこの一代だ。呉式太極拳が、劉晩蒼老師や、李経梧、王培生の代になると、段々功夫（＝パワー）に偏ってきてその影響が今にまで至っている。推手が「角力（＝力比べ）」になり、本当の推手は間もなく無くなろうとしている。

昔は公園のどこにでも推手をする人がいた。地壇公園の四つの角には皆推手の人がいた。劉晩蒼老師、孫楓秋、孫徳善、張敵寒、王栄堂、馬月清、馬漢清、鮑全福、呉彬芝、関秉公等、皆地壇にいた。その頃推手を学びたい人は、皆地壇に行った。そこは有名で、推手をする人は多く、先生も多かった。

その頃、老武術家たちは一緒に坐って、仲違いや言い争いはほとんど無かった。例えば劉晩蒼老師のところにはたくさんの老武術家がいた。馬漢清、馬月清、王栄堂、呉彬芝、鮑全福、張敵寒、劉談風、また陳式の雷慕尼、孫楓秋、形意拳の朱家の何人か（原注：関係する人の名は、音から類推した場合もあり、もし違っていた場合はお許し願いたい）、皆その推手コーナーに行った。皆一緒に推手をして、話に花が咲いた。

孫楓秋先生は景山公園に教える場所があり、劉晩蒼老師もいつもそこに行った。彼らは皆推手をして喧嘩をしたことがない。今武術界ではいざこざが多すぎ、争いも多すぎ、弟子同士の間でもそれがある。呉式拳は「柔化」を重視するのだが、今は「柔化」をしなくなった。やはり太極拳界全体の影響を受けている。第三代では、強く思い切り打つ人はいなかった、すべて「聴勁」だった。たとえ強く打つ時も、まず相手の勁を聴いてそれから打った。郭芬先生が曰く、「勝ち負けはどうでも良い。太極の手に負けたのなら、私は負けても心服する。太極の手で勝ったのなら、勝って心は安らかだ」。

現代の推手は、1981年に規則が決まってから今まで試合として行ってきた。しかし成功とはいえないだろう。「角力」になってしまい、すでに太極拳の風格を失ってきている。だから今試合に出る人は何人かしかいない。観衆も何人かしかいない。本当の推手は、実は、人々の健康増進活動として普及したならばとても意味がある。人を傷つけず、中身もあり文化もあり哲理もある。攻撃は推手の一部分だ、しかし主要な部分ではなく、第一に追求するべきものでもない。推手を通して、その内なるものを追求しなければならない。例えば聴勁だ。それがうまく行われると見ている人は惹きつけられる。しかし、掴んだり引っ張ったりするものは何の味わいも無い。疲れるばかりでなく場合によっては腰や胯を傷める。

本当の太極推手は練習し終わるととても気持ちが良い。中身があり哲理があり、また力学や心理学の科学的解釈に符合する。人々の健康のためにこれを広めることはとても有意義なことだ。太極推手は柔道、ボクシング、テコンドー等とは異なっている。それらはできる人が限定されており、身体の素質が高いことが要求される。若い人は問題ない、壮年も大丈夫だ、しかし老人には合わない。身体がついていけない。しかし太極拳はそうではない。馬岳梁は96歳だった、楊禹廷も九十以上だった、ずっと推手ができ、映像が証拠として残っている。

これは我々中国の文化であり、哲学だ。受け継いで盛り立てていかねばならない。

省（訳注：日本の県に当たる）でも市でも、推手を練習して試合をするのは、ごく

1980年代、北海公園で温銘三先生に推手を習う馬長勲

限られた数の青年だ。今どのようなレベルに達したか？　推手はどれも車に石を積んで、柔らかい地を押していくようなものになってしまった。こういうことは拳論に載っているか？　このように選手を訓練することで、これをまだ推手と呼べるだろうか？

推手は技術を練習するもので、命がけのものでは無い。もちろん道で強盗の類に出会ったなら話は別だ。推手の「試合」ができてから勝負の観念が生まれた。これがたくさんの若い人に影響して、金メダルを取ることが目的になった。本来ならば推手には決して正式な「試合」など無い。今はまだ規則を実験する段階だが、もうすでに勝負に夢中だ。もし正式な「試合」がもたれたら、どのようなことになるかわからない。

当時楊露禅に金メダルなど無かった、呉鑑泉にも段位など無かった。推手の「試合」が成功しないのは推手の特徴が無いからだ。力が強いのを見たかったら相撲を見たほうが良い。人を引き倒すのを見るなら中国相撲を見るほうが良い。力比べを見るなら散打を見に行ったほうが良い。何を見るために推手を見に行くのか、特色の無い物は成り立たない。

武芸の境地

武術というものは、あなたが本当に練習して身に付けたら、練習している本人は言うまでもなく、見ている人の体にとっても良いことがある。なぜなら見ていると、「神」と「気」が調節されてくる。このことではある物語がある。私はとても道理があると思う。これは私の先生の、鮑全福先生が話してくれたもので、本当にあったことだ。ここで話さないとこのことを話す人はいなくなる。

鮑全福先生は紀子修先生の弟子だ。教養、技術など各方面に優れており、また劉晩蒼老師の古い友人でもある。二人はいつも一緒にいた。鮑全福先生も生涯太極拳と推手を愛好した。彼は文化の素養豊かで、博識だった。彼は推手を観察していて気付いた。上手な人が気持ち良く推しているのを見ていると、見ている人も気持ちが良い。しかし二人の人がぶつかって押し合っていると、見ている人も息が詰まる。それで先生はこの故事を思い出した。

この話は新聞にも載ったことがある。天橋（＝故宮の南、庶民芸能が盛んだった大繁華街）での宝三（＝宝善林）の故事だ。当時は、相撲場の興業が終わりに近づいて、最後になると宝善林自ら出場となった。その頃は人出も最高になる。宝善林の出場は三回、投げ銭もこの頃は最も多く、観衆はとても多かった。

当時、ちょうどこの位の時間になると、決まって白ひげの老人が15、16歳の少年を伴って現れるようになった。毎日必ず来た。宝善林の相撲が終わると老人はいつも他の人より多いお金を放り入れた。今に例えると、人が1元入れるならその老人は5元、10元を入れた。時が経ち宝善林がそのことに気付くようになった。

ある日老人がまた来た時、宝善林は二人を中に招き入れた。そこにはテーブルがあり、彼らを坐らせて観戦させた。相撲を見終わると老人はやはりお金を放り入れて立ち去った。また時が経ち、ある日宝善林先生が言った、「ご老人お待ちください。あなたはどうして私の相撲がそんなにお好きなのですか？　あなたは相撲が趣味なのですか？　またはお子さんに学ばせたいのですか？」

老人は言った、「実は相撲は私の趣味ではありません、またできもしません。私は教師です。文人です。武芸はさっぱりわかりません」

「ではなぜあなたは毎日見に来られるのですか？　お孫さんがこれを好きなのですか？　それともお孫さんに習わせたいとお思いなのですか？」

「いえ、違います」皆はさっぱりわけがわからなくなった。老人が言った、「相撲を見に来るのは、孫の病気を治すためです」

宝善林はますますわからなくなった。相撲を見てどうして病気が治せるというのだ。

老人は、「治せます」と言った。「孫は肺癆です」と言った。今で言う肺結核だ。「ハリも薬も効きません。ちっとも良くなりません。ではなぜあなたの相撲を見るかといえば、あなたの相撲は力比べをしません。とても『順』です。見ているうちに、こちらの『心気』も段々順になって来ます。あなたの相撲を見るようになってから、孫の身体はどんどん良くなってきました。見終わると気持ちが良いのです。力比べのようなのを見ると気がふさがってしまい、よくありません」

このように半年余り見に来てこの少年は完全に健康を取り戻した。老人はわざわざ来て礼を言った。それからはもう来なくなった。

優れた武術家の武芸はこのような力を持っている。見ている人全部がその益を受ける。もし二人がぶつかって大汗をかくようなのだと、見ている人は気が詰まってしまう。これは本当の話だ。あなたがサッカーを見ていると、知らず知らず足が蹴る動きをしている。心がそこに入り込むとお互いの神、意、気のリズムが合って来る。互いに影響し合って、あなたが順ならみんなも順になり、あなたが不順なら皆も調子が悪くなる。

中国武術を見物すると、中国式相撲も含めて、この境地に達していればとても大きな良い作用が起こる。

最初にこの物語を聞いた時は、私もあまり理解できなくて笑い話として聞いて終わってしまった。今ずっと練習してきて自分の技術が上がったとは言わないが、少なくとも前よりは進歩したので、こういうものがわかるようになった。

何をもって〝養〟というか、何をもって〝傷〟というか、推手して二人の「推」が合えば、二人とも「養」

だ。力比べをすると両方ともが「傷」になり、「傷神」「傷気」「傷体」になる。もしあなたが王子英、郝家俊、楊禹廷、馬岳梁先生たちのあの一代のレベルに達すると、心身の健康には必ず良いことがある。あなたが力比べをしたり技を使ったりすると、体に対しては最終的にすべて「傷」だ。鄭曼青先生（訳注：台湾の太極拳名手、楊澄甫の弟子）が結論づけて言っている、「善発者不寿（＝よく人を飛ばす人は長生きしない）」。いつも人を飛ばす人は自分に対して良くない影響を生む。すべて一種の消耗だ。

我々が人を飛ばす時、なぜ〝軟弾勁〟を多用するのか。なぜならそれは（両方を）傷つけないからだ。少しもあなたの「本能の力」を出さずに相手を3〜6メートル飛ばしたら、深く一回息を吸う。そうすれば、「補う」があり「傷つく」が無い。これを称して、「打人会打、挨打会挨（訳注：打つほうも上手、打たれるほうも上手）」という。推手も協調を重要視する。ただ勝ち負けの試合とだけ見てはいけない。そうしてこそ両方が勝つ。たとえずっと勝ち続けても体を壊しては意味が無い。

自分が太極拳をやっているから、太極拳が良いと言っているのではない。昔老先生方が、学んだ末についに内なる「東西《ドンシ》（もの）」にたどり着いた時、そこに在ったのは一つの理だ。これを〝一以貫之（訳注：一つのものが貫く）〟という。私は陳子江先生が拳を練習するのを見たことがある。彼も地壇公園に行っており、形意拳をやっていた。しかし一般人がやるような明勁（訳注：外に表現された勁）ではなく、形意拳なのだが太極拳と同じで太極拳より柔らかくさえあった。少しの明勁も無かった。彼の功夫は非常に高く、推手もとても良かった。90歳余りの長寿だった。

これは皆数十年前に聞いた話だ。今思い起こすと、真に道理がある。京劇も同じで、楊宝森先生はなぜあんなに人気があったか、彼の北京訛り、調子、すべて順で、まさに「繞梁三日（訳注：成語・歌の余韻が高らかと3日にわたって鳴り響くかのよう）」だ。程硯秋も同じだ。ある名家は声は良いが、聴き終わると疲れてしまう。

もちろんこれらは芸術の話だが、武術は昔は武芸と呼ばれていた。〃術〃が〃芸〃の粋に進んだものだ。武術は実は武の〃芸術〃だ。この二文字に背かないものでなければならない。

〃拳〃の一字が人生を誤らせる

太極推手は小さいが、内包している理は大きい。

「道可道、非常道」（訳注：老子第1章・道《かた》ることができる道は、常の道では無い＝言葉で表現できる道は、永久不変の道ではない）。太極拳も拳ではあるが、我々が一般に目にするような拳ではない。「拳」という文字は人に誤解を与えやすく、太極拳がただ武術の一種だと思ってしまう。武術ならばつまり「打つ」ことであり、「攻撃」であり「勝ち負け」だ、となるが、これは一種の錯覚だ。太極拳は「性命双修（訳注：神も気も修める・心と身体の両方を修養する）」をするもので、身心を養い、人の教養を高める。老武術家たち、本当に太極拳を理解していた人たちは教養が非常に高く、人柄はとても穏やかで、人に接する態度はとても良かった。代表的なのは、馬岳梁、楊禹廷、これらの老先輩は九十数歳で二人ともいつもニコニコしていた。我々が一つ質問すると、繰り返しわかるまで教えてくれた。これは後代の人を益すること、実に大だった。

ここに一つの物語がある。ある人がネットから拾い出して私に教えてくれたもので、聞くところでは実在する人の本当にあった話で、ネットでは名前も出ているそうだ。話の舞台は北京から離れた土地で、いつ頃の話だったかは忘れた。大まかに言うと、山東省の一人の拳師が、ある場所で一人の有名な老武術家に試合を挑んだのだ。その老武術家はすでに八十数歳だった。彼は、「自分は年がいっている、あなたはもっと若い人を相手に腕比べをしたほうが良いでしょう」と勧めた。しかしこの老武術家の若い弟子ではこの山東拳師の相手ではなかった。それで拳師はやはりこの老武術家を相手にしたいと要求した。結局断りきれず試合をすることになった。最後に彼は本気を出して山東拳師を打って死なせてしまった。自分自身も疲れ果て、木にもたれかかって絶命した。

私は思う。もし我々が拳を練習してその結果がこのようなものだったら、それを練習する意味は何なのか。人に打たれて死ぬことか？　疲れ果てて死ぬことか？　拳を練習する行先はこれなのか？　これはある人が文字にしたものだ。文字にされなかったものは実は多い。今テレビではコートの上で、必死に頭を打ったり急所を蹴ったり

温銘三先生が馬長勲の初期の弟子を指導しているところ

しているが、これは全く中国文化の精神に合わない。京劇にある、「関黄対刀」、黄忠の馬が前足の蹄を失った時、関羽は黄忠を殺さなかった。殺しては仁義がすたる。馬を取り換えて、また戦った。黄忠は関羽の刀の房を射た、関羽に応えたのだ。これは一種の教養、一種の文化伝承を体現している。

では試合は、何をどのように比べるか。それはルールがどのように定められているかによる。攻撃も比べられるし、技術も比べられる。例えば中国相撲は倒されたら終わりだ。太極推手は足が動いたら終わり、というのもありうる。もちろん他に手法を観察することもできる。ポイントはルールをどのように定めるかだ。もし円の外に押し出したら勝ちと決めたら、推手は車を外に押し出すようなものになってしまう。

口で伝え体で授ける

劉老師は昔いつも言っていた、「文は、口で伝え心で授けなければならない。武は、口で伝え体で授けなければならない」。なぜか。理論がどんなによく説明されても、老師と一緒に推手をしなかったら本当に太極拳を理解することはできない。

持ち上げるわけでもなく貶めもせず言うなら、呉家のもので私が学んだのは表面に過ぎなかった。王子英先生のあの手は簡単に言えば〝神（＝例えようもなく素晴らしい）〟になっていた。劉老師の手はとても早く用法も多かった。相手は訳もわからないうちに飛ばされた。触れるやいなや飛ばされた。

先生と推手をすること、それが最も良い〝教〟だ。ポイントは先生と推手をする時、あなたがそれを吸収できるかどうかだ。これは科学であり、勁の路の変化や感覚は必ず体の実践を通してこそ、理解し把握することができる。そして理論と結合してやっと入り口に入る。本をどんなにたくさん読んでも、老師と手を合わせて推手をしなければ、何を聴勁というか、何を懂勁というか、何を「気宜鼓盪」というか、何を「力由脊発」というか、何を「其根在脚」というか、やはりはっきりとはわからない。字義の上だけの理解と体の接触で得る感覚、その差は大きい。あるものは言葉でははっきり説明できない。

例えば〝時間差〟（原注：勁が出るのと相手によって飛ばされるとの時間差）（訳注：先生が勁を出す時と、その勁によって弟子が飛ばされる時との時間差。……馬駿先生の解説）は、結局どの位なのか。老師との推手の過程の中でこそ理解できる。だから教授方法は重要だ。第三代、第四代になぜあのように名人が輩出したか。教える方法と大きな関係がある。

例えば楊禹廷、呉図南、馬岳梁、曹幼甫、王子英などの人々、多士済々だ。教授方法はとても重要だ。一つは教える方法、一つは練習の方法だ。どうしてその後はあのような名人が出ないのか。方法として、直ぐに成果を求めるようになった。四正手を回すのも面白くなくなった。五、六代になると回しもせずに、直ぐに打ちに入った。

実は昔の人は方法をすべて後世に伝えた、つまり〝拳論〟だ。拳論は最も良い教材だ。我々は何を練習したら良いのか、何を練習してはいけないのか、何に注意するべきか、何が悪い習慣か、拳論にすべてはっきり書いてある。

例えば〝用力打無力、手慢讓手快（訳注：王宗岳拳論・力の有る者が力の無い者を打ち、手の遅い者が手の早いものにやられる）〟、このことはもう説明した。これは皆〝自然之能（＝自然の働き・当たり前のこと）〟で、「非関学力而有為（訳注：わざわざ学んでやっとできるようになる、というものでは無い）」。これは行功路線を含めて、はっきりとすべてあなたに説明した——其根在脚、発於腿、主宰於腰、形於手指（訳注：

その根は「脚」にあり、発するのは「腿」で、主宰は腰で、形作られるのは指に）。これに我々は従わねばならない。なぜ両腕に形作られると言わないのか、指に形作られるということができる人を何人位見たか？

指に形作られるというのはとても高度だ。ここに至ると変化は大きくなる。腕は二本で、指は十本、指に形作られるようになれば、技術の精密さ深さは相当な程度だということは推して知るべしだ。実は両方の「臂（＝手首から肩までの腕）」、両方の「肱（＝二の腕）」が使える、というのも相当高度であり、その上十本の指が使えるなら……考えてみたら良い。

劉老師は言う、「十本の指はピアノを弾くのと同じだ、どの指も役に立っている」。劉老師は説明もできたし、実際にやってみせることもできた。

劉老師の教え方は比較的〝実在（訳注：誠実に本当のことを教える）〟だ。理論を語りすぎない、大原則を伝える。ポイントはあなた自身の練習に成否がかかっているということだ。推手は先生が毎日あなたの相手をしてくれる。套路は自分で毎日練習しなければならない。今の時代は皆〝問う〟。手はどのようにするのですか、腰はどのように……、また足はどのように……と。そして先生は皆それに答える。劉老師はこうではなかった、一言、「聞くな！」。彼は大原則を説明して、もし相手がそれと関係ない質問をすると相手に言う、「聞くな。今あなたに言ってもわからない。練習しなさい。時が来たらわかる」。彼の言い方によれば、「練習していつかもっと上手になってきたら全部わかる」。全く間違っていない、本当にこういう道理だ。

王子英先生は〝開竅《カイチアオ》（＝コツをつかむ、悟る）〟を重視した。劉老師は〝練通（＝練習して精通する）〟を重視した。実は同じ道理だ。私は経験者だ。私は先生の言われることに従ってそのように日々練習してきた。方則に従って練習しなければならないが、〝苦練〟は良くない。今多くの人が〝苦練〟をしている。ひどく低い姿勢を作る。〝苦練〟は何を生み出すか、練習し続けた結果、膝が壊れる。太極拳を練習するには必ずこのことを注意しなければならない。さもなければ年取ってから膝が完全に壊れる。練習している多くの人が、50~60歳、70~80歳になって膝に障害が出る。なぜか？　皆、科学的でない練習をしているからだ。姿勢を非常に低く練習すると関節を壊してしまう。私を含めて老年に至って膝が動かなくなる。私が触れた第三代の先生方はこのような練習をしなかった。しかしあの頃はわからなかった。後に〝赶時髦（＝流行を追って）〟低い姿勢で練習した。そのようにして膝が壊れてしまった。こういう言い方がある、いわゆる上中下の套路だ。このような練習をして60歳位になると、気血が不足して足に来てしまう。

だから（苦練が必要だという）このような観点は変えなければならない。結論を出さなければならない。

体重は両足が負担する
（画：馬長勲）

温銘三先生が馬長勲の初期の生徒を指導しているところ

本来は体の鍛錬なのだから、結果として膝がやられてしまっては具合が悪い。

角突き合わせた力比べも体を損ねる。套路の姿勢が低すぎても関節を痛める。このことは以て誡めとしなければならない。昔、老先生の何人かは練習の結果膝を痛めた。老先生は気付かないのか？　いや、言いづらいのだろう。自分が一生涯練習して、それで足を壊してしまったら恥ずかしくて言えない。我慢して口には出さない。しかし我々は科学的に見なければならない。一生涯練習したなら、総合的かつ科学的に結論付けて後代に教えてあげる。（太極拳の練習を続けたら）どういう益があり、どういう益は無いか、さらには害があるとしたらそれはどういう害か、後代の人に警告しなければならない。

私は数十年実践してきて、太極拳は健康に良かったか、と言えば、確実に健康に良かったと言える。しかし間違ってやったら、身体を傷めることもある。二人が力をぶつけ合って推手をしたら、スジを傷め気を損ない、下手をすると関節を痛める。それでは楽しくない。

だから推手は力比べではいけない。勝負をしてはいけない。姿勢を低くし過ぎてはいけない。低くし過ぎると「功夫」を出せない。ただ筋肉を発達させ、敏感さが無くなり、太極の勁が出せなくなる。

太極拳は力仕事でもないし姿勢が低いものでもない。（太極拳は）つまり〝走（＝化する）〟にほかならず、「走化（＝相手の力を化して捨てる）」が多い。（力仕事や低い姿勢は）ぶつかる力がもっと大きくなったにせよ、ただそれだけだ。寸弾勁などは決して出すことができず、逆に弾力性が無くなり滞る。弓を引くように引き絞って射ってこそ、遠くに飛ぶ。しかし一杯に引いてなお引き続けたら弾力性は無くなる。もしかしたら折れるかもしれない。若い人は表演のためにたまにはそうしても良いが、しかしいつもそうしていたら良くない。

では、姿勢の高さはどの位が良いか？　それは「気持ち良さ」を基準にする。気は「順」でなければならず、疲れてはいけない。練習が終わって汗がたくさん出る、これでは「功夫」が出て来ないし、かえって体を損なう。素人が見るとその人は本当に功夫があるように見え、またあんなにお年なのにあのように姿勢が低いと思う。しかし人の口は自由で何とでも言える。あなたが低い姿勢のためにどこか痛めると今度は言う、「あのような練習では問題が出ると思っていましたよ」と。

我々は人に見せるために練習しているのではない。素人の言うことに影響されてはいけない。

太極拳は世界に向けて広めねばならない。適切なものは世界中の人に福をもたらす。適切でないものは世界中の人を辛い目に遭わせることになる。広める以上、我々は責任を持たねばならない。

推手練習の〝三規（三つの決まり）〟

呉式太極拳の推手には、ある決まったやり方がある。それは経験から来たものだ。

1、実力が同じ位の人が研究する場合。相手が私に勁を出して、私が「化」する。また逆に、私が相手に勁を出して、相手が「化」する。

2、腕のある人が推手を教えると、教えるほうも学ぶほうも共に向上する。

3、生徒に対しては〝喂手《ウェイショウ》（訳注：勁を食べさせる＝勁の味を体験させる）〟をしなければならない。いつまでも同じことをやり続けてはいけない。自分が相手に敵わない時は、必死にならない。さもなければ打たれる。

この三つの方法だ。

王子英先生と劉晩蒼老師はいつもこう話していた、「相手に敵わないとわかっていてなおぶつかっていく、それではわざわざひどい目に遭いにいくようなものではないか？　虚心に学ぶにしかずだ、そうすれば何かを学ぶことができる。同じくらいのレベル同士では、互いに腕を引っぱり合ったりせず、お互いの体得を交流することで、両方共が向上することができる」。劉老師は言う、自分より下手な人を相手にする時は「ガマを捕まえておしっこが出る程握りしめてはいけない」、「人を教えなければならない、投げるばっかりではだめだ」。劉老師は我々と推手をする時、我々がわからないと繰り返し何回もやってくれた。劉老師は飾り気がなく、口数が少なく、誠実だった。

本能は克服しにくい。例えば二人で推手を研究していると、とても良い具合だ。しかしもし傍らに見物人が賑やかにいたら、すぐに変わってしまう。面子が出て勝負が出る。人がいるかいないかで変わってしまう。ありきたりの理によれば、ありきたりの練習になる。太極拳を身に付けようとしたら、ありきたりの理、ありきたりの方法を用いてはいけない。「苦練」は良くないし、愚かな練習も、またありきたりの練習も良くない。力に「功（＝技巧）」を加えたのもダメ、またあれこれやるのもダメだ。

昔、老先生は言った、〝形無形、意無意、無意之中是真意（訳注：形は形が無い、意は意が無い、無意の中にあるのが真の意だ）〟どういう意味か？　練習するものは完全に純粋自然だ。これがつまり〝為学日益、為道日損、損之又損、以至於無為（訳注：老子48章・学を為せば日々増えていく、道を為せば日々減っていく、減ってまた減っていく、「何もしない」に行き着く）〟だ。またこうも言う、「復帰於無極（訳注：＝無極に返る・老子28章より）」。

宋書銘のものは高度だ。今皆が批判する。実際その頃、許禹生、呉鑑泉、劉彩臣、紀子修らは皆彼のところへ行き、生徒として学んだ。彼らは皆馬鹿だったのか？　宋書銘の拳論と他の拳論は違う。とても深い。例えば「授秘歌」（＝後述）：「無形無相、全身透空、応物自然、西山懸磬（訳注：姿も形も無く、全身が軽くて空、自然に心の赴くままに、西の山には磬という敏感な楽器が下がっている）」……太極拳を自分のものにすると「性命双修（訳注：神も気も修める＝心も体も修める・道教の言葉）」になる。太極拳はつまり道家のものだ。「授秘歌」はつまり最高レベルの太極拳で、最高レベルの拳論だ。また宋書銘が（「心会論」で）語っているのはいくつかの「主宰」といくつかの「賓輔（＝助け）」、皆確かなことだ（訳注：「心会論」については本書の「『八字歌』及びその他」の項で詳述）。

昔老先生はいつも言っていた、「推手は勝ち負けは気にしない」。私が勝ったとして、私は何を用いて勝ったのか自分でわかっていなければならない。それが太極の手だったかどうか、自分自身でわかっていなければならない。相手に負けたとしても問題ない。私は太極の手に負けたのか、太極の功に負けたのか、これもはっきりさせなければならない。その時は技術をはかりにする。無鉄砲な若者が出てきて老先生を転ばせてしまいそうに押したら、彼の太極拳は良いと言えるか？　どんなことにもそこに理がなければならない。だから楊禹廷先生はいつも言っていた、「我々が拳を練習するのは一つの字『理』を練習しているのだ」。

推手は〝渾手《フンショウ》（＝分別のない手）〟に出会うのを嫌う。太極拳の道理がわかっておらず、力が強くて心根が悪く、威勢を張ってすぐ手が出る。〝渾手〟とは、（その人に分別が無いと）ののしって言っているのではなく、純正ではないという意味だ。あの代の人は〝純太極〟に最もこだわった。私の中には他の拳の手法は無く、やはり純化にこだわってきた。あの代の人は「精益求精（訳注：成語・優れているうえにさらに磨きをかける）」にこだわり、完全に拳理に照らして動き、道家の理論に照らして動いていた。今は攻撃に傾き、打てればどのように打つかは問わず、勝負がより重要になった。こうした結果、太極拳はかなり〝粗（＝粗野)〃になった。

拳論は全体を捉える

拳論は非常に重要だ。拳論を読むなら全体的に捉えねばならない。拳論は一つの「整体(=全体)」だ。今非常に多くの人が字義から一字一句を解釈している。これでは支離滅裂になる。

例えば、〃人剛我柔謂之走〃(訳注:王宗岳拳論・人が剛、我が柔、これを走という)(訳注:ここでの『走』は『走化』のことで、相手の力を化して捨てること。……馬駿先生の解説)。相手が剛で自分も剛なら、これは「双重」でありぶつかってしまうだろう。ぶつかれば力の大きいものが力の小さいものに勝つ。それでは「小力が大力を破る」「柔をもって剛を制す」の理論には合わない。太極拳の理論は絵空事ではない。練習の結果、ある段階に達してすべてがわかってくると、それがとても実際的なものだとわかってくる。それは言葉だけのものではなく、飾った言葉でもなく、すべて昔の人が練習の時会得したもの、体感できたものなのだ。あなたの身体にそれがなければ、それらを読んでも本当の含意がわかることは難しい。

例えば王宗岳先生が言う〃由招熟漸悟懂勁、由懂勁而階及神明(訳注:技に習熟するとだんだん懂勁がわかるようになる、懂勁するとやがて神明に至る)〃。これは推手のいくつかの段階の話だ。道理上完全に筋が通っている。例えば推手で掤を練習する。今日も明日も私は15キロの勁を用いる。習熟するに従い頭も活発になり、別な方法を加味できないかと考えるようになる。これはつまり習熟の後それを分解して考えて、最も少ない勁で最も有効な方法を用いるようになったのだ。こうしてだんだん相手の来る速度、機会、力点がわかるようになり、自分がいかに放鬆するか、いかに「脚底下」から力を伝えるかなどもわかるようになる。このようにして、量の変化が質の変化となる。これがつまり「由招熟漸悟懂勁」だ。

だから練拳には頭の働きが必要だ。一つの掤ができたからといってそればかり用いてはならない。相手がちょっと動くともうその掤は通用しない。臨機応変に動く、これは段々「懂勁」ができてきたのだ。懂勁した後、最初のちょっとわかった段階から、真にわかった段階になり、そしてさらに熟練して運用する段階まで来て、「神明」という段階に至る。例えば最初にちょっとわかった頃、相手の5キロの勁で自分は感じたが、またしばらく練習したのちは、相手の2・5キログラムの力も感じられ、さらに上達すると相手の250グラムの力も感じられるようになり、やがてもっと細かい勁もはっきりわかるようになる。だから懂勁も上中下に分けられる。後にもっとわかってくるとこの道理がはっきりし、「何でこうなのか」もはっきりする。そして〝神明〟の段階に入る。これは神秘ではない。これは熟練の後、質が変わったのだ。相手の手が来て私が受ける、この勁だ。ぴったり合う。正に私が求めていたこの力、この点を打つ。見たところとても神秘だが、実は完全に科学に符合している。

いわゆる〝神明〟とは、私がここに坐って相手を想ったら相手が飛ぶ、そういうものでは無い。推手は力学と心理学の結合であり、力の大小、速度、角度、皆科学の方法を用いてはっきり説明できる。

例えば練習を始めたばかりの時は皆「直勁」だ。直対直だ。上達すると斜対直で、直勁は使いにくくなる。これはつまり〝直来斜走（＝真っ直ぐ来たら斜めにずらす）〟〝方来円化（＝四角く来たら丸く化す）〟にまとめられる。〝直来直去（＝真っ直ぐ来たら真っ直ぐ返す）〟でなくなったとはつまり上達したということだ。

太極拳はその芸に限りが無い。これらの原理がわかったら90過ぎても推手ができ、推してとても美しい。見ている人には不可能に思えるが、本当にできた人には完全に可能なことだ。

拳論を読むにあたっては、字面に囚われてはいけない。師に教えてもらい、身体で確かめる必要がある。さもないと、本を読んで字面を追うだけになり、回り道を行くことになるだろう。

例えば王宗岳先生が言う〝虚領頂勁、気沈丹田、不偏不倚（＝偏らず）、忽隠忽現（＝忽ち隠れ忽ち現れる）〟、この言葉は、わかっている人があなたに教えるのでなければ、あなたが本を読んでも真意がわからない。

〝頂〟とは何か？　今皆がこれは頭頂だと言い、基本的に皆がこう解釈している。だが〝虚領頂勁〟が実際に指しているのは推手での相手との接触点だ。この接触点を虚で「領（＝導く）」して、軽く相手に「粘（＝つかず離れず）」で動く。この「頂」は接触点であり頭頂ではない。頭を指す時は〝頂頭懸（＝頭頂が上に引っ掛けられている）〟という。〝頂頭懸〟は〝含胸抜背〟と結びつき、「提頂吊襠」「含胸抜背」「沈肩墜肘」などと共に身法の一つだ。

〝虚領頂勁、気沈丹田、不偏不倚、忽隠忽現〟この言葉が指しているのは推手だ。「仰之則弥高、俯之則弥深（訳注：王宗岳拳論・仰げば益々高く、俯けば益々深い）」、ポイントは、相手と接触した〝頂点（＝ぶつかったところ）〟は、虚、鬆、軽、霊でなければならないということだ。そうしてこそ聴勁ができ、「人不知我、我独知人（＝人我を知らず、我独り人を知る）」ができるということだ。これらの言葉を正しく把握して初めて我々の練功の方向性がわかる。但しこれを本当に理解したかったら優れた先生の指導が必要だ。

王宗岳先生が言うところの〝牽動四両撥千斤〟（原注：打手歌）（訳注：２００グラムのきっかけで５００キログラムの方向を変える）（訳注：『撥《ボー》』はここでは『わずかに方向を変える』という意味・用語集参照）、とても重い物体は、それを揺らした後やっと動かせる。例えば昔の大きな酒壺は運ぼうとしても運べるものではない。左右に揺すってそれが揺れてきたら、それをどこかに〝赶走《ガンゾウ》（＝連れて行ける）〟。ここに即ち〝牽動（訳注：小さな変動が他の部分の変動を引き起こす）〟がある。推手も同じだ。〝牽動〟は相手の〝根〟を牽動する。こうしてこそうまく動かせる。強く押したり無理やりをしてはいけない。人は〝活物（＝生きているもの）〟だ。生きているものは〝死物〟より牽動しやすい。ある拳論では〝四両撥八千斤〟と書いているが、大仰で話が合わない。牽動なしには「撥」はできない。だからすべては（王宗岳、武禹襄等の）拳論だ。あなたは分析して読まねばならない。今、一部の拳論は太極拳を摩訶不思議で科学を離れたもののように言っているが、そういうものではない。

理論は間違ってはならない。理論を間違うと練習しても見当違いのほうに行ってしまう。

宋書銘に一つの言葉がある、〝猴頭永不抛、問尽天下衆英豪（訳注：サルの頭を永遠に投げない、天下の豪傑に問い尽くす）〟。この後ろの一句がすごい。この〝猴頭〟は皆〝喉頭〟、〝喉仏〟と解釈して、〝永不抛〟は顎を内に含む意味としている。これらを（こんな平凡なことを）天下の豪傑に問い尽くせるか？　趙子龍はこれがわからないのか？　関雲長はこれがわからないのか？　あなたが顎を引いて収めたら、相手はあなたの頭に刀を打ち込めないのですか？　これは笑い話ではないですか？

この〝猿の頭〟は隠語に属し、〝猴頭永不抛〟の猴の頭は自分の勁を指している。つまり人と搭手した時の接触点のことだ。昔は隠語を用いて人には教えなかった。なぜ〝猴頭〟に例えたか。猴の頭は外に表われたものだ。楊禹廷先生が私に解釈してくれたことがある。「不抛」は即ち〝不抛露（＝外に表さない）〟ことだ。猴は長生きしない。猴はいつも同じ勁、つまり〝猴頂雲（訳注：雲にぶつかる）〟で、それは精神が丸見えということだ。老先生はこの動作（不抛露）を学んだことがあるという。意味は、含んで（＝内に隠して）見せないことだ。相手と接して私はとても軽霊で、相手には見せず外に出さず、相手は私をわかる方法が無い。頭を全部出していると捕まえられてしまう。これがその意味するところだ。この道理は本でほとんどはっきり解釈されていない。皆〝喉〟と書いている。

人を相手に練習する

太極拳は教え方が重要だ。なぜ王茂斎先生が教えたあの何人かの弟子が皆あのように素晴らしく、あのように機敏で、聴勁があのように正確だったか、これは王先生の教え方と不可分だ。

私は後に張継之先生に聞いたことがある、「彼らは何で皆あのように『精（=精髄、エッセンス）』にまでなったか？　なぜ今はそこまでできず、そういう成果が出せないのか？」。彼が言うに、「昔王家で拳を教える時、套路と〝打輪（=四正手を回す）〟をまず3年やらせた。3年経ってまだ四正手がうまく回せなければ、もう推手を教えなかった。上下が皆合ってきて内と外も皆合って来るのを待って、王茂斎先生はやっと〝勁〟のことを教える。この時あなたの体には条件が備わったのであり効果がやっと出てくる。その上相手が必要だ。相手がいなければ手を合わせて練習できず、それでどうしてこの「勁」を練習できるだろうか。しかし始まるや引っ張ったりしては、レベルの高いも低いもわからない」

王家では引っ張ったり押したりは決して許さなかった。始めると必ずきちんと回さねばならない。例えば、「粘連黏随（=相手に従い付かず離れずで動く）」について言えば、「粘」ができないとどうするか？　単推手の練習を始めたばかりの人は、とりあえず、まずハンカチやゴムひもで二人の手首を縛り、前や後ろに進んだり退いたりする。「粘」ができるようになり、二人が合わせられるようになると次に「彼不動、己不動」を練習する。甲が押さなければ乙は退かない。そしてまた練習を続ける。このようにして3年練習する。もしその途中で誰かが力で押すのを、王茂斎先生が見つけると、老先生は言った「あなたは学ぶ必要は無い。もう帰って良い。もうあなたは人を押せる。練習する必要は無い」。王家では皆割合自由で、食事も出て酒も飲めた。しかし教え方は厳しかった。

太極推手は人を相手に練習するものだから良い相棒が必要だ。当時李文傑と王子英が一対で、曹幼甫と楊禹廷が一対、張継之と誰が一対だったかは忘れた。

これはサッカーを練習するのに似ている。まずボールが必要だ。ボールには空気が入っていなければならず、その空気はちょうど良くなければならない。そうしてこそ練習ができる。蹴ろうとして、飛んできたのが石のボールだったら練習できるだろうか？　だからボールはちょうど良くなければならない。ボールがあっても空気が入っていなければダメだ。練習のしようがない。卓球には良い相棒がより一層必要だ。良い相手はいろいろな角度から球をよこしてくれる、そうしてこそ練習できる。推手も道理は同じだ。二人がうまく調子を合わせ、やっといろいろな勁を探りあてられるようになる。もし始めるや二人で掴んだり引っ張ったりしたら、一生練習しても馬鹿力で、技巧は出てこない。

実はこの道理は皆わかっているのだが、問題は克服が難しいということだ。ここには面子の問題がある。どちらも相手に勝つことを考え、有利になろうとする。結局技術ではなく、力を比べ早さを比べることになる。本当の推手とは遠く隔たったものになる。

しかし現状はこのようだ。手を合わせるや引っ張り合い、技術も無く勝とうとし、技術も無く負けるのを嫌い、掴んだり押したり引いたりする。そういう後天の本能のものが皆出てくる。こういうものは練習しなくても皆持っている。このように練習しても技術は向上しない。

昔は太極拳という以上は「太極拳のもの」が無ければならなかった。四正手を回している時に相手にだしぬけに力技を使うのを、もし王茂斎先生に見られたらすぐ出て行かねばならなかった。「あなたはもう功夫ができた。もう卒業して良い、行きなさい。明日からは来なくても良い」。先生はこの問題については非常に厳しく、だから敢えてやる人はいなかった。四正手をきちんと決まり通りに回して、ある時が来たら（先生が）勁について説明する。そして半年、1年後その勁が出てくる。だからその代からは多くの名手が出た。

拳を練習するには一定の順序がある。今はちょっと套路をするとすぐ二人で推手をする。推手をするとすぐ勝ち負けになる。腕を掴んで引っ張る、胸を押す、これには練習など要らない。技術については、拳論を以てその基準とする。私に言わせれば、技術があるということは本能をコントロールできるということだ。大勢の人が一生懸命練習しても結局は力だ。これはつまり後天の本能を克服していないということだ。王子英、楊禹廷、この代の人の練習は皆まず本能を克服して、その後に太極拳の勁を練習した。この順序だ。しかしやがて、何が本能で何が本能ではないか、言わなくなってしまった。相手と接するとすぐ勝負になる。だから次の代の人の手は比較的がさつだ。功夫も手法もあるが、精密な味わいが欠けている。

このような（太極拳の）変化と時代の変化には関係がある。新中国成立後、皆が仕事に就いた。四正手を回すことを3年教え、4年目に勁を教える。誰がそんなに忍耐強くいられるか？　つまり状況の変化に合わせて練習方法も変わってきたのだ。このようにして、先生も生徒も、手法ではまず「早さ」を求め、だから厳密性が緩み、あのような精密な手法は無くなった。重要なのは時代が変わったことだ。先生もかつてのように厳しくはできなくなった。時代は変わり理もこれに従って変わり、それに伴う結果も変わらない訳にはいかなかった。

〝守住中定往開打〟（＝中定を守り外に開いて練習する）

〝守住中定往開打〟これは楊露禅先生が北京を離れるにあたって呉全佑先生に伝授した一句だ。呉全佑先生はこれによって悟った。この句は明らかに重要だ。しかし武術界ではこの句に対して多くの誤解がある。例えば何が〝打〟か、たくさんの人がこれを攻撃（＝相手を打つ）と解釈している。実は楊露禅がこれを言った核心は套路、推手のことを言った。もちろん攻撃も含む。

例えば、太極拳を練習することを〝打拳〟という。何々拳を「打」するという。ここで言う「打拳」は「拳を練習する」という意味だ。〝守住中定往開打〟はつまり「守住中定（＝中定を守って）」、「往開了練（＝外に向かって開いて練習する）」という意味だ。

拳の練習（套路）も〝守住中定〟でなければならない。姿勢は「開展《カイジャン》（＝外に広がっている）」でなければならない。推手も同じだ。「守住中定」で、姿勢は「開展」でなければならず、大開大展、大虚大実、大鬆大柔、大無大空だ。「打」と言っているから人を打つことだ、というわけではない。そういう問題ではない。そういう簡単な問題ではない。何が真伝か。この言葉が正に真伝だ。この言葉は簡潔だが本当にこれを行うのは簡単ではない。

例えば〝守住中定〟、どのようにすれば「守住中定」ができるか？　〝中定〟はどこにあるのか？　あなたが全身を「鬆開鬆透」にして「鬆開鬆無」にならないと、〝中定〟を語れない。功夫が至っていないと、往々にして誤解する。あなたはすべてを無くしてまだ中定がありますか？　そうだ、身体を空にして何もなしにしてこそ、やっと中定はできるのだ。

皮膚も筋肉もスジも骨も五臓六腑も全部「鬆開」して、放鬆し続けて、しかしあなたの本来の勁は決して消えず、全部

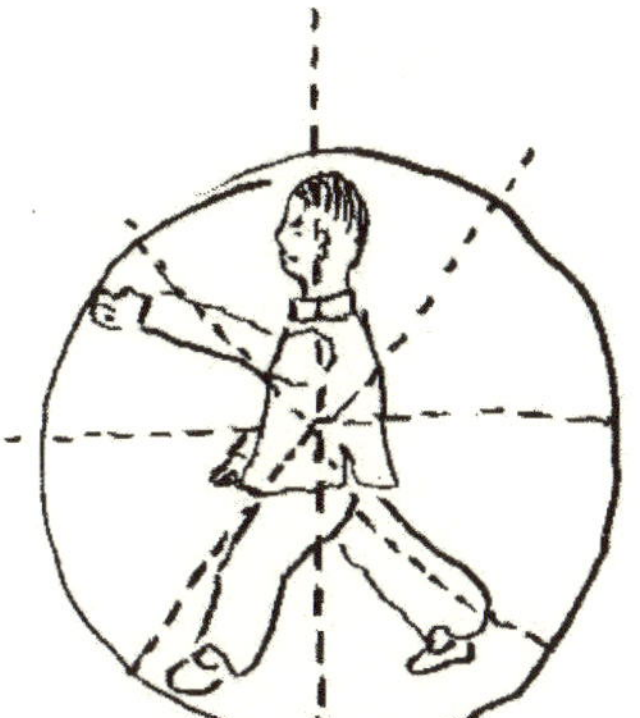

中正なら安舒になる、安舒なら軽霊円活になる
（画：馬長勲）

が鬆して「脚」に到達する。太極拳の要求は「不用力」だ。「不用力」といっても、あなたの本来の力は決して消えるのではない。ただ全身に分散し、あなたの「脚下」に集中しただけだ。

例えて言うなら、我々が毎日練習し、放鬆し、その練習の成果は自分の収穫物で、「脚底下」は言うなば倉庫だ。毎日の収益はその倉庫に収まる。功夫が純粋になればなるほど収穫も増え、結果として倉庫の中のものも増える。推手の時、または何かの事情で誰かとやり合いになった時、力はどこから来るか。「脚下」から来る。だから拳論で言っている、〝其根在脚、発於腿、主宰於腰、形於手指〟。この「指」は手の指だけを指しているのではない。なぜ〝形於手指〟か？　なぜなら指は最も「霊（＝敏感・気が利く）」だからだ。相手が私のどこかを推す。その接触点は指のように「霊」だ。どこを〝問〟されても、そこは相手に答える。私の手が相手に触れると、相手の情報はすぐ（私の）「脚下」に伝わる。「脚下」からまたこの接触点に戻ってきて、「拿」「化」「走（＝走化）」「変」になる。だから、「乱環訣（訳注①）」の中で言っている、〝陥敵深入乱環（訳注②）内、四両千斤着法成（訳注：敵を深く乱環に入れる、四両千斤の技が成る）〟〝欲知環中法何在、発落点対便成功（訳注：乱環の中で法がどこに在るか知りたかったら、発落点を正しくすればすぐ成功する）〟。「脚底下」に根が無く、中定の力が無かったら、あなたは〝空乱環（訳注③）〟になる。掴んだり引っ張ったりになり、これは〝乱環〟とは言わない。

（訳注①：**乱環訣**＝楊班侯の作と伝えられている。訣とは秘訣を歌にしたもの）
（訳注②：**乱環**＝散打や実戦のように両者が自在に動く場面の話、四正手の推手の場面ではない。……馬駿先生の解説）
（訳注③：**空乱環**＝脚底下に根を持たず手が自在な環を持てないこと。……馬駿先生の解説）

太極は「円環」で端が無い。いわゆる〝円環〟は、体中太極でないところは無く、環でないところ、円でないところは少しも無いということだ。この〝円〟は、大きくても「円」、中くらいも「円」、小さくても「円」、だ。昔老先生方は曰く「私の功夫は大豆位の円だ」。もし彼より功夫が高ければ、その人の円は緑豆位（訳注・小豆位の大きさ）で、その意味はつまり〝円〟が小さければ小さいほど、その勁は「精（＝純粋）」ということだ。だからこういう言い方がある「大動は小動に如かず、小動は不動に如かず」。それは文字通りの「不動」ではない、「脚底下」からこの点に伝わってくる〝内動〟がある。しかし人には彼の〝動〟は見えない。これが即ち〝形無形、意無意、無意之中是真意（＝形は形が無い、意は意が無い、無意の中に在るのが真意だ）〟で、これを〝自然〟と呼ぶ。つまり自然に反応している（訳注：ここで言う〝円環〟〝環〟〝円〟また後述の〝圏〟は皆「まるい」という共通があり、〝太極図〟の観念を含んでいる。〝円環で端が無い〟とは円であるがゆえに始まりも終わりも無く、頭も尾も無い。……馬駿先生の解説）。

昔こういう言葉があった、〝ボールが膨らんでいる、ボールが壁にぶつかる〟。これが即ち〝守住中定往開打〟の起こりだ。これは人を惑わすような話ではない。私が出会った第三代の先生方の推手の勁は皆これだった。動くと集中し、動くと小さくなり、弾力性がとても正確だった。人を動かすのがきっぱりときれいで、双方が気持ち良く、養生にも練功にもなった。今この技術を見るのはあまりにも少ない。ある先生は生徒とネットに出て表演しているが、この勁を出していない。推手を簡単に見てはいけない。自分は人を飛ばせる、押し出せる、逆関節を取って折ることができる。これも功夫と呼べるが功夫にもいろいろある。我々は高い峰を目指さねばならない。

言い伝えによると、当時楊班侯は父の楊露禅に問うて曰く、「お父さんの功夫はどれ位ですか？」。楊露禅先生は答えた、「太極拳の高峰から鑑みて、太極十三勢が十三層の宝塔だと仮定して、自分を持ち上げて言うなら、七層目ぐらいに来ている」。王子英先生が当時父の王茂斎先生に言ったことがある「あなたの功夫は最高域に達しています」。王茂斎先生は言った、「いやそんなことは無い。太極拳という三文字が（故宮の前の）前門の上に掲げられていたとして、私の功夫はちょうど大通りを曲がったところで、まだその三文字は見えない、そういう段階だ」。

老先生方のこの話は謙遜だ。しかし謙遜ではない。太極拳は「芸に限りが無い」。私は経験者だ。私は二代の老先生に接し、また自身で実践してきた。道が正しければ、推手の道も套路の道も正しければ、そしてこの二つを結び付けて良い相棒と練習すれば、あなたの進歩に限りはないだろう。

自分の拳の練習を思い出すと、元々力だった。そしてそれで過ごしてきた。しかし老先生方が繰り返し話すのを聞き、拳論を読み、自ら段々と実践し、こうした一歩一歩を経て、次第に「このもの」を探し当ててきた。そして生徒に教え互いに成長し段々「このもの」を蓄積してきた。

私は20年間日本の学習団を迎えてきた。当初我々はビデオ撮影ができなかったが、彼らは20年前から今に至るまでずっと撮影していた。後に彼らはこの20年間録画したものを私にくれた。それを見ると1年ごとに小さな変化があり、3年で大きな変化があった。今私の動きは、完全に手と足が結合し、この〃小勁〃ができるようになった。これは間違いなく簡単なことではない。これらを絶え間なく自分で結論付けをしていかなければいけない。

拳の練習が良い方向に進んでいるか間違っているか、それを測る尺度がある。あなた自身がその尺度だ。例えば2時間の練習を終えて身体が軽くて気持ち良かったら、太極拳の全部を12として、その内の1は達成できたといえる。もし1日中気持ち良かったら、太極拳が身に付いたことを意味する。つまり太極拳は身に付くと身体に変化が起きる。もし24時間ずっと気持ちが良かったら、日常の起居動作すべてにおいて、あなたはいつも功夫と共にあると言える。

推手が身に付くとどうなるか？　体中太極でないところがなくなる。起きても寝ても何をしていても、誰かがあなたにぶつかると自然に反応が出る。本当に身に付くと、練習すればするほど面白くなり、誰も止められない。

太極拳の練習は師からの伝授を受けることが重要だ。師からの伝授というのは形式ではない。本当にわかっている師を探して伝授を受けることを意味する。〝入門引路須口授（＝入門の道案内は必ず誰かに付かねばならない）〟のだが、入門して間違った道に案内されたら、一生練習しても何も身につかない。あなたは見極めができなければならない。〝傻練《シャリエン》（＝馬鹿な練習）〟をしてはいけない。「開展」で動くかどうかがとても重要だ。「開展」ができたら、次はどんな勁を用いるか、だ。「意」か「虚」か「空」か「無」か、どのレベルの勁を用いるのかはっきりさせる（訳注：套路は「開展」「放鬆」でなければならない。決して套路の時に「勁」を求めてはいけない。……馬駿先生の解説）（訳注：「虚無」が最高のレベル。……馬駿先生の解説）。

重要なポイントは、気が丹田に戻るのは自然でなければならないということだ。押さえつけ頑張ってそれをしてはいけない。意図して調節するのではなく、放鬆を通じてひとりでに調節されるようにする。自然に降りるのでなければならない。そうしてこそ本当の太極拳の丹田と言える。自然な「沈み」であって意識的に「沈める」のではない。五臓がすべて「鬆開」して緊張していない。「脚底下」は、五本の指が地を掴むとか、地中に三尺入るとか、してはいけない。あなたは地の中に三尺入れますか？　本当に放鬆していれば自然に「脚」に行く。五行だの八卦だの持ち出す必要は無い。持ち出すほど複雑になる。

ある種の拳は、教える時に内容を豊かにするために増やした。例えば〝快拳〟だ。元々は無かった。もちろん拳はゆっくりであればあるほど良いというものでもない。必ず自然でなければならない。

開手（訳注：手を合わせるやいなや打つ）

伝統の太極推手は一定の決まった套路がある。この枠から外れてはいけない。今呉式拳であまねく取り入れられている〝開手〟の方法は、「搭手（訳注：初めに手を合わせる）」して即「推」する。四正手や大捋など既定の動作の中から打つとは限らないのだ。私の知るところでは、この先例は呉鑑泉と王茂斎のお二人が始めた。

開手が取り入れられて以後、技術の使用範囲が広くなった。かつていつも行われていた推手は、主に定歩（＝両足のポジションを変えない）の四正手で、活歩（＝足を動かしポジションを変える）のは〝五歩二人搶〟と呼ばれ、後にこれは〝進三退三（＝前に三歩後ろに三歩）〟と呼ばれた。また大捋もあった。主要はこれらだ。これらの〝套路〟の中で発勁しても良いし、化勁しても良い。しかし四正手を離れることはできなかった。呉鑑泉先生と王茂斎先生が推手を研究していた時、手が離れた後、技巧を発揮しやすくなったと感じ、そこでこの先例を作った。それが社会全体に影響を及ぼした。

新中国成立後の一時期、楊式太極拳の推手はやはりすべて四正手だった。開手は散手とか散打と呼ばれた。開手ができてから人が（いきなり）打っても相手は怒ってはいけないとなった。そういう決まりなのだ。相手が開手をする、こちらは相手が何を始めるかわからない。こちらは合った技を使っていく。開手のやり方はこのように決まった。しかし技の研究はやはり四正手を〝輪《ルン》（＝回す）〟の中で行われた。

昔のやり方は制限が多かった。活歩もいけない、大捋も採、挒、肘、靠に限られた。開手が取り入れられてから中身は増えた。肩肘手腰膝胯の技術は皆使えるようになった。「驚弾」「抖擻」（訳注：いずれも短い全身の発勁）」や「寸弾」などこれらの方法は皆使えた。もし四つの手の中に制限されたら、このような勁はなかなか出しにくい。

双重と虚実

王家に通ったあの頃は、たくさんのものを学び、たくさんの道理がわかった。今多くの人が本を出しており、太極拳の各種の理論を字義の上から解釈している。このようなものは当然「仁者見仁、智者見智（訳注：成語・人それぞれ）」で、ある人はこう理解し、またある人はこう理解し、と様々だ。しかし真理は一つだ。往々にして人は自分の理解が正しいと思う。しかし実際は得てして間違っており、自分ではそれに気付かない。このような間違ったものを本に書いたり講義したりすると、人々を間違った方向に導くことになる。

王子英先生は自宅で教える時、口数は多くなかったが、その指摘ははっきりしていた。例えば双重の問題、王子英先生の解釈によれば、いわゆる〝双重〟はつまり〝頂（ぶつかる）〟のことで、推手の時二人の勁がぶつかることだ。最近の本ではこの双重について得体のしれないことが書いてある。例えば、二本の足が同時に力を出してはいけないとか、両手を同じ方向に出してはいけないとかすら言う。しかし実はこれと双重とは何の関係も無い。双重とはぶつかることで、二人共が力を使うとそれが双重だ。双重すると「滞」になる。だから拳論で言っている、〝毎見数年純功不能運化者、率皆自為人制、双重之病未悟耳（訳注：何年も練習に打ち込んでも技が使えず、自ら人に制せられるという人がよくいる、皆双重の病に気が付かないからだ）〟。二人が角突合せ、二人が力を使い、片方が手を引くと相手はつんのめる、これは〝失重（＝バランスを失う）〟であり、〝引進落空〟ではない。

太極拳は聴勁、問勁を重視する。まず力点を探さねばならない。例えば二人が手合わせしてあなたが勁を出して、相手は勁を出さないと、これは「単重」で、あなたは始めるや自分を暴露してしまったのだ。相手が少しわかる人だと、あなたは制せられる。「人不知我、我独知人」というこの道理を理解しないで、搭手して主動的に攻め、やたらと力を使ってしまう。それでもし相手のほうがちょっとわかる人だと、こちらは制せられてしまうし。双方がわからない人間だと「頂勁」になってしまい、これを双重という。〝欲去此病、須知陰陽（訳注：この病を無くしたかったら、すべからく陰陽を知るべし）〟、陰陽とは即ち虚実で、むやみに動かず、はっきり〝問（＝問う）〟しなければならない。人が剛なら我は柔でなければならない。自分が順であってこそ相手は「背（＝不調）」になる。この道理がわかったらだんだんその中の技巧がわかってくる。

双重（画：馬長勲）

なぜ、「陰陽相済（＝陰陽は助け合う）」であり、絶対に「分清陰陽（＝陰陽をはっきり分ける）」ではない、というのか。何もしない時、私はそこに気持ち良く立つ、両足は虚実に分ける必要が無い、これが即ち「陰陽が助け合う」だ。用いる時は臨機応変、剛を用いるべき時は剛を用いて、柔を用いるべき時は柔を用いる。用いるのが的を射ていたらそれが〝懂勁〟だ。懂勁は自分自身がわかることで、それを練習して身に付ける。懂勁は相手の勁がわかることではない。相手の勁がわかることは聴勁という。私が王家で練習していた時、皆はそのように解釈していた。

今〝双重〟というこの二文字は一般に套路上のものとして用いている。両手両足がどうのこうのという。もし自分の体に双重があるかないかを探したら、結局「滞」になる。太極拳は普通の生活から離れない。例えば我々が歩く、歩けば虚実がある。しかもそれは動いている過程の虚実であり、固く動かない虚実ではない。彼らの言い方によれば「両腿」に力を入れてはならない。一本の「腿」だけに乗せる。では跳ねるのか？　それでは滞るし固まってしまう。二本「腿」があるから自由なのだ。今〝双重則滞〟という言葉をそのように重視し、そのように考えるなら、人に二本の「腿」は要らない、一本の「腿」で跳べばよい。

今は、〝双重〟〝虚実〟を推手で言わずに套路に当てはめて言う。套路の時に一本の「腿」に力を込め、その結果「腿」を傷める人が多い。そしてある人は姿勢を低くして、低ければ低い程功夫が高まるという。実際は姿勢が低くなればなるほど硬くなり、功夫は出てこなくなる。そういう人のいわゆる功夫はつまりは力で、（体を）〝鉄の橋〟にする類ですらある。これは〝大動不如小動、小動不如不動（訳注：大動は小動に如かず、小動は不動に如かず）〟ということから離れてしまい、差の1ミリは、千里の誤謬となる。

太極拳を練習している人の多くが〝捨近求遠（＝近くを捨て遠くを求める）〟の誤りをおかしている。あなたが太極から無極へと練習するなら、それは近道だ。あなたが太極から両儀、四象、八卦、六十四卦、この方向へと練習すると、練習すればするほど複雑になり、練習すればするほど道からますます離れる。

こういう人のいわゆる〝意〟は、実際はやはり〝力〟であり、いわゆる〝神〟は、実際は皆〝漏（＝秘密などを漏らす）〟だ。見ると「挺精神（＝精神に張りがあり元気そう）」だ、しかし外に形作ったものだ。太極拳が練習する神、意、気は、元神、元気、元意、真意、真神、真気だ。（ところが）両眼を大きく回して、それを「視神」と言ったり、呼吸の気を〝凡気〟と言ったり、また〝真意〟は内に向かわねばならず、自分で体験せねばならないとか言う。また想像を頼りにして、自分はこの意を三尺、さらには三丈飛ばすとか、さらには凌空勁（訳注：手を触れずに離れている相手を飛ばす一種の気功術）と言ったりする。そういうものではない。

〝用意不用力〟の〝用意〟とは、意を使って中のものを調節すること、また意を使って相手を聴いて中の感覚を体験すること、また意を使って気を調節しその感覚を体験することだ。高いレベルに達すると意も気も用いなくなる。完全に神を用いるようになる。「神」は元神で視神ではない。これはすべて内在のものだ。人からは見えないし人が触ってもわからない。しかし確実に存在する（訳注：太極拳は習熟すると最後は「随心所欲（＝心の欲するまま）」になる。それは「元神」が現れた、つまり「先天」のものが現れたということだ。「視神」は後天のもので、人の意識的思考である。……馬駿先生の解説）。

これは必ず自分自身で実践しなければならず、もし身法がそこまで至っていなければ、どのように言ってもあなたは理解できない。

ただ放鬆に照らして一歩一歩練習していくしかない。功夫は人を裏切らない。時期が来ると、これらは皆表現できるようになる。あまり考えるのは良くない。（あまり考えると）いろいろな形、有様の力が出てきて、結局出てくるのは「抖勁（訳注：この場合は放鬆していない硬い発力。……馬駿先生の解説）」でやはり力で、それは弾力性に属するものではない。

陰陽相済（訳注：陰陽が互いに助け合う）

太極拳は陰陽を重視する。重視するのは陰陽が助け合うことだ。陰陽が助け合ってこそ「霊活（＝状況に応じて柔軟に対応する)」になれる。陽を用いるべき時は陽を、陰を用いるべき時は陰を用いる。絶対的に陰陽魚のようなものをそこに置くのではない。陰陽魚も動くものだ。〝陰不離陽、陽不離陰、陰中有陽、陽中有陰、陰陽相済、方為動静（訳注：陰は陽を離れず、陽は陰を離れず、陰中陽あり、陽中陰あり、陰陽相助け合い、そうしてこそ動静となる)〟、陰陽というのは互いに浸透し合うものだ。

太極拳の運動は完全に哲理に符合し、「道《タオ》（＝老子の説く『道』)」に符合する。陰あり陽ありが道《タオ》だ。太極拳を練習して到達する最後は、「虚空」だ。

拳論で言っている陰陽相済は、自分が陰を用いて、外に表われない状態にあったものがやがて外に表われると陽だ。だから、柔が多く剛が少ない。柔は「有意（＝自分が必要としているもの)」だ、剛は「無意（＝必要としていないもの)」だ。練習するのはすべて「鬆柔」だ。「鬆柔」が一定のレベルに達したら、ひとりでに出てくるもの、それが剛だ。人為的に柔になったり剛になったりするのではない（訳注：「陰を用いる」とは、腕に力を用いず身法を用い相手に少しも腕の力を感じさせず〝人不知我〟にすること。……馬駿先生の解説）（「鬆柔」は私が必要としているもの、「剛、硬」は私が必要としていないもの。……馬駿先生の解説）。

李文傑先生が教えてくれたことがある。即ち〝寓於陰陽、分為動静、貫串両極、融匯一炉（陰陽に宿って、動静に分かれる、両極を貫く、一つの炉に溶け合う)〟。この言葉はとても良い。ここで言う陰陽は比喩で、問題をわかりやすくさせるためのものだ。動と静が互いの根になっている。聴勁もこの道理ではないか？動と静、相手の「動」を聴くのだが、あなたは「静」を用いて聴く。両極を貫くとはつまり虚の極と実の極で、実の極が柔の始まりで、柔の極が実の始まりだ。一つの炉の中で融合してこそ、臨機応変ができ、機に応じて動く。もしあなたの太極拳が「柔」であっても空っぽで何もなかったら、この柔らかさには価値が無い。「剛」ばかりで柔らかさが無くても価値が無い。ちょうど良さが必要だ。

今少なからぬ本ではこの視点を套路に当てはめて、ある套路は何割柔、何割剛などと書いている。私たちが見聞きしたものは多くはないが、私がお目にかかった老先輩、つまり何人かの呉式門の先生方を見ると、どの位が剛どの位が柔と分けられるものではない。両極を貫かねばならず、一炉に溶け合わせねばならない。剛柔を私が用いる時、必要なだけ用いる、用いない時はゼロだ。柔は即ち徹底的な柔で、用いる時は一瞬の変化だ。

もし套路の時、何割剛何割柔というようにすると、一体それは剛なのか柔なのか。このような勁は〝不浄(=不純・不徹底)〟だ。「不浄」の勁は用いると問題が出る。例えばあなたが相手を「化」しよう、あるいは「発」しよう、とする時、七割の柔勁が必要だとして、あなたがまだ剛柔五分五分しか練習していなかったら、「化」も「発」もできない。このような勁は練習によって機械化し死勁となる。なぜ太極拳は太極というのか。「極」はつまり「極限」だ。柔の極と剛の極が一炉で溶け合う、臨機応変に使う。今、本に書かれたり人に言われたりしているのは、大方が字面からの解釈だ。実際に使う時どのようにするのか見たことが無いので、自分の理解がそのようになる。

またこういう句がある、〝太極拳不在様式而在気勢、不在外形而在内(訳注：太極拳は「様式」には無い、「気勢」に在る。「外形」には無い、「内」に在る)〟。この句が強調しているのは、太極拳は内在のものだということなのだが、ひどく曲解されている。例えば、「様式には無い」と言って、それで外形を重要視しなくなる。〝而在気勢(=気勢に在る)〟と言って、意念を三丈(約10メートル)も放って、自分の体が大きくなったり、小さくなったりするなど……、これらはすべて曲解だ。

これに対する呉式拳の要求は〝形神並茂(訳注：外も内も豊かである)〟だ。外形が良くなくて内在の何を語ろうというのか。これ(太極拳)は一つの「整体(=全体)」だ。あなたは必ず円満で開合が正確でゆったり気持ち良く広がる外形を持たねばならず、それでこそ内側の気魄も大きくなる。

内外は「相合（＝合っている）」でなければならない。「以内為主（＝内を以て主とする）」、それはちょうど人を掴んだり飛ばしたりするのに、骨の支えが無かったら、どうやって掴んだり発したりするかということだ。だから、「筋骨《ジングウ》（＝スジと骨）」は〝陽動〟で、「皮肉《ピロウ》（＝皮膚と肉）」は〝陰動〟だ（訳注：「筋骨」とは内在のもので全体的なもの。「皮肉」とは外在的なもの部分的なもの。……馬駿先生の解説）。まだ相手に触っていない時、完全に「鬆開」し、相手に自分の勁を触らせないようにする。これが即ち陰だ。陰で「接手（訳注：互いに触れる）」して、内側の勁が出てくるのを待つ。相手には感じさせないようにする。これが陽動だ。これはつまり虚実の変化だ。

鬆慢円均（訳注①）

太極拳はかつて教養を高める一つの手段だった。我々は北京城と言えば、宣武門か、さもなければ崇文門だ。昔の人は「武を習う」か、さもなければ「文を学ぶ」かだった。これはつまり二種の手段だ。武を習うという手段を通しても、（文を習うのと同様に）中国文化を理解できる。文武は一つのもので、一つの山の南側と北側のようなものだ。

教養を高めるには「老子」を基本としなければならない。老子は〝為学日益、為道日損〟と説く。実は太極拳を練習するということは、つまり〝扔《レン》（＝捨てる）〟することなのだ。つまり「損之又損（＝失い続ける）」の〝損〟だ。捨て去るべきは「本能」だ。「後天の本能」だ。取り戻すのは「先天の本能」だ。先天の本能には、論理的な思考は要らず、また後天の力も要らない。站桩することによって後天の本能を捨てる。すっかり捨てると、無の中に有が生まれ、さらに生まれて来るのが〝妙有（＝妙なる有・仏教語）〟で、それが先天だ。

太極拳の核心は、つまりは「鬆」だ。ただ普通は皆これを疑う。あるいは半信半疑、あるいは口では鬆を言い、心の中では「小聡明（＝浅智恵）」を働かせている。

太極拳は練習するのが難しい。つまり何かしようとする時、本能を克服するのが一番難しい。本能をすっかり克服しないと次のものが生まれてこない。これと道家の功法は同じだ。〝神是性兮気是命、神不外馳気自定（原注：「霊源大道歌」）（訳注：北宋時代の道教の女道士曹文逸が書いた歌・「神は性、気は命、神が外に走らなければ気は自ずと定まる」）〟。「神不外馳」が本当にできれば先天の本能が戻ってくる。気が定まらなければまだ後天の本能だ。だから〝心猿意馬最難収（訳注：成語・猿のように落ち着かず馬のように突っ走る心を収めるのが一番難しい）〟。太極拳の練習で、鬆は難しいが静はもっと難しい。なぜなら〝動中求静〟でなければならず、さらに〝静中求動〟でなければならず、単純に静、動を求めるより一段と難しい。拳論では、〝視動猶静（＝動をなお静と見る）、視静猶動（＝静をなお動と見る）〟と言っている。ある人が動いているのを見る。彼は套路を演じている、しかし彼の中は「静」でなければならない。また彼が静かにしているのを見る。しかし彼に手を出せない。手を出したら反応し静中動ありだ。これは弁証法的関係で、身に付けるのが難しい。

もし（後天の）本能の力を持っていると、前に言った〝視動猶静〟〝視静猶動〟は難しくなる。これは〝均〟の中から出てくるものだ。太極拳が重んじている〝鬆、慢、円、均〟の中で、この〝均（＝ムラがない）〟がとても深い。動きが均だから均なのではない。そうではない。この〝均〟は「浸透」だ、はっきり形容するのが難しい（訳注：この「浸透」とは気が全身に浸透することと理解して良い。……馬駿先生の解説）。

一般に言われる均は、ただ動作がゆっくりで速度が均一ということで、さらに言えば手と足が合っているということだ。もちろんこれらを含むが、本当の〝均〟は神、意、気、体が無い時がなく、蓄して後、発する。しかし発しない時この蓄は形が無い。とても形容が難しい。マスターすると体には太極でないところはどこも無い、という状態になり、相手がどこにぶつかってきてもそこに太極がある。これは〝均〟でなくて、できるだろうか？　これは総合的なものだ。だから拳論のこの言葉（＝均）を軽く見てはいけない、含意は深い。

太極拳にはもう一つ言葉がある。〝鬆而不懈《ブシエ》（＝鬆だが懈《シエ》していない）〟だ。「不懈」とは何か。何を「不懈（訳注：懈は、たるむ、怠ける、の意）」なのか。ゆるめてはいけないのは力ではない、意だ。つまり、絶えず警戒性を保ち、相手がどこにぶつかってきてもそこを返し、どこにぶつかってきてもそこにそのものが有る。これがつまり〝周身無処不太極（訳注：身体中太極で無いところは無い）〟だ。昔の人はこれだけではわからないかもしれないと恐れて、後にもう一句加えた、〝非一寸不太極（訳注：太極でない一寸はどこにも無い）〟。この一寸の中に十個の小勁が出せるのだ。

私はこの小勁（＝寸弾勁の別な言い方。……馬駿先生の解説）を、王子英先生、楊禹廷先生、李文傑先生、張継之先生、の体で体験した。昔〝老哥仨〟の中の一人、郭芬先生が語ったという話……「太極推手は勝つにせよ負けるにせよ、一言問わねばならない。私は負けた、私が負けたのは何の勁か？　負けたのは太極勁だ。相手の手が私より良かった、心から承服する。私は勝った、私が用いた何の方法が勝ったのか、それは太極拳の勁か？　そうだ太極拳の勁だ。私は勝ってうれしい。もし太極拳の勁でなかったら、勝っても自己批判せねばならない」

昔老先生たちと推手をして、彼らは皆こうだった。師爺《シイエ》（＝先生の先生）の李文傑先生と推手をした時、私の勁が正しかった場合、師爺は言った、「私の負けだ」。私は言った、「どうして先生の負けなんですか、先生は動かされていないのに？」。彼曰く、「何で私の負けと言うか？　あなたのこの勁は『脚底下』から上がってきて、あなたは私の〝中〟を捕えた。私の勁は降りていかない、だから私は負けなんだ。あなたが私を推して、もし私の勁が（「脚底下」に）落ちてまた戻ってきたら私は勝った。これこそが太極拳のものだ」。先生は師爺なのに、面子にこだわっていない。もう一度やった、私は捕まえられた。老先生はにこっとして、「負けただろう？」。私は心の中で明鏡の如くわかった、「負けた」。なぜなら、それ以上やると無理することになって、勁と勁がぶつかるようになるからだ。

しかし一般の人は皆〝勁〟を追求している。だから身に付いてきた〝勁〟を捨て去ることができない。普通の人が捨てられないばかりでなく、腕の立つ人も捨てるのが難しい。例えば李経梧先生だ。

李経梧先生は王子英先生のところに最も多く出入りした。１９５３年から王子英先生の家に行くようになった。彼はもともと西単に住んでおり、そこで百貨店を経営していたが、拳を学ぶため、また王先生の近くにいたいため、甚錦花園に移って孫楓秋先生と防水布の商いをしていた。北戴河（＝北京の東２８０キロの海浜都市）から戻るといつも王家に行った。私が行くとほとんどいつも彼と出会った。しかし後の映像を見ると、李先生は王家の手法をあまり用いていない。他の門の影響を受けたのかもしれない。

李経梧先生の80歳のお祝いの年、たくさんの人が北京からお祝いに行った。お祝いの時、李経梧先生が言った「私は数十年この太極拳というものを愛好してきた。この勁の巧妙さを言うなら、やはり呉家の勁だ」。これはその時参加した翁福麒に聞いたことだ。

（それよりかなり前の）ある年の中秋節、大体中秋節だったと記憶しているのだが、我々は王家にいた。その頃私は若かったので、お茶を淹れる役目だった。王子英先生が李経梧に言った、「さあ皆で飲もう。あなたは持っている能力を全部出しなさい。どんなものだか私が見よう」。我々はそれを聞いて面白いものが見られると喜んだ。テーブルを片付けて推手が始まった。

李経梧先生の拳はすべてに気が届いていた。フンッ、ハッの二気を皆使った。力量と速度のほどがわかるだろう。しかし王子英先生に打たれると家の中を転げ跳んだ。最後に王先生の評価は……「今までの練習は何とか無駄な練習では無かった」。言うやいなや今度は温銘三を見た。そしてため息をついて言った「銘三、銘三、お前は聡明過ぎて聡明の過ちを犯す。お前は小さい時からここで大きくなった。練習できたのは言うまでも無いし、（先輩たちを）ずっと見てきた。見てもっとできるようになったはずだ。」温銘三は急いで言った、「叔父さん、そう言わないでください。私はあまりに馬鹿です、あなたを怒らせてしまって……。」その夜は孫博彦など皆いた。

翌日、李経梧先生は北戴河に戻って出勤した。彼が行ってから、王家で王子英先生が我々に言った「彼（原注：李経梧）の手にあの『勁』が無ければ、彼の手はもっと良いのだが」

しかし人とは得てしてこういうものだ。やっと練習して身に付けた勁だ、離しがたく捨てられない。

またある名家は、推手で相手の足の間に自分の前足を踏み込んで相手を倒す。王子英先生は決してこのようなやり方をしなかった。彼が「問」してくる勁は巧妙で、推手する人も見ている人も気持ちが良かった。相手の足の間に踏み込むようなやり方は人を傷つけやすい。もちろんそういうやり方は実戦にはメリットがあるかもしれない。健身でも勁を求めるが、楽しむためにやっているのだ。実戦はまた別なものだ。

昔、推手は定歩の推手を重視した。昔王家で訓練してきたのも、この決まりだ。楊禹廷、曹幼甫、……これら第三代の方々は皆、推手をこの決まりでやった。歩を前に踏み出したり一歩退いたり掴んだり投げたりは無かった。その頃求めていたのは〝精（＝細かさ）〟だった。後の人たちが求めたのは〝功（訳注：功能、パワー）〃だった。

ある有名な武術家が武漢長春観で町の半分位（の喧嘩好き）とやり合ったが、優勢になれなかった。当時彼と野菜売りが口論になり、手が出てきた。さっと武器になる物を掴んだのだが、野菜売りも天秤棒を振り回し必死になった。老いた農夫の野菜売りが相手でも、その武術家が優勢というわけではなかった。大の大人でなくても、ちっちゃな子猫でも必死だったらそれを押さえられない。我々が練習しているのは武芸であり必死のものではない。本当の喧嘩は当然また別のものだ。

訳注①：原著中国語は〃鬆慢円匀〃と「匀」と表記している。中国語で匀（＝ユン・均質、ムラがない）と均（＝ジュン・平均している、均等）は使い分けがあるが、日本語では一般に「匀」の字は使わず、「均」で両方の意味に使うので、「均」と表記した。意味は「ムラがない」こと。

中正安舒

拳論で言っている〃中正安舒〃、この〃中〃は、我々が外形上真っ直ぐ立っているのを〃中〃とか〃正〃と呼ぶのではない。そのようでは、人は硬くなってしまうだろう。

太極拳は「一挙動周身倶要軽霊（＝動くと体中全部が軽霊）」を要求する。変化の中で、どのように〃中正安舒〃を体感するか？　太極拳は円運動であり、球のように立体的だ。円環には端が無い、中には陰陽の二気がある。身法をどのように使っても、また外形上斜めになったり仰向いたり俯いたりしても良い。どのようになっても、〝中〟を失わない。

地を転がる球体のように、それは立体の円だ。どこに転がっても一つの円で、（円の）頂、底、中の三点は一線だ。それこそが太極拳の中正の本来の意味だ（原注：いわゆる〝三尖相照〟ではない）。（中正は）決してある動作の時、腰をとても真っ直ぐにするという意味でもない。それでは太極拳の「軽、霊、円、活」の原則に合わない。

赤子でいられるか？

太極拳はとても奥妙なもので、軽霊でなければならないし、また中正安舒を失ってもいけない。その両方が互いに牽制し合う。それであなたはわかる、昔の人がこの拳を編んだ時、多方面のものを総合的に結びつけたことを。

太極拳は道理や哲理を悟る「階段（＝手段、方法）」だ、とこのように言っても言い過ぎではない。もし本当に太極拳を理解したかったら、昔の拳論ばかりでなくたくさんの古い経典も読まねばならない。

例えば老子が言っている〝専気致柔、能嬰児乎（訳注：老子第10章・気が凝集して柔になる、赤子でいられるか）〟、太極拳が練習するのはこれだ。赤ん坊のように柔らかく、かつ強く、かつ気が全身にめぐり、また頭の中も赤ん坊のよう、そのような健康、それが太極拳のものだ。１００日にも満たない赤子、その足に触ってみる、〝逃げない〟、あなたの手に「頂（＝ぶつける）」してくる。その「頂」は「不丟《ブディウ》不頂《ブディン》（＝

逃げずぶつからず）」のあの「頂」だ。彼のほうにこちらがもっと手を伸ばすと、彼は（反応して）外に向けて力を出す。彼の小さい手を持つと、彼は握って自分のほうに引く。彼を推すと彼はあなたに向かって推してくる。彼は太極拳を練習していないが、我々太極拳を練習している者は、かえってこの勁を出すことができない。なぜか？　あなたの後天の本能を取り除き切ることができず、先天のものも出てこないからだ。こういうものが練習して出てくれれば、太極拳の聴勁、懂勁、人を飛ばす、化勁……完全に同じものだ。

赤ん坊を見てみよう。頭を撫でると、まだ首がしっかりしていないが、あなたの手に応えてくる。彼のお腹を推すと、どこを推しても気がそこにふくらんでくる。仔細に観察すると、例えば左のお腹を推すと右側が少しへこんで、ふふふと左側が盛り上がってくる。みぞおちを推すとまたそこをふくらますことができる。

太極拳はなぜあなたを放鬆させるのか。正に自然のものを取り戻させるためだ。ちょっと体感してみると良い。１００日に満たない健康な赤子があなたの指を掴む、この勁は何か。正にそれが「整勁（＝全身の勁）」だ。

立如平准

私は二人の名人を探したが探し当てられなかった。一人は関亨九、一人は舒玉清だ。

関亨九が書いた〝太極無拳論〟は、字数は多くないが啓発させられる。文を読んでから私は彼に習おうと思い三回行ったが場所がわからなかった。西直門外の展覧館近くに関帝廟がありその関帝廟の後ろに彼の住む胡同があると言われ、三回行ったが見つからなかった。いくら探してもこの関帝廟が見つからなかった。

舒玉清は呉子鎮（原注：公儀）（訳注：呉鑑泉の長男）と幼馴染で、小学校の同級生だった。呉家と遠縁のようで、同じ四合院に住んでいた。聞くところでは彼の功夫は相当なものらしい。武定侯街付近に在る盆児胡同に住んでいると聞き、何度も行って見たが見つからなかった。そこには二つの胡同があって、一つは大盆児、一つは小盆児、そこへ行って聞いたがそういう人はいないと言われた。

他に一人の名人に出会った、姚継祖先生だ。姚先生が練習していたのは武式太極拳だ。李遜之の生徒でとても教養があった。ある年、私は邢台で開かれた太極拳国際交流大会に行き、幸いにも姚先生に出会った。1995年位のことで、北京から私、孫剣雲、曹憲章、肖景林等数人が行った。太和堂、武禹襄旧宅、楊露禅旧宅を参観し終わり、彼らの墓参りにも行った。そこは広平府といい、彼らの故郷だった。

私が乗ったのはマイクロバスで、大勢乗っていた。参観が終わってバスに乗り、ふと外を見ると、顔色良く生き生きとした一人の老人が目に入った。もう一人若い人が彼に付いていた。私は一目見て、彼がただ者ではないと思った。我々の車は坂道の上に停まった。私は急いで車を降りた。彼はまだ坂道にたどり着いていなかった。私は失礼を顧みず彼に挨拶をした「老先生お体が本当に良さそうですね、こちらの方ですか？」。彼は「そうです、私は広平の人間です」と言った。私は「貴方様は姚先生ではありませんか？」と聞いた。彼は驚いて、「どうして私のことをご存じなのですか？」と聞いた。実は私は姚先生に会ったことは無かったが、彼の気魄を見て、また太極拳を練習している人は体に一般の人のような〝拙勁（＝不器用な勁）〟が無いし、当地の方と聞いて言い当てられたのだ。

老先生は驚いた。私は急いで自己紹介をした「私は北京から来ました。あなた様の御高名は前から伺っております。功夫がすばらしく……」、我々は話しながら歩いた。我々は坂道を上がった。坂の上には私が乗ってきたバスが停まっていた。老先生は戻りかけた。私は「貴方様はどちらに行かれますか」と聞いた。彼は、

「自分の車を探しにいきます」と言った。私は、「探しにいかれる必要はありません。このバスにお乗りください」と言い、彼を自分の座席に坐らせ私は彼の傍らに立った。バスは邢台に戻っていく。我々はずっとおしゃべりをした。彼も今回の活動に参加するために来たのだった。どこのホテルに泊まっているのかを聞き、夜訪問した。

彼とこのようにおしゃべりをする中で、拳論の中のいくつかの句が世に誤って広まっていることに気付いた。彼の解釈によって、私は少なからぬものが明白になった。それから私は老先生と手合せをした。彼の勁を聴いた。呉式太極拳の勁と全く同じだった。力ではなく、聴勁が正確で軽霊で、勁はとても〝小さく〟、掴んだり引っ張ったりといった馬鹿な力は全く無かった。功夫が高いとか低いとか言うだけでなく、彼と王家のこまやかな勁は完全に同じものだった。

彼は私にいくつかの要点を教えてくれた、とても肝心のことだった。例えば何を〝立如平准（＝平准の如く立つ）〟というか、今皆〝秤（はかり）〟つまり「天秤」と解釈されている。彼は違うと言う、彼が思うにこれは水平儀で、それを〝平准〟という。彼はその時一枚の絵を描いてくれた。これをどちらに回転させても、その水玉は中間にある。それは農村のああいう粗末な水平儀とは違う。農村のは木片に一本の溝を掘って水を流し込んだ、ただそれだけのものだ。これは十字形で３６０度どちらに回しても、水の玉は真ん中にある。今は天秤と解釈されていてそこには一定の道理はあるが、実際は平准で、こういうものを指している。この解釈は、疑いなくより正確でより見識が高い。

彼はさらに一般に伝わっている拳譜の間違いにも触れた。例えば〝意在精神不在気、在気則滞（訳注：意は精神に在って気に無い、気に在ると滞る）〟、彼が言うに、師の師から伝わった手で写した本には〝意在蓄神不在気、在気則滞〟とある、一字の違いは千里の間違いとなる。〝精神〟は外に表れ、〝蓄神〟は内に含まれる。この点について解決しないと一生よくわからないままになる（訳注：精神は外在のもの、蓄神は内在のもの。……馬駿先生の解説）。

また〝如物将掀起、而加以挫之力（訳注：物がまもなく起き上がろうとしている時、下に抑える力をそれに加えるがごとし）〟これは写し写しして行くうちに段々変わってしまって、今は〝将物掀起（訳注：物を上げると）〟になっている。意味の差はあまりに大きい。原意は相手の体がこれから上がろうとする時、あなたはその「空檔（＝空隙）」を打つ。現在変わってしまったのは、自分が〝相手を持ち上げる〟になって、それでは力仕事になってしまう。だから老先輩とお話するととても勉強になると言える。間違った拳論に照らして練習すると、練習すればするほど成果が出なくなる。

我々は邢台で何日か過ごした。2日目また彼を訪問した。この時彼は一つの故事を話した。それは我々後代の者の推手に示唆を与えてくれる話だ。私はそれを聞いて大変勉強になった。

彼は李亦畲《リイユ》先生の故事を話した。李亦畲先生は読書人の家柄で文人だった。背はあまり高くなく体格は立派とは言えず、しかし功夫が高かった。当時体格の良いある鏢師（訳注：警備業をしている人）がいて永年県を通りかかった。永年で一休みし、李亦畲先生を訪問した。その頃、鏢師が誰かを訪問したかったら、休憩の時にするしかなかった。預かり物をほったらかしにはできない。鏢師が言うに「あなた様の御高名は遠近に鳴り響いております。これまでに太極拳のことはずっと耳にしてきましたが、見たことがありません。だから見てみたいのです」。

李先生が言うに「太極拳は別に見どころは無い。きれいでもない。跳んだり跳ねたりも無い。派手な武芸ではない。だから見ても特に見るべきものはない。もし太極拳を知りたいのなら、私にかかって来なさい」。鏢師は言った「あなたは私よりお年ですし小柄です。私が打ってお怪我でもさせたらどうします。道理に合いません。打てません」。李先生は言った「それではあなたは無駄に来たことになる。何も見なかったことになる」。鏢師は「いえ見たいです」。李先生は言った「見たいなら、かかって来なさい」。

鏢師は思った「打たないと来たことが無駄になる」。そこで技を仕掛けた。仕掛けるが、四、五割の力を使うことにした。でないと、何の恨みも無い双方が初めて会って教えを請うて相手を怪我させたらどうするか。四、五割の力でも普通の人は飛ばされるしそれ位なら怪我はしない。しかし李先生に仕掛けると、彼は自分のほうが飛んでしまった。李先生曰く「あなたは自分の功夫を出していない。それでは本当の太極拳が見られない」。鏢師は言った「面白い」。今度は六、七割の力を出した。この時は前よりももっと遠くへ飛ばされてしまった。李先生曰く

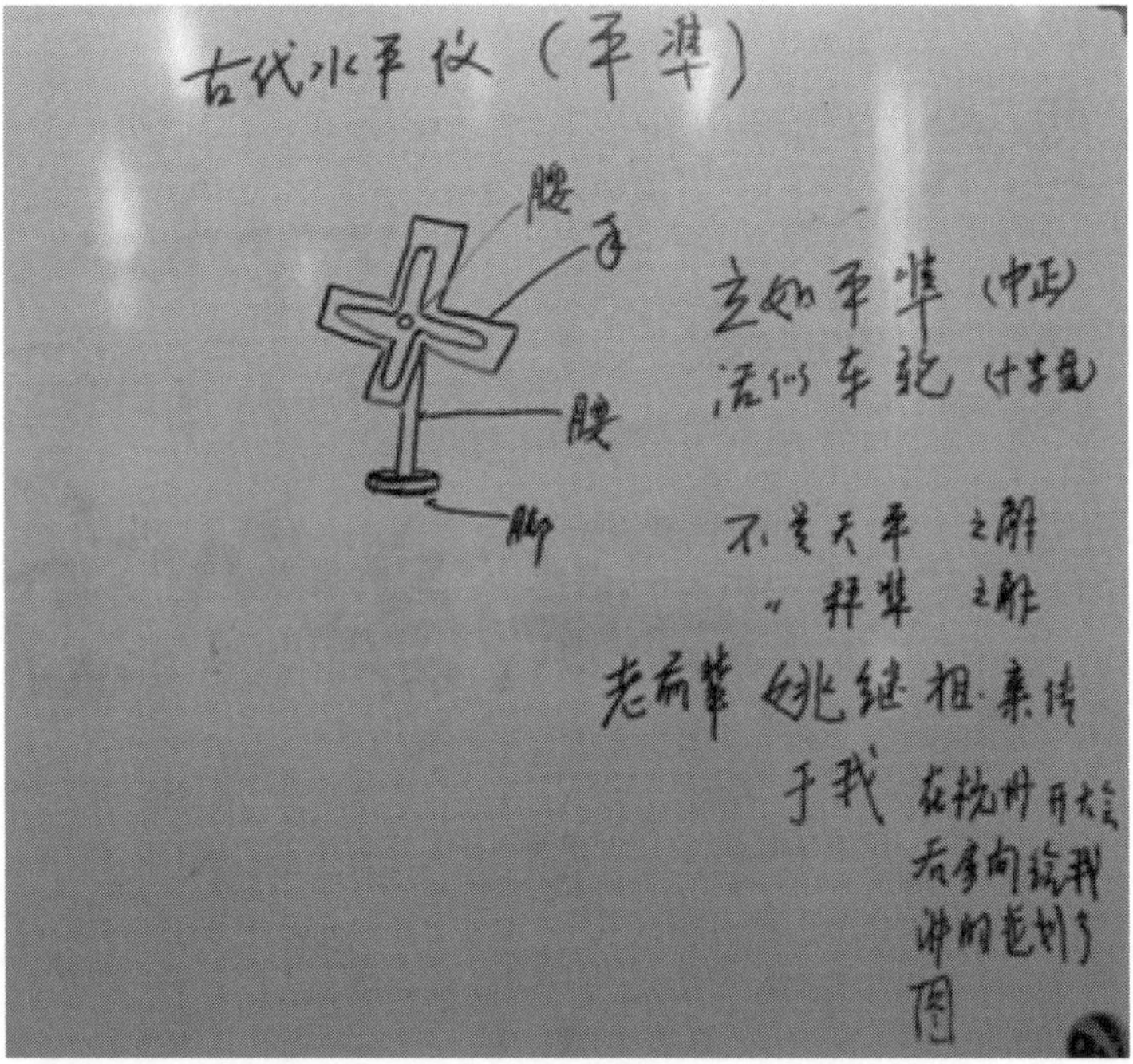

2013年日本代表団を迎えた時、馬長勲老師が自ら描いた平准儀

「あなたはやはり自分の功夫をすべて出していない。あなたは太極拳の本当のものを見られない」。

鏢師は言った「あなたのお体を見ると、功夫が本当に素晴らしい。今度は本当にやります」。力を入れた一撃を出した。李先生は「舔勁（訳注：舔は舐めるの意味）」を用いた。つまり相手に触れて相手の力を借りて上に跳ね上げる。鏢師の両足が地を離れ斜め上の壁にぶつかった。頭が壁に当たり下に落ちて失神した。李先生は驚いて急いで彼にあぐらをかかせ胸を摩擦し背中を叩いた。しばらくすると彼は目を覚ましふうっと長い息を吐いた。そして言った「私はついに何が太極拳かやっとわかった」。

姚先生は言った「李先生はいつもこの種の手法を使う。それから『前滚手（訳注：滚は転がるの意）』も『後翻手』も……。彼の『前滚手』はもっとすごい。彼は相手に触れる時自分の勁を使って相手の勁に接するのではない。相手に好きなように自分の勁を出させて、その相手の勁を受けて下に向けて『摔勁（訳注：摔は転ぶ、叩き落とすの意）』を使い、人を釘のようにそこに打ち込む。我々は一緒にこの勁を練習したことがあるが、とても効き目があって面白い」。

老先生たちとのこういうおしゃべりは、とても視野を広げることができる。

換力（＝後天の力を捨てる）

太極拳は「換力」を重視する。力をすっかり換えることができればできるほど、レベルは高い。本当の推手は後天の有形有相の「拙力」を用いない。掤《ポン》、捋《リ》、擠《ジ》、按《アン》も含む、すべての「笨勁《ベンジン》（＝重い不器用な力）」「滞勁（＝停滞する勁）」を、「換」して棄てなければならない。ではいつどんな時その勁が換わったと言えるのか、それは完全に条件反射で後天の意識的操作を経ない。相手の手が来て、さてどのように掤するか捋するかではない。相手と接するや自然に出てくるものだ。

拳論にある「人不知我、我独知人、力従人借、捨己従人（訳注：人我を知らず、我独り人を知る、力は人から借りる、己を捨て人に従う）」といったこれらの言葉はたくさんの事柄を言っている。何が〝人不知我〟か？　つまり（相手に）反作用力を感じさせず、気配を見せない。私があなたと接して、あなたの力がどこから来るか私にすぐわかったら、それはどういうことか。聴勁とはそれ（どこから来るか）を聴くことで、〝勁路〟を聴くことだ。相手が打ってくる、私はそれを返す。これはただ初歩の聴勁だ。拳論が言うには、高いレベルの聴勁は意を用いる。そしてその後は意さえも用いない。〝由招熟而漸悟懂勁、由懂勁而階及神明〟。〝神明〟の段階になると心のおもむくままになれる。どのように用いてもちょうど適合したものになる。その時力はすっかりとり替わったのだ。勁だけでなく後天の観念、勝負も含めすべてを換えて無くさなければならない。掤、捋、擠、按も用いない。いわゆる芸に限りが無いというのはこういうことだ。

太極拳には歴代の名人が少なくない。しかし力が〝すっかり〟換わったと言えるまでになっているかどうかは、絶対的な一つの尺度だ。換われば換わる程手法は高度になり、その境地は高くなり動作は小さくなり威力は大きくなり人は歯切れよく飛ぶ。持って生まれた力しか使えないと、〝肉《ロウ》（訳注：モタモタしている）〟になる。

今はどのように伝わっているか？　力を換えないばかりでなくこの力にさらに技巧や用法を加え、あれをやりこれをやり、本能の力を克服しないだけではなく、この「笨力」をいろいろ加工する。だから昔の老先輩方のようなああいう功夫はなかなか出て来ない。

こうなったのはつまり、一つは方法の問題、二つ目は物事に対する姿勢の問題だ。直ぐに成果を求める。

王家の推手では誰も勝手なやり方などしようとしなかった。老師たちも許さなかった。今は推手を始めるや勝ち負けにこだわって力を使う。

昔はまず套路をやりそれから長い時間をかけて四正手をやった。それはこわばった力を取り除くためで、上下相随、内外相合、周身一家（＝全身）という高度の協調性を養った。今誰がそんな忍耐心を持っているか。皆勝負を争い本当の練習をやろうという人はいない。太極拳を始めて何日も経っていないのに負けを恐れるか、勝ちを目指すかだ。それでただ〝嗆《チアン》（＝戧《チアン》・ぶつかり合い）〟になる。これを太極拳とは呼ばない。

站桩

基本功は練習しなければいけない。無極桩はつまり「鬆」を養い「静」を養うもので、筋肉を鍛錬するものではない。今の站桩は、始めるやすぐ腕が痛くなったり腿が痛くなったりして、そういう（本来の）ものとは異なる。練習して腿が震えてきたりすると功夫が上がったような気がする。しかしこれは太極拳とは関係が無い。

太極拳は〝苦練〟によって身に付くものではない。〝一挙動周身倶要軽霊（訳注：ひとたび動くと全身あまねく生き生きと軽い）〟という拳論の言葉と、低い馬歩での站桩と何か関係があるだろうか？　そのような練習をすると腿の筋肉や力は付くが、この力は推手の時に役に立たない。この力は〝霊（＝効く）〟ではない。方法を間違えると一生やってもものにならない。王家の練習では数年で皆できるようになる。回り道をしていない。

大樹の根が深く、葉が茂り、
幹が中正な如し（画：馬長勲）

まず站桩をする。目的は体の協調一致だ。その後に勁のことを考えるとうまくいく。このことがわかると套路もどのようにやるかわかってくる。さもなければ套路もこの〝核心〟を探し当てられず役立たずのものになる。

無極桩はとにかく気持ちが良いように立つことだ。まず気持ちが良いこと、次に体の気が調節されて順にならねばならない。呼吸のことは考えなくても良い。体が調節されて気持ち良くなり、全身が協調一致すればそれで良い。ゆっくり放鬆していくと「脚底下」に何かあるようになる。それからそれが〝接触点〟と合う。推手というのはこういうものだ。

立ち続けていると、体中の勁が皆「鬆」して「脚」へと行く。体は立つほどに「空」になっていき、軽くなっていく。「鬆」し続けて「両脚掌」がここに在るだけになる。これがあなたが獲得したものだ。

しかしこの「脚底下」のものは手に上がってこなければならない。あなたが誰かに触れると、あなたの「脚掌」にあるこの何かは、電気が通じるが如く上がってくる。これはすべて「脚底下」のものだ。部分をあてずっぽうに動かしているわけではない。とても簡単で、複雑なものではない。難しいのは我々の習慣を変えること、従来の練習方法を変えることだ。

キーポイントは〝鬆〟だ。丹田の気がどうのと考える必要は無い。本当に「鬆開」できれば気は下に行く。スジ、骨、皮膚、筋肉、五臓六腑、大脳皮質、すべてを「鬆」する。

「鬆」はしかし簡単ではない。ここには道理が山ほどある。ベッドで寝ているあなたはそれで「鬆」ですか？

「鬆」できていますか？　ベッドを離れた感覚になったら、それが「鬆」だ。練習方法は複雑でもなく変わったものでもない。ただひたすら練習を続けるだけだ。

〝其根在脚〟、あなたの「脚底下」には、必ず「そのもの」が無ければならない。「脚底下」に根が無ければ、あなたが〝発於腿、主宰於腰、形於手指〟にしなければならなくても、（手指に於いて）〝形〟にならず、腕の力になってしまう。「脚底下」に根があれば、「脚底下」の勁が手に達する。これが太極拳だ。いわゆる「太極拳では手を用いない」というのは、手を用いるのは太極拳ではないということだ。表現は手にある、それは一つの点だ。必ず「脚底下」の反応がここに来るのでなければならない。

もしあなたが坐っていると、「脚」ではうまくいかない。勁を用いるすべがない。そのものは臀部に移り、発力点が変わる。搭手の時、手は一つの「支撑（＝支え）」で、不丟不頂《ブディウブディン》だ。手に変化が現れ、力点は千変万化する（訳注：力点とは接触点の意味で使われている。……馬駿先生の解説）。

手順は上述の通りで、練習して身に付けるのは確かに簡単ではない。しかし決まりを守り良い練習相手を持てば、さほど難しいものではない。力で押したり引いたりの練習を20年やっても練習にならず、実際のところその20年は太極拳を練習してこなかったのと同じで、方向違いをしていたことになる。あなたが〝空〟になれたその時、あなたの功夫は〝満（＝でき上がり）〟になる。

いわゆる、整勁（＝全身から出る勁。……馬駿先生の解説）は虚の整勁だ。それは「死桩子（＝形だけ作った棒切れ）」ではない。整勁を用いる時、私の力はあなたの力にプラスして、二つの力が一つになる。その効果は自分の体重より大きいだろう。あなたが来る時、それ（私の整勁）はあなたを待っている。あなたが来なくて鬆ならば、私も鬆だ。それにちょっとした遊び、テクニックを加えると、〝活（＝自在）〟になる。

楊禹廷先生、王子英先生はこういう小勁が実にうまかった。彼らと推手をすると、羊のしゃぶしゃぶを食べるよりも堪能感がある（訳注：「虚の整勁」の「虚」とは霊活で自由に変化すること、もし整勁が実だったら変化しにくい。……馬駿先生の解説）（訳注：以上の馬駿先生の解説をまとめると「虚の整勁」とは「虚（＝霊活で自由に変化する）」の「整勁（＝全身の勁）」となる）。

無極桩はどの位の時間立つのが良いか？「気持ち良さ」をその基準にする。10分立って、気が通って、気持ち良い感じがあれば、10分が良い。立てば立つほど技術は上がり感覚が深まる。普通うまく立てたら、40分から1時間かかる。そしてそういうものが本当に得られれば、立つ立たないはもうどちらでも良くなる。あなたの体に習慣ができ上がる。

太極拳を練習し站桩をして、その結果、生活の中で情操を養うことや楽観的な精神を養うことに太極拳を取り入れることができたとするなら、それはすべて放鬆がもたらしたものに他ならない。そして日常生活の中にそれら（＝放鬆による情操、楽観）を溶け込ませて、坐る寝る歩く飲食排泄睡眠などすべてにおいて、そういう状態にする。

頭は正、呼吸は自然に、放松して真っ直ぐに、重要なのは膝を曲げること（画：馬長勲）

こういう境地に本当に至ったら、套路をするしないはどちらでもよくなる。身に付いたら、動けばすぐ〝これ〟になる。身に付けば歩くことも練習になる。推手は套路に等しくまた站桩に等しい。逆も言える。套路は推手、站桩に等しく、站桩は套路、推手に等しい。

飛行機に乗っている時、拳の練習ができるだろうか？座席にいて〝黙拳〟をすれば良い。〝黙拳〟すると、体に套路の感覚が出てくる。

あの頃楊禹廷先生は毎日黙拳をしていた。私が先生の家に行くと奥様が言った「そこに坐って、話をしないで。先生が『黙拳』が終わってから、話しなさい」。楊先生は横になって黙拳していた。奥様が言わなかったら、私は昼寝をしていると思っただろう。先生は毛布を掛けて、横向きに横たわり、ゆったりとしておられた。実際これで拳を練習しているのだ！　この時、あなたが先生を少し押したら、あなたはきっと遠くに飛ばされたに違いない。無鉄砲な若者たちが必死に押さえてもおそらく効き目がないだろう。これは「合手勁」で、「合う」とその感覚がある。それは一種の勁の路で、練習していない人には理解できない（訳注：「合手勁」とは体中が動くこと、一動全動のこと。……馬駿先生の解説）。

玄関竅開《チアオカイ》（訳注：堅く閉じた入り口が開く・悟る）

太極拳がなかなか身に付かないのは、学び方が下手というのが一つの側面で、また教え方も重要だ。張継之先生が言っていた、「王家で生徒に教えるのは主として四正手だ。しっかり決まりを守って回し、ある程度のレベルになってきたら、王茂斎先生が勁を教えてくれる」。王子英先生は18歳で「懂勁」した。やはり家伝だろう。張継之先生は学んで3年、20歳で「懂勁」した。太極拳は「十年不出門（訳注：太極拳をやっていると言えるまでに10年かかる）」ではなかったか？　実はやはり教え方の問題がある。

今は学ぶほうの心理に迎合し、学んで半年で刀も槍も剣も棍もすべて覚える。昔は套路を学び終わって〝打輪（＝四正手を回す）〟に長い時間をかけた。身体の勁が皆〝合って〟くる。粘連黏随、これをただ言うだけではなく、本当にできるようになる。身体の勁の路が皆変わってくる。「上下相随」、「内外相合」、こうして条件が整ってきたら、やっと〝勁〟を教えてもらえるようになる。このような方法をとればきっと早い。今、皆体のどこも合っていなくて腕は硬く、こちらが動かそうにもこわばって動かない。

　太極拳の難しさは、後天の本能の克服にある。我々が套路や推手をするには後天の本能を捨てていなければならない。昔老先生はそれを〝丟《ディウ》（＝なくす、失う）〟と呼んだ。つまり硬い勁、馬鹿力、滞った勁、勝負の心理、身体の「死肉（＝固まり）」などを皆捨てる。後天の本能を捨てた後に出てくるのが先天の本能だ。先天の本能は元々体にある。なぜそれが出て来ないのか？　後天の本能がそれを埋めてしまうからだ。雲や霧を振り払うと青空が現れる、それがつまり太極拳を練習するということだ。

　一般的に拳を練習するというのは、自分の力をどうやって増やすか、スピードを速くするか、「招法（＝型・技）」の数を増やすかということだ。これらは皆外から見えるので人々に受け入れられやすい。太極拳の套路はたくさんは無い。（自分が練習する）太極拳はこの一套路だ。そういえば団結湖公園である老拳師が私に言ったことがある「1年３６５日あなたはその套路を練習している。飽きないか？　見てみなさい、私は１００以上の套路を……」。どれも武術だが、その差はかくも大きい。

　今ほとんどすべての太極拳は、推手と套路の関係性が無い。推手と套路は二つの別なことと文章に書く人までいる。もし本当に二つの別なことだったら、昔の人はなぜそれでも拳を練習したのだろう。

　太極拳には全部で37の「招式（＝型、技）」がある。この37の「招式」を用いて練習し、全身を太極でないところはないようにすることができる。この37の動作を使って培っていく必要がある。

　私が劉晩蒼老師について学んでいた時、私が一番よく叱られた。私が質問すると、先生は言った、「あなたに言ってもわからない。行って自分で練習しなさい。放鬆して練習する、ひたすら練習していると、詳しくなってくる、詳しくなるとやがてすっかりわかる」

我々の先生は山東省の人だ（訳注：実直な人が多いといわれている）。言うことは本当だ。言い方は簡単だが絶対に間違いのない真理で、套路を繰り返し練習しているうちに、それは自分でわかってくる。

套路を練習していると勁の路、その変化が段々わかってくる。そして本当にわかった時、かちっとカギが開いたように感じる。ある一つの勁を見つけるとまたカギが開くようだ。練習すればするほどわかることが多くなり、しだいに（形としての）「招式」から、その中の勁がわかってくる。「捋《リ》」の時、一つの「捋」だけでなく、肩と肘はどうなっているか、胯と肩はどうなっているか（がわかり）……しだいに「このもの」が出てくる。それはひとりでに出てくる。しかしそのためには毎日套路を練習せねばならない。これが拳の「開竅《カイチアオ》（＝コツをつかむ・納得する・悟る）」だ。

推手の「開竅」とは？　私の初めての「開竅」は、次のようにして「開いた」のだった。即ち、なぜ相手は勁をぶつけるのか。こちらが「問勁（訳注：相手の勁を探りかつ間違った反応に誘導すること）」すると、相手はなぜ直ぐに「嗆《チアン》（＝むせる）」するのか？　相手が「嗆《チアン》」（＝反発の反応、反射、『戧《チアン》＝ぶつかる』と同じ。……馬駿先生の解説）すると、こちらは進む。ちょうど良く合う！　初めての「開竅」、今まで探していたのはこれだった。

それは趙徳庫と推手をしている時だった、私の弟弟子の次兄で、あなた（王子鵬）より背が高くがっちりして旋盤工で中国相撲をやっており力があった。地壇公園で初めて出会って推手をしてぶつかった。彼は「嗆《チアン》」した。なぜなのか？　その理由を探した。私はもっぱら探した。彼は言った「なぜあなたの手はすぐに伸びるんですか？」……彼はなぜ「頂《ディン》（＝ぶつかる）」するのか。それはこちらが正に彼の中心を「問」したからだ。彼はすぐさま調整せねばならなかった、勁を出さない訳にいくだろうか……彼が調整した瞬間私の勁が届いた。私はぴったりのところを打った。

初めて「開竅」した時、見つけたのはこういう勁だ。練習すればする程熟練してくる。初めての「開竅」から、また二番目三番目が現れる……一つ「開竅」すると一つレベルが上がる。

站桩も同じだ。站桩しているうちに、突然あることがわかる「こうすれば〝静〟ができる」。またしばらく站桩すると、また変化が起きる、「この〝静〟は正しいか？」、「〝静〟はきっとこのようなものだ」……こうしてだんだんレベルが上がっていく。量が質を変えたのだ。

いわゆる「玄関竅開」も一種の感覚だが、今言った「開竅」と同じものではない。例えばひたすら練習して、放鬆してくる、協調してくる、気が下に行く、手に感覚が出てくる。その一つ一つで感覚が違う。練習して「玄関一竅（＝悟ったポイント）」が套路の中に入るまでになると、拳のレベルは高まる。その時あなたの感覚は完全に変わる（訳注：「開竅」と「玄関竅開」の違いは……「開竅」はとりあえず道理がわかる、「玄関竅開」になるとそれが身に付くまでになる。

……馬駿先生の解説）。

〝全身透空、無形無相〟というのは絵空事ではない。今、人はこの言葉はあまりに「玄（＝わけがわからない）」と批判するが、それはその人の功夫がまだ至っていないからだ。少しも「玄」ではない。その時体は空中に引っ掛けられたようだ。そのように表現するのは、そういう感覚が出てきたからだ。功夫がその程度に達すると、その感覚になる。骨も筋肉も皆突然無くなったような感覚だ。私の腕はなぜ空を漂うのだろう

楊禹廷先生の摟膝拗歩

呉鑑泉先生の摟膝拗歩

楊澄甫先生の摟膝拗歩

……本当にこういうものが出てくる。

楊禹廷先生はこの境地に達しており、小勁がとても奥妙だ。彼の套路を写真で見るとわかるが、彼のあの身のこなしはすでにでき上がっている。彼の「脚」に注目すると良い。「脚底下」が皆「鬆開」している。他の人の写真と見比べると良い。

今、ある名家たちは、本やDVDなどいろいろ出している。彼らと楊禹廷、楊澄甫、呉鑑泉の写真を比べて見てみると、その差を比較できる。老先輩方は頭から脚まで体全体が「鬆透（＝とことん鬆している）」している。彼らの写真を見てごらんなさい。身体のどこにこちらが入れる場所がありますか？　王茂斎先生たちには拳をやっている写真は無いが、どこに坐っていても肩が沈んでいる。彼らの放鬆がどの程度かわかる。彼らは皆、鬆がすでに習慣になっている。

健身の観点から言うと、太極拳をマスターすると、気功よりももっと全面的だ。なぜなら太極拳には動きがある、動中求静だ、站桩の道理と同じだ。動き出すと体にはあの何かがあり、套路をすると、丹田の気は少なくとも浮くことは無い。

套路を練習することで達成したものは、座禅の時に必ずしもあるわけではない。しかし座禅の時にあるものは、套路の時はきっと出てくる。

拳で「鬆開」できれば座禅の時も同じだ。座禅だけではこれらの手法は出て来ない。太極拳を練習している人は座禅をすることができて、その上〝手（法）〟もある、だからより全面的なのだ。

太極拳は良いところがたくさんあるのに、研究しようとしないで、太極拳と全然関係ないことばかり討論して、人々の認識をかき乱してしまう。本当にわかる人やできる人の誰が、好き好んで彼らとの水掛け論にエネルギーを費やすだろうか。重慶の張義敬先生が言ったように、彼らと論戦するのは、まるで〝秀才遇見兵、有理説不清（訳注：訳のわからない人にものを言っても通じない）〟ようなものだ。だから人はものを言わなくなってきた。今ネットでは誰もが大師、専門家、泰斗のようだ……。

新中国が成立したばかりの頃、国家が楊澄甫の本を出した。一冊8分（訳注：分は1元の100分の1）の「太極拳体用全書」で薄い本だった。今出ている本は出るたびに厚くなり、（本を見ながら）練習せずとも、ただ読むだけでも半月かかる。今どきの言い方をすると、人は一個だけのへそではいけない、（本の作者は）もう一個別なへそを探し出してくれるのか？　とにかく虚実は分けるのだ。なぜ百会には虚実が無いのか、なぜヘソには虚実が無いのか。（彼らの言によれば）もう一個探して来なければならない。（彼らがそう言っているからといって）いわゆる、陽虚実と陰虚実を探し出した人がいるわけではない。この種の言い方によれば、鼻の穴は〝双重〟だ。これは笑い話ではないか？　またある人は太極拳と八卦、五行を一緒にする。わかってもらうと困るのだ、これは人為的な複雑化だ。

実は套路と〝双重〟は何の関係も無い。套路は霊活でなければならない。套路の時、一本の足で支えなければならないとか絶対的虚実などは無い。それらは二次的なもので、霊活、協調一致が主でなければならない。双重が指すのは推手の時に勁がぶつかること、これは王子英先生がいつも言っていたことだ。

套路は「ゆっくり」「鬆」して「脚」に行くように練習しなければならない。推手の相手がいない時は空気とやりとりする。空気の中に阻止する力を作り出して相手とみなす。「整動（＝全体の動き）」が必要で、どこもかしこもその状態だ。ある部分だけが動くのではなく、一動全動だ。例えば攬雀尾、右手で捋をする時、相手があなたの左手、左肘、肩を「托（＝下から支える）」しようとする。これらの部位にはそれ（整勁）が無ければならない。あなたが背に問うと背にもそのものがある。胯を推すとそこにもある。つまり〝一個（＝一つのもの）〟だ。あなたは套路をして、〝和諧（＝調和）〟を作り出さねばならない。

推手に練習仲間がいれば、敏感性を養う。相手が勁を出してきた時、あなたは必ずしも相手を遠くに飛ばさなくても良い。あなたは（相手の）ある一点を「拿住《ナジュ》（＝捕まえて動けなくさせる）」できればそれで良い。相手はと言えばあなたに「拿住」されたら別の手を使う、その別の手をあなたはまたわかってそれに反応する（それが繰り返される）……。

何を「拿住」するか？　それは相手の重心だ。相手は重心を「拿住」されたら、「挣吧《ジョンバ》（＝頑張る、あがく）」しなければならず、相手が「挣吧」したら、相手の（抵抗する）その勁を借りて、相手を送り出す（＝飛ばす）。あなたが用いる勁は「拿住」だ、軽くても「拿住」できる。

武禹襄は言う：敷《フ》、蓋《ガイ》、対《ドゥイ》、呑《トゥン》。あなたのここを軽く「敷《フ》（＝敷く、つけ広げる）」する、あなたを動けなくさせる。これはつまり「拿住」だ。あなたが「挣吧」すると、相手はあなたを飛ばす。「拿住」は、勁を「拿住」するのであって、人を「拿住」するのではない。ある人は勁を（せっかく）「拿住」しても、その勁を利用できず互いにもみ合いになる。互いにぶつかり離れない。

相手を「拿住」しなければならない時、自分のものは停まってはいけない。「単擺浮擱（＝仮置き）」を保持しなければならない、金づちでクギを打つ如く用いたかったら（相手の勁を打ちたかったら）この（仮置きの）金づちなら使える。あなたが相手を「拿住」して、自分の金づちを「拿不起来（＝自由に使えない）」だったらこれはつまり二人とも「掰吃《バイチー》（＝もみ合う）」になって、これは双重だ。

「脚」で拳を練習する

套路をする時、片時も二つの「脚掌（＝足裏）」を忘れてはいけない。推手をする時、相手があなたのどこに触っても、いつも「底下（＝足の下）」と会話をする。そこに「そのもの」を探しに行く。簡単に言うとつまり「脚」で拳を練習する。

見てみなさい、私が〝擠〟をしているが、実は私は「擠」をしていない。私の「脚底下」が「擠」をしている。相手が自分にぶつかって来た時（相手の勁が）私の「脚」に来る。このようにして、套路は空っぽのものではなくなる。

誰かがあなたに当たって来た時、あなたが〝跑《パオ》（＝逃げる）〟したら、これを〝丟《ディウ》（＝失う、なくす）〟という。相手があなたに当たって来た時、あなたの勁が相手の「脚」に行けば、あなたの套路は「空」ではない。

これを〝盤勁不盤招児（訳注：勁を演じるのであり、型を演じるのではない）〟という。「招式（＝技・型）」には数に限りがある、37しかない。しかしあなたが勁を演じると、３７０、３７００、もある。「一寸」も太極でないところは無い。もっとレベルが上がると、「一分」も太極でないところは無くなる。

推手の時もあなたはそこでやはりあなたの套路をする。「脚底下」で練習する。このようなのを不丟不頂になったという。自然でなければならない。推手と套路は同じ一つの道理だ。この二つはうまく結びつかねばならない。要点は、あなたはやはりあなたの套路を練習するのであって、相手に構ってはいけないということだ。

推手は相手に支点を与えないばかりでなく、相手を相手にとっての〝背点（＝具合が悪い場所）〟に向けて連れて行く。

太極拳は実はそれほど複雑なものではない。ある人は本を読んで、読めば読むほどわけがわからなくなり、「神」だ、「意」だ、と言い始める。実は皆、力学で説明できる。あなたに力があっても、その力が相手ほどではなかったら、やられてしまう。いや自分は手が早いと言っても、もし相手より早くなかったらやはりやられてしまう。あなたが技を使っても、相手のほうがもっと技が豊富だったらやはりやられてしまう。我々はこういうことはやらない。我々は「相手のもの」を利用する。相手に勁があると、こちらはその勁を利用する。相手に技があると、こちらはその技を利用する。

相手を打っても飛ばせないのは往々にして弾力性の欠乏によるもので、「弾勁」が無いのだ。例えば推手をしていて、相手がものすごい力を出してくるのがわかって、相手の勁は明らかだ、しかし相手に接した時はすでに遅い……「彼微動、己先動」だ。遅れるともう動けない。あなたが勁を出すやいなや私はあなたを打つ。子供が遊ぶ「もぐら叩き」のように、頭を出した瞬間打つのだ。

またある人は套路を演じていてどの瞬間も〝腰隙〟を探しに行く。王宗岳が「十三勢歌」の中で〝命意源頭在腰隙（＝命の源は腰隙にある）〟と言っている。だから何か「縫（＝隙間、継ぎ目、割れ目）」、あるいはツボを探し求めようとする。各種の解釈が出そろっているがすべてが不正確だ。実はその意味は人の生命の源が〝腰隙〟にあるというのだ。腰隙は一つの「縫」ではない。また意守（＝意識をそこに置く）すべきものでもない。（そういうことをしても）何の役にも立たない。どうして源頭（＝ポイント）をここ（＝腰）に置くのか、（生命の源は腰隙にあり）太極拳の〝源〟は〝十三勢〟だ（と言っている）。

三位一体

太極拳はもし本当に拳論に沿って練習するならばそれ程の年数は必要ない。3～5年である程度のところに行ける。しかし誰が後天の本能を克服できるか？　これがとても難しい。例えば放鬆だ。人は皆放鬆が何の役に立つのか、また力を出さないで何で体の鍛錬ができるのか、と疑っている。放鬆は役に立つのか？先生は毎日、放鬆、放鬆と言う。しかし練習している人は、心から信じておらずあれこれ考える。こっそり力を使う。やがて練習して身に付いてくるとだんだんわかってくる。しかしその時にはすでに長い時が経っている。従って……

第一に、放鬆を疑ってはいけない。さもないと回り道をすることになる。

第二に、站桩、套路、推手の関係の理をはっきりさせなければならない。

站桩、套路、推手は三位一体のもので、三つの別々なものとして練習してはいけない。站桩は站桩として、鬆を求め静を求める。しかしこの鬆と静は何をするものか、套路とどんな関係なのか、わかっていない。また站桩と推手はどのような関係にあるのかもはっきりわかっていない。そうなるとそれぞれがバラバラになってしまう。站桩は養生であるのだが、その中に套路のものが入っているし、また推手のものも入っている、(だからそれらのものを）育てなければならない。套路は昔は〝行功〟とか〝太極行功〟と呼ばれていた。太極拳とは呼ばれておらず、拳論でもこういう言い方だった。行功と拳はどういう関係にあり何を「行う」のか。站桩は〝静功〟と呼ばれ、推手は〝用功〟と呼ばれる。推手は技を使えとか、力を使えとかは言っていない。用功というが、用いるのは何の功か、――太極拳だ。この三つは相互に助け合い補完する関係だ。

今の情況はどうか？　套路をすれば何か〝暗勁〟を探すし、推手をすれば勁がぶつかる。「暗勁」とは何か。それはこっそり力を使うことだろう。套路は体から「僵力《ジアンリ》（＝硬い力）」「滞力（＝動きのない力・霊活でない力）」を捨て去るためのものだ。もう一歩レベルが上がったのち、技を「化掉《フワディアオ》（＝溶かす）」して、中の「勁路」を探す。「招（＝技）」を「勁」に改変したものを「内勁」といい、「含」しているが「露（＝表に見せる）」していない。柔は必要なもの、剛は不必要なものだ。努力して鬆柔を求める。骨が無いかのように鬆して、「鬆透（＝すっかり放鬆する）」する。太極拳を練習するというのは、勁が無くなることではない。集まること、移動すること、「脚」に沈むことだ。用いる時は「脚」と（相手との）接触点が〝説話（＝会話）〟をする。太極拳ばかりでなくどんな拳術も高いレベルになると皆このようになる。ただ太極拳はこの一点への要求が突出しているに過ぎない。尚雲祥（＝形意拳の名人）がこう言っている「拳を演じる時、もし鬆も柔も空も無く、『脚底下』に何も無く、丹田にも何も無かったら、それでどんな拳ができるのか？」。これは皆同じ理だ。

だから套路は決まりに則って行い、推手をする時の〝勁〟を養う。推手は人を相手に練習する。互いに敏感さを養う。何を聴勁というのか、何が力点なのか、これらができるようになるのに必ず10年が必要だろうか？　理解力のある人間なら3～5年で足りる。王子英先生は18歳で懂勁した。張継之先生は20歳で懂勁できるようになった。3年ちょっとの時間だ。ある人は一生やってもわからない。牛の角突合せをやって一生過ぎる。これは回り道を行ってしまったのだ。

今批判して言う人がいる。かつてのこれらの老先生は「偽物」だ、と。しかしこの「偽物」は10年やそこらの練習ではできない。一方、いわゆる「本物」（＝力勝負の闘い）をするのは、2週間もあれば十分だ。つまり自分でわかっていないから、いい加減に結論づけているのだ。

昔老先生は語った、「あなたが本当に太極拳をわかったら、全身が気で〝洗われる〟。気とは何か。気の感覚はとても気持ちが良い。「鬆開」ができると、身体が軽く「鬆」に感じられ、とても良い気持ちだ、昔これを〝気〟と呼んだ。気というのは一種の形容で、力と区別し、「僵力」「滞力」と区別している。また「神」「意」は特別の深い意味を持っている。

馬は「意」、馬車は「身」。たとえ手がどんなに早くても、「意」のほうがさらに早い（画：馬長勲）

楊露禅が北京に来て、人々は〝神拳楊無敵〟と称したが、この〝神〟は「精神（訳注：元気が良い、生き生きしている）」の「神」で、決して「鬼神」の「神」ではない。しかし後にこれが太極拳を神格化した。

軽霊は目的ではなく手段だ。この手段を用いて相手に勝つ。手段の中には「驚弾（＝早い弾み）」があり、「抖擻（＝ふるう）」があり、また「軟弾」がある。これらはすべて「短力（＝時間が短い力）」で、「長力（＝長く持続する力）」ではない。長力は「擁力（＝押し合う力）」「堵力（＝ふさぐ力）」「截力（＝断ち切る力）」だ。いわゆる「弾勁」はピンポンのようで、球を保持してはいけない。武術界では「爆発力」と称する。それは時間が短く、軽霊だ。

推手をしないでただ套路だけを練習しても良いかと言えば、それも良い。しかしもし太極拳のすべての意味を理解したいなら、その方法ではできない。例えば、「其根在脚、発於腿、主宰於腰、形於手指（訳注：その根は「脚」にあり、発するのは「腿」で、主宰は腰で、形作られるのは指に）」、この一連の流れは一体何なのか。相手との反復実践を通してのみわかる。推手をしなければ套路は中身の無いものになる。

今、形だけの套路で大げさな文章を書いている人が多い。虚実、陰陽、八個の身法等々、……こういう文章が増えれば増える程、太極拳はより一層複雑なものになり、ますます本当の意味から離れていく。なぜなら彼らが言う身法、例えば沈肩墜肘、含胸抜背、気沈丹田、虚霊頂勁、これらは皆推手のために言われたことで、時間的なこと（＝使う時機）がある。

沈肩墜肘はいつ用いるか？　套路で用いて何の役に立つのだ？　套路で用いたら滞るのではないか？　虚霊頂勁で首を真っ直ぐにする、それでは滞るのではないか？　気血が上がるのではないか？　これらの手法は推手の時にこそ用いる。沈肩墜肘は実は肩、肘を鬆するためにやるものだ。本当の沈肩墜肘は相手がこちらの腕を持ち上げようとした時に用いる。持ち上げようという勁に対して用いる、それから続いて身法を使って動く。用い方に二面がある。套路の時はより一層放鬆するために用いる。推手の時は、沈肩墜肘してこそ〝整（＝全身）〟を一貫させることができる。誰もあなたを持ち上げていない時に、肘を落としてどうするのだ？　持ち上げられたら沈める。

虚霊頂勁はいつ用いるか。相手の根を抜こうとする時に用いる。身法を総動員する。

推手を研究せず、套路のことを大げさに言う人もいる。例えば、目は「平視」するとか、顎を収めるとか、だ。これは自分を束縛するに等しいのではないか？　たとえ用いるにせよ自然でなければならない。昔の人がこのように書いたのは皆にはっきりわからせるためだ。拳論の大部分は推手のことを言っており、王宗岳の拳論が言っているのも皆推手のことだ。「十三勢歌」も武禹襄もまた李亦畬の〝五字訣〟も含めて、語っているのは皆推手のことだ。今これらを套路の中に持ち込んで、最も多く言われるのが〝双重〟だ。両足は同時に力を出してはいけないとか、両手は同時に力を使ってはいけないとか言う。もしこれが〝双重〟ならば人は立てない。立てば双重になる。

「粘連黏随不丟頂」の「不丟」とは、「不丟開（＝相手から逃げる離れる、をしない）」のこと、つまり相手との接触点から離れてはいけないということであり、頭頂のことではない。〝猴頭永不抛〟〝虚霊頂勁〟が言っているのは皆推手のことだ。

站桩とはつまり体のすべての「僵力」を取り去り「鬆勁」を育てることだ。「鬆」「静」の過程で物は自然に下に沈む。徐々に「脚」にそれがあるようになる。「脚」も放鬆していなければならない。まず「架子（＝型、套路）」をやる。そして推手で懂勁ができてきたら、その（架子の）中に太極拳のものを注ぎこむ。

〝一羽不能加、蠅虫不能落（訳注：一枚の羽も加えられず、一匹の蠅、虫もとまれない）〟これは一つの功夫であり、形容の言葉ではない。站桩がこのレベルに達したら、身体にどんな感覚が生まれるか？　套路は放鬆して演じる。37の動作にしても108勢にしても、ある一つの套路を演じていて身体に少しの「僵勁」も無く、皆両方の「脚」に達していたら、（その套路は）すべて基本功の訓練になる。推手の時は「脚底下」と接触点の勁を使う。この二点の〝会話〟が成り立ち、きちんと〝会話〟ができると不丟不頂になる。次第に無窮の変化ができるようになり套路もこの感覚でできるようになる。

推手の時、按するやいなや、あの「鼓盪勁」で相手が〝当（＝ポン）〟と飛ぶ。この鼓盪があるようになると丹田はどんな感じか、「脚底下」は、また身体はどんな感じかがわかってきて、それから（これらの感覚を）站桩の中に注ぎ込むと、やっと「融会貫通（訳注：細部まですべてわかり、全体を理解する）」ができる。しかしこれらのものは推手を練習する中でのみ得ることができる。推手で得られなければすべては「空（＝カラ）」だ。推手がわかってこそ「架子（＝型・套路）」がわかる。套路のどれが背中の練習で、どれが肩、胯の練習か、そしてどれが気の練習なのかがわかってくる、……そして「架子（＝形）」にやっと「このもの」が出てくる。

例えば呉式拳で、なぜ中心線から「提溜手（訳注：手を上に持ち上げる）」をするのか？　なぜ動く時十本の指先が中心線から行かねばならないのか？　これは皆推手と密接に結合している。なぜ気が戻る時に偏っていてはいけないのか？　あなたが中心線を行かなかったら、あなたの気は永遠に偏ったものになる(訳注：この提溜手は呉式の摟膝拗歩の第2動作、「提手竪腰」の時の手の動作を指す。……馬駿先生の解説)。手がちょっと上がったら気は浮き上がり、（また逆に）手首に沈む勁を出したらそれは滞る。これは皆細かいものだ。あなたはこの細かいものが習慣になるように養わねばならない。拳を練習するのはつまり習慣を改めることだ。このように科学的に練習すると2、3年でとても良くなる。推手もきれいになるし、注意すべきはこれが推手であって喧嘩ではないことだ。この点をはっきり分けねばならない。「京劇」を語るからには、「変臉（訳注：歌舞伎の早変わりのように一瞬で顔が換わる）」のことは言わない。それは「川劇（＝四川省の劇）」のものだ。

私は老先輩方の時代に間に合うことができて本当に幸せだ。楊禹廷、王子英、李文傑、張継之、彼らは皆王茂斎先生の弟子で、呉鑑泉先生の生徒もおり、私は彼らからたくさんの益を受けた。その頃、どの先生のお宅にもお邪魔した。後には温師叔の家にも行った。これら老先輩方は職業として教えていたのではなく自分の楽しみとしてやっていた。だから彼らの話すことは皆本当のことだった。やがて老先生方は皆この世を去ってしまわれた。私は記憶の中を探る。先生方が話されるのを聞いたその時は必ずしもわからなかったことも、練習して身に付いてくるとやっとわかってくる。「あの時、王子英先生はそうおっしゃらなかったか？」。このようにして一つ一つ確認していく。当時よしんばメモに取っていたにせよ、体が覚えていなければやはりわからない。長年の実践を通して身に付いて来て、そしてやっと突然悟る時が来る。

例えば「双重」、王子英先生は「何を双重というか、牛が角付き合わせるのを双重という」と言われた。当時はわからなかった。やはり「較勁（＝勁の強さ比べ）」で、較勁を長くやった。先生が言ったからすぐ「頂」を止めたのではない。実践の過程があった。しかし「頂」が良くないということは理解していなければならない。たとえ無意識でぶつかっても、わかっていれば（次には）ぶつからないようにして「鬆開」して別のやり方を求めるだろう。劉老師と張継之先生でも時にはぶつかってしまい、そうすると老ご両人は笑って言った「我々は何てヘタなんだ」。彼らの功夫は共に相当なものだったがそれでもこういう現象があった。それから彼らはどうやって手を〝摘開（＝ぶつからない）〟するか研究した。練習しながら研究した。

開　展（訳注：のびのびと広がる）

太極拳は「形式」に無い、「気勢」に在る。「外」に無い、「内」に在る。内が外を指揮する。例えば〝単鞭〟、もしあなたが「開展《カイジャン》」しておらず縮んでいたら、気は丹田に下りず、ましてや気が全身にめぐるなどはさらに不可能だ。だから必ず「開展」していなければいけない。「開展」はまた〝似開非開、将展未展（訳注：開のようで開でなく、広がろうとしてまだ広がっていない）〟である必要がある。この句は重要だ。開、展、これは発だ。しかしそこに余地を残していなければならない。開ききったら、それは行き過ぎだ。太極拳は〝無過不及（訳注：過不足が無い・ちょうど良い）〟を要求している。例えば摟膝拗歩で、前の手は開展していなければならないが、しかし腕がまっ直ぐになったらやり過ぎだ。

この二句は外形を考える時だけのものではなく、内側の勁にとっても必要だ。この外形を通過するから、打つことができる。例えばもし摟膝拗歩で指を広げ手の平を出っ張らせたら、やり過ぎで寸弾が出ない。按勁、推勁になってしまう。「将開未開、一開無不開（訳注：開こうとして未だ開かず、ひとたび開くと開いていないところは無い）」これでこそ寸弾だ。

海底針で練習するのは「背打」だ。技としては相手の手首を捕まえて下の方向に押さえるものだが、内勁を練習する時は、肩で打ち背中で「靠《カオ》（＝肩、背中などで相手を打つ）」する。縮んで（背中が）丸くなっていて、背後から「按」されると、その「按」した人を飛ばす。縮む時も寸弾を含んでいる。

家で練習の場所が無い時、一つの攬雀尾を練習すると良い。攬雀尾をやらないで「晃悠《ファンヨウ》（＝字義は揺れ動く。実際は〝練習する〟という意味……馬駿先生解説）」だけでも良い。「晃悠」しなくても意味がある、「内運」だ。放鬆して坐る。身体の中側の動きを想う、または想わなくても良い。キーポイントは、練習して身に付くことだ。身に付いていないと、どう言われてもわからない……身に付けば合っているか間違っているかがわかる。

套路のある型をいくつかの動作に分解して考えると、体のものが出て来ない。語れるのはただ総合的道理だ。どんな拳でも〝鬆〟で練習すれば、身に付けられる。どんなに合理的な拳でも、力を入れてこわばって練習しては身に付かない。推手は〝出去（＝飛ばす）〟を基準にしてはいけない。あなたが何を練習しているか忘れてはいけない。あなたが練習しているのは太極拳なのだ。

〝開展〟を話したついでに、〝川字歩〟のことを話そう。今これの練習は皆〝画圏（訳注：足を前に出す上歩の時、意図的に弧を描くように出す。……馬駿先生の解説）〃をやっている、これは間違いだ。中間は中心だ。足は両辺を進む。理解しやすくするために、私は代えて一つの名を付けた。「回字歩」だ。「回」の字の外側の四角に左右の足を置く、外側の四角を出てはいけない。尾閭（＝尾骶骨）は回の字の内側の小さい四角を出てはいけない。姿勢は低すぎないように、膝はできるだけ脛と垂直になるように、弓腿は曲げすぎると、勁が死んでしまい、膝を痛めやすい。ある人は〝三尖相照〃を言う。これは昔の拳論の中には無い。このようにしてはいけない。懐抱琵琶の類の動作は、前の足が硬く伸びてはいけない、「弧度」が必要だ。「弧度」があってこそ、弾力性が出る。

寸勁の功夫

王子英先生が言っていた、「呉式太極拳の中で、最もマスターするのが難しいのは『寸勁』だ」。李雅軒（＝楊式の名人）はこれを「軟弾」と呼び、尚雲祥（＝形意拳の名人）が言ったのは〝打一寸的功夫（＝寸勁の功夫）〃で、皆相通じている。

「一寸的形意拳（訳注：すべて寸勁を用いる形意拳）」はどのように練習するか。すべて寸勁だ。丹田の中の「鼓盪勁」も「寸弾」と呼ばれる。最もマスターが難しいが最も使える。もしあなたが「擠勁（＝力でぐっと押す）」を用いて相手を押し飛ばそうとすると、相手はそれを外すような反撃をすることができる。しかし寸弾を使うと相手がそうすることはありえない。相手はすぐこちらから離れてしまうので、こちらを掴む機会は無い。

この種の勁の名前はいろいろだ。劉老師はこれを〝金鶏抖翎（＝鶏が羽を震わす）〟と呼んだ。鶏が砂に頭を入れて転がして洗う。洗い終わってぶるっと一振いすると土はきれいに落ちる。王培生はその勁は身震いだという。身震いで良い。この勁を出せるようになりたいなら、長年の練習が必要だ。

「小勁（＝寸勁）」がとてもきれいにできたのは楊禹廷先生だ。指先でちょっと触れたり、ちょっと振り向いたり……どれもこの小さな勁でとても奥妙だ。楽しんでいるのは「軽霊」だ。「私は重量挙げをやっている、あなたはその『寸弾』でちょっと持ち上げてみてください」などと言う人がいたらそれは屁理屈だ。

武術には面倒な面がある。つまりはっきりとした基準が無い。例えばサッカーは足を使い、バスケットは手を使い、バトミントンはラケットを使い、水球は水の中でやり、ポロは馬に乗る……武術はと言えば5人の（違う競技の）選手が集まって一緒に練習しようと言っているようなもので、どうにもやりようがない。形意拳は八卦掌がダメだと言うし、八卦掌は太極拳は使えないと言う。武術は少なくとも大きく2つに分けられる。一つは「健身」で、見て楽しむことも含んでおり趣味、芸術、文化に属する。もう一つは実戦で、勝敗を競う。両派は悪口を言い合ってはいけない。閑を見つけて自分の領域をよく研究する。もっと細かく分けるなら、八卦は八卦を求め、太極は太極を、軽霊は軽霊を、「沈濁」は「沈濁」を、実戦は実戦を求めて研究する（訳注：沈濁とは『力比べ』の意味。……馬駿先生の解説）。

丹田の気はこれだけを単独に練習する必要は無い。あなたが丹田の気を「鬆開」すれば、それ（丹田の気）は自然に「有る」ようになる。推手の時、（丹田の気は）「鼓盪」すべき時に自然に「鼓盪」する。これは自然の生理反応だ。拳を練習していない人に丹田は無いのか？　丹田の気は使わないのか？　例えば農村で麦を積み上げる時、または肥桶を大八車に乗せる時、下腹が締まり、そして手を振るって物が上がる。丹田の気はうまく使われている。人々は太極拳などやっていない。馬鹿力を使わず、太極拳の法則に則っていれば、用いるのはつまり丹田の気だ。練功で求めるのは、気血が順で通ることだ。丹田の気は（意図的に）養えるものではない。こちらの言うことを聞いてくれるものか？　あなた自身が自然な状態に帰れば、気は自然に丹田に行く。

地球の引力によって物は自然に下に沈む。気も自然に丹田に戻る。しかし普通の人の気はなぜ下に下りないのか。ヒトはかつて四足動物だった。ロバや馬、牛、羊を見ると良い。彼らの五臓六腑は背中に張り付いている。ヒトは直立して歩く。立ち上がって以来下に墜ちる感覚が生まれた。無意識に気を上にあげる。気を上にあげないと落ちてしまう感覚がある。実はこれは錯覚で、この錯覚を改めれば気は自然に下に行く。しかし一般人は「提気（＝気を上に持ち上げる）」が習慣になっており自分ではそれに気付かないだけだ。

あなたが放鬆すれば気は下に行く。こらえたり頑張ったりすることで気はそこに居続けるか？　押さえきれるか？　うっかりすると、風船のように浮いてしまう。「鬆」が習慣になると、「気」はいつもここ（丹田）にあるようになる。

李文傑先生はいつも言っていた「呉式拳の気は丹田で吸い丹田で吐く。普段はいつもここにあって、相手がぶつかってくると自然に『鼓盪（＝弾む、ふくらむ）』する」

拳を教える人は教える程に複雑なことを言い、その上互いに影響しあって、誰かが経絡を語れば誰かはツボを語り、盛りだくさんだ。しかし私が教えるのは〝放鬆〟の二文字だ。ある人は言う、「あなたがこの二文字だけだと、誰があなたに付いて学びますか？　授業料の取りようがないでしょう？　2か月して生徒が『先生、私の太極拳どうでしょうか？』と聞いたら、『もっと放鬆しなさい』と言いますね。こんなことが二度あると、生徒は来なくなるでしょう」。しかし用意不用力だ。力を用いずに何を用いるのか？　つまり放鬆ではないですか？　二人の人がぶつかって勁が停まってしまい、全然手が離れない。（そんな状態で）どうやって寸弾しますか？

ポイントは内容がある練習をすることだ。どんな套路でも良い。24式でも同じだ。あなたの手を見てみなさい。緊張すると毛細血管が通らないでしょう。もっと力を入れると太い血管も通らなくなる。放鬆すると戻ってくる。なぜ練習し終わると頭がくらくらするような人がいるか？　身体が緊張しているからだ。血液、気が頭に上ってしまう。放鬆の時間が長いと血が戻ってくる。あなたはそれを感じられる。血が流れ戻って指先まで達し指先が脈打つだろう。内臓も同じだ。血流がどこに達しても、そこが脈打つのを感じることができなければならない。脈動は広がって、脚心も脈打ち大動脈の動きも感じることができる。

套路の時このもの（気、血の脈動）が出て来なければならない。あなたが指先でちょっと触った時、（気血の脈動のある）相手の威嚇は、すぐにあなたの「脚」に達する。王子英先生は正にこのようだ。あなたが先生に触ると、〝起き上がりこぼし〟のようにあなたの「脚底下」はゆらゆらして不安定になる。

六防六攻

六防六攻とは私が付けた名前で、いくらかの経験と方法を総括的にまとめたものだ。防と攻、養った勁は皆肩、肘、手に在る。（だから）胸、腹を推さない。この六つの大関節（訳注：両方の肩、肘、手首）でやる、それで十分だ。とても安全で変化も多い。女の人でも推すことができる。老人も練習できて心身に益があり無害だ（訳注：相手の体幹に手を当てて押したり、自分の体幹を相手に当てたりするとケガをしやすい。つまり六防六攻とは互いに両腕のみ接触させる攻防を指す。……馬駿先生の解説）。

推手の時相手の勁を受けて跳ぶ〝蹦《バン》（＝跳ぶ）〟も含め、すべてに道理がある。力が合致したら跳ぶ。相手の勁が聴けたら跳ぶ。力点を按したら（後ろに）跳ぶ。こういう「蹦《バン》（＝跳ぶ）」は「養生」であり、体に良い。どんなに遠くに跳んでも、止まって立った時深く息を吸う、これが体に良い。もし力を使って人を押し飛ばすと、押された相手は飛んだあと息を吐く。何回かやると汗びっしょりになる。これは「傷（＝体を損なう）」だ。これらはすべて我々が実践の中で結論付けたことだ。

これは一人でもできる。立木を推してその反動を受けて、放鬆して後ろ向きに十歩、二十歩と走り下がりながら、体に受けた力をきれいに卸して、最後に停まって深く吸う。とても気持ちが良い。十回位繰り返すと站桩を20分やるよりも気持ちが良い。もし押されても、跳ぶまいと思って、一歩位に留めて頑張って立つと気がふさがって疲れる。この練習方法を私は〝卸力補気法〟と名付けた。飛ばされて下がりながら力をきれいに卸す。深く一息吸う。1日やっても疲れない。私は日本の受講者に教える時このやり方でやり、好評だった。

なぜこの〝六防六攻〟を編集したか。日本で拳を教えるプロセスで、受講生に受け入れやすいようにとまとめたものだ。本当に「十年不出門」で3年では身に付かないなら、誰が練習するだろう。日本の受講生は真面目に聞き、聞いたら練習し、練習したら効果を得られた。まず興味を持つ。興味が高まれば、練習する人も多くなる。そうするとできる人も段々出てくる。日本では200人以上が集まる大きな講習会で、100組以上の推手の組ができて練習した。彼らはこのやり方で練習し、皆とても学びやすく気持ちが良いと言った。

日本の受講生の太極拳に対する要求は様々だ。私が教えるのは健身と技術で、彼らはそれを受け入れた。私が行った時200人以上の人々が皆練習し終わると気持ちが良くて疲れを感じないと言った。彼らの指導者たちは毎年十数人で北京に来ている。元々は8年学んで学び終わろうと計画していたが、すでに20年が経ちまだ学び終わらない。彼らは真面目で今ではこれらの意味を多少なりともわかってきている。彼らは努力し決まりを守って練習する。仕事が忙しく集まって練習するのは1か月に一、二回だが、しかし今その進歩は著しい。残念な話だがこういうものを我々中国人が学ばないで外国人が学んで行く。

このやり方の推手を、我々は前に目にした。楊禹廷先生が96歳、馬岳梁先生も96歳、この老先輩お二方は共に96歳の時、まだ推手をなさっていて、とてもお上手だった。

六法三功

六法三功、これも私が総括したものだ。

いわゆる〝六法〟とは即ち「鬆、柔、虚、空、円、満」だ。

まず「鬆」する。鬆の中から柔がでてくるように練習し、柔の中から虚がでてくるように練習し、虚の中から空がでてくるように練習し、空が出てきたら、中から円と満が出てくるように練習する。これがつまり「神円」「気満」だ。つまりまず「開展《カイジャン》（＝広がる）」、その後「緊湊《ジンツォウ》（＝隙間がない、ぴったり合う）」する。（相手と自分の）ぶつかったところ同士で会話する。大から小に至る。とても科学的だ。あなたに〝大〟が無ければ〝中〟が理解できない、また〝小〟が理解できない。いきなり〝小〟を練習することは不可能だ（訳注：「神円」とは「気が体中にめぐり元気いっぱい」の意に近い。……馬駿先生の解説）（訳注：開展は開で緊湊は合。開は発で放、合は吸で化。……馬駿先生の解説）。

注意すべきは〝小勁（＝寸勁）〟で、大から小に至る。（大は）姿勢の大きさのことではなく、套路での形が大から小になるのではない。これは勁の「開展」と「緊湊」で、大きな「圏（＝輪、円）」から小さい「圏」に至り、小圏から無圏に至る。劉老師はかつてこう言ったことがある「私の〝圏〟はクルミ位の大きさだ。王子英先生のは、たった箸の先位の大きさだ」。これは一種の形容だ。いずれにせよ精密になればなるほど圏は小さくなる。この理はわかっておかねばならない（訳注：勁の開展とは推手の時、外形的に形、動きが大きいことで、これは初級の功夫だ。勁の緊湊とは外形、動きが小さいことで、高度の功夫だ。……馬駿先生の解説）。

「三功（＝三つの功夫）」はつまり鬆柔、虚空、円満で、これは三段階の功夫だ。

練習して二つ（鬆柔と虚空）ができたら一つの小さな達成で、もう一つ（円満）ができると大きな達成になる。この三功六法は、練習して「虚空」に至ると、つまり有形無相だ。例えばあなたが見ているこの動きには形がある。しかし触ると何もない。練習して「円満」に至るとあなたには空っぽに見える。しかしあなたはそれに触ってはいけない。触ると出てくる。「神円」になってくると少しも譲らない。気が全身に廻り、あなたがちょっと触ると丹田が「鼓盪」して「脚下」の気が上がって来る。「気満」はとても広い意味がある。ここで指しているのが「緊湊勁」だ。「脚底下」と手が「一気貫穿」する。たくさんのものが言葉でははっきり表現できない。あなたは練習の時、有形のものを動かしてはいけない。例えば腹を膨らまして練習するなどだ。そうすると滞る。

套路で練習するのは「霊活」で、霊活とはつまり「走」「化」ができ、「整」「虚」にもなれて、「空」「控」もできることだ（訳注：「走」「化」は相手の勁を化して捨てること。また「空」「控」は落空して相手をコントロールすること。……馬駿先生の解説）。

搭手すると（相手が）いなくなる。これを「空」という。あなたが（相手を）実だと認識すると、何もない。あなたが（相手を）虚と認識すると、すぐやってくる、手が伸びてくる。これを〝忽隠忽現（＝突然隠れたり現れたり）〞〝不支不離（＝付かず離れず）〞という。いずれにしろこういうものは言葉が違うだけだ（同じもののことを言っている）。「無過不及、随曲就伸、不偏不倚、忽隠忽現（訳注：王宗岳拳論・過ぎたるも及ばざるもなく、相手の屈伸に従い、偏らず寄りかからず、突然隠れたり現れたり）」、（表現の仕方はいろいろだが）これが推手だ。（つまり推手は）「智」を闘わせるが、「勇」を闘わせるのではない。

套路はつまり一つの〝蓄〞の勁で、形の無い蓄だ。蓄が鬆柔勁を出す。蓄は実際は「蓄神」であり「蓄力」「蓄勁」ではない。つまりすべてに気を配る。全身に気を配る。自然の〝顧（＝気の配り）〞で、相手が触れると出て来る。

これらのことは拳論にすべて書いてある。ただ拳論には一つ欠けているものがある。どのように練習するか、だ。とりわけ初心者が一歩一歩どのように練習するかが明確でない。拳の練習は鬆から始める。基本はやはり「鬆」だ。太極拳には始まりだけがあり終わりは無い。

郝為真（訳注：武式太極拳の名人）が李亦畬《リィユ》先生の故事を語ったことがある。

李亦畬先生が重病になった時、郝為真が駆け付けた。この時李亦畬先生はすでに昏睡と覚醒のはざまにあり、郝為真が来たのを見て、ある話をした。「我々のこの修行は始めは水の底で練習する。少しレベルが上がったら水の中間で練習する。もっと高度になったら水の表面で練習する。私はこの『三歩』にまとめた。太極拳は有始無終だ。始まりがあって終わりが無い。」言い終わると、息を引き取った。後にこの言葉は郝為真が言ったこととして伝わるようになったが、郝家は自らこの事実をはっきりさせ、この話は李先生が去るにあたって言われたことだと明言した。

脚は浮く蓮の葉を踏むよう、体は空に引っ掛けられているよう
（画：馬長勲）

第一歩は水の底で練習する。足は地に着いている。第二歩は足が地を離れて水の中間だ。水泳に則して言うなら水を踏むことができるようになった。高度のレベルになると水面に上がって来る。これがつまり軽霊だ。「脚底下」には「漂浮感（＝漂う感じ）」がある。本当の根ができる。「脚底下」は浮き漂っており「脚」と地の間に一層の膜があるようだ。地を踏んでいないのでとても霊活で、とても「整」だ。昔老先生が〝「脚」は水面に浮く蓮の葉を踏む〟と教えたのはこの意味だ。体が「鬆透」「鬆浄」（＝両方とも「すっかり鬆する」の意味）」するとこの感覚が出る。ある人の言う〝五趾抓地上彎弓（訳注：五指が地を掴む、脚背が湾曲する）〟は一つの功夫で、永久ではない。

「円満」になるとつまり「風船」になる。丸い。外側は風船の皮だ。これ（＝皮）は「神」で「神」ができた。しかし中の気はもっと足さねばならない。空気が足りてこそ丸くなれる。空気が満ちたら、これがつまり「緊湊」になったのだ。空気の足りた風船のように、触《さわ》られると弾み戻る。一触即発だ。これは腹を気張って大きくすることではない（訳注：風船の皮が「神」であるというのは、押されて外に膨らみ返す様子を表現する一種の比喩。……馬駿先生の解説）。

鬆はつまり「換力」だ。もちろんあなたが元々軽霊だったら「換」しなくても良い。「換力」は一つの名詞（呼び名）であって、（力を換えるという字面通り受け止めて）そのための何か力を使ってはいけない。

小勁を用い、霊巧勁を用いる。力学に符合し手が届くものだ。それをあまりに複雑に捉えてはいけない。あまりよく理解できないのは、それが常識に反しているからだ。遠心力、求心力、力の「不同歩（＝相手と自分との力を同調させない）」……心理学と力学が結合している。

「彼不動、己不動、彼微動、己先動」。もし（外から見て）二人とも動かなかったら、ここ（二人の間）には〝問勁（＝勁を尋ねる）〟がある。「採、挒、肘、靠」、採はつまり「問勁」だ。「神」を「拿住（＝捕まえる）」したらこれは心理学だ。「勁」を「拿住」したらこれは力学だ。「摸不着（＝つかめない）」これは重心の問題で、この勁をあなたに触らせてくれない。もし「摸不着」対「摸不着」なら、両者は相当なものを持っている。両者はバランスの状態でそれぞれが自分の領土を保っている。二人が「頂」したら、それも一つのバランスだが、ぶつかっている。

人が〝鷹の凧揚げ〟をしているのを見ると、ここにはとてもうまくいっている風の力学がある。凧は上がってから空を大きく旋回する。どのように回るか。皆揚げている人の手の「勁」だというが実は違う。やはり鷹自身の勁だ。糸は風の強弱とつりあって風の無い時は風を作り出し、風があるとこの風と引き合って鷹は旋回することができる。羽に角度があり、ここにもコツがある。私も揚げたことがある。鷹を揚げている人に聞いたが相手は基本的に教えてくれない。または適当なことを言う。後に私はよくよく考えた。これはそんなに訳のわからないものか？　工場の金型を作るより難しいか？　私は家に帰って自分で作った。二つ作った。やはり旋回した。彼らのよりもよく回った。それは風車《かざぐるま》のような一つの角度の問題に過ぎないのだ。このような物を人はわかるように見せてくれないし、見てもわからない。とても小さな違いだ。違いが大きいと風車になってしまう。下降して風が来ると起き上がる。糸を緩めると抵抗を失って自分で落ちてくる。この勁を利用して、また上に上がる。

太極拳も勁だ。この何年か爪は私の推手に大変助けになった。糸を持ってこの勁を聴く。とても面白い。時には手首に結び付けて腰でこの勁を聴いた。

懂勁（＝自分の勁がわかる）

套路は己を知る功夫であり、推手は人を知る功夫だ。

懂勁は自分が太極拳をわかっているかどうかということだ。会話の中ではよく遠回しの言い方に使われ、この人は「不懂勁（＝勁がわからない）」と言えば、はっきり言えば、「太極拳がわかっていない」ということだ。懂勁は自分の体のものがどの位わかっているかだ。（それに対して）聴勁は相手を聴く。相手の動向を理解することだ。

太極拳はまた知覚運動と呼ばれる。どの位の敏感性が要求されているのかは拳論にはっきり書いてある。問われているのは〝分毫之間（＝ごく僅かの違い）〟だ。「彼微動己先動」、あなたが相手が25キロの力で来るのをやっと聴けて、それに対し相手はあなたの25グラムの力を聴けたら、聴勁にはつまり高中低のレベルの違いがあるということだ。今時のは互いに「頂牛（＝ぶつかり合っている）」なのだが彼らもやはり聴勁を言う。これもつまり高中低の違いがある。相手が25グラムの勁が聴けると、こちらはちょっと動くと落空される。これは高度の聴勁だ。要するにこれは知覚運動で、あなたの敏感性がどの位かを確かめるものだ。

拳論では例えて言っている。「立如平准（＝平准の如く立つ）」だ。軽霊勁を使い、搭手するとすぐ相手の勁の大小を知る。「粘連黏随不丟頂」、つまり粘連黏随で動きこの接触点から離れないようにする。そしてこの接触点で聴勁する。太極拳が練習するのはこのような「貼身的功夫」だ（訳注：貼身的功夫＝太極拳は体や手を接近させて使うことを重視するのでこのように表現する。……馬駿先生の解説）。

散打は離れて打つ。太極拳はそれができるか？　太極拳も結局は武術の一種だ。攻撃の働きがある。しかしまた一種の深みのある智慧で、〝不打無準備之仗（訳注：準備無く戦いは始めない）〟。粘連黏随、これは「知己知彼（＝己を知り我を知る）」だ。高度の段階になると、〝離粘連（＝粘連から離れる）〟がある。劉老師はこのことを言ったことがある。呉鑑泉のような名人の段階になると、「粘連」から離れてまた「粘連」する。その時散手は相当高度のものになる。相手とあなたの「神気」は合い、あなたが動くと相手はあなたの速度、力の強さを知ることができる。相手との距離がどの位かは問わない。私が動くや相手は跳ぶ。それは「凌空勁」で「凌空勁」は生徒との遊びの一つの手段であり実際に応用するものではない。遊びであって本当のものではない。楊露禅は相手を動かすのにいつも接触していた。他の人ならなおさらだ。よしんば自分の生徒でも搭手しなかったらそして目をふさいだら、効き目のある動きはできない。こういう遊びは門を閉めて自分たちで遊んだ。今、ある人たちは〝遊び〟が少々度を越している。

太極拳と「摔跤《シュアイジアオ》（＝中国相撲）」には共通するものがある。摔跤も聴勁を重視する。馬鹿力ではない。ただ太極拳のほうがもっと「霊（＝軽くて早い）」なだけだ。〝軽霊活潑求懂勁、満身軽利頂頭懸（訳注：軽霊活発には懂勁が求められる、頂頭懸だと全身軽利になる）〟。〝身如捕鼠之猫、動如伏兎之狐（訳注：体は鼠を捕まえる猫の如し、動きは伏して兎を狙う狐の如し）〟。練習してこういう境地に至れば、とても気持ちが良い。

推手を練習するのに、相手はとても重要だ。互いに練習し発しなければならない。あなただけ発し私は発しない、というのではダメだ。互いに発し続けて、〝招熟（＝技に慣れる）〟になる。「由招熟而漸悟懂勁」、このような絶え間のない〝発〟を積み重ねていく。いつもは相手を二丈（約6・6メートル）しか飛ばせないのが、突然ある日、力を用いずに相手を三丈飛ばせた。自分で結論する、これからはこの勁を使おう。このように一つのことから多くを類推して段々わかってくる。懂勁の後さらに研鑽を積んでいく。この方向は具合が良い、では方向を変えたらどうか？　もう少し上にあげたらどうだろう？「滚手」は下に試そうか？私はこのように実践してきた。

今のは力の上に技を加え、人を打つことはできるが純粋な太極の勁ではない。我々が練習しているのは太極拳だ。太極拳の優れた点は何か。誰が誰をどのようにやり込めたか等と言ってはいけない。太極拳であって、喧嘩ではない。だから楊禹廷先生は言った「我々にとって拳の練習とは、一つの理の練習だ」。

ある名家は名が高いが、残念ながら「不懂勁（＝勁がわからない。つまり太極拳がわかっていない）」だ。套路はいわば「殻」が動いているに等しく、中に何も無い。例えばあなた（＝王子鵬）が持っているその本（原注：書名略）の套路の写真だが、このように練習すると気は皆上に上がり断絶し通らない。体の関節が皆順でなく、虚実が分れておらず、気も下りていない。演じている太極拳全体が硬い。鬆を想っていても鬆していない。大捋の「腿《トゥイ》」の形が間違っている。最も良くないのが「直腿（＝真っ直ぐに伸ばした足）」で、「蹬《ドン》（＝踏ん張り伸ばす）」して終わっている。必ず勁を含んでいなければいけない。相手が「蹬」した時、こちらが丸く張ると相手は跳ぶ。このような動き方（蹬）をすると、余地（ゆとり）が無いので鬆して広がるということができない。

大捋は寸法が厳密だ。一目見てちゃんと教えを受けていないのが見て取れる。脚の置き場所が間違っている、「插档（訳注：相手の両足の間に自分の前足を挿し込む）」になっていない。だからもう少しで動けなくなる。「邁脚掏步（訳注：足を一歩踏み出す）」には相当こだわりがあるものだ。これらのことを皆教えず秘密にしているので、今は足の出し方が乱れている。昔これらに長けていた人は皆表演しなかった。表演してそれが盗まれるのを恐れた。足をちょっと間違えると人に振り回されごろごろころがされる。大捋が上手だと相手がどのように両腕を使っても、自分は倒れない。この一つの動作（＝大捋）で相手を倒す。靠の時、（靠された）相手が含胸して下に採をすると、靠した人は飛ばされる。次から次へと繋がっている。靠された人が採をした時、靠した相手はその勢いに乗じてまた動く。次々と動き廻る中で、あなたはこのものをしなければならない（訳注：このものとは推手の功夫を指す、聴勁、化勁、発勁など。……馬駿先生の解説）。うまく動かないと空っぽだ。しかし聴勁がうまくできればこれ（＝大捋）を練習しなくても良い。

楊澄甫は後に〝太極対拳〟を編集した。二人で練習するもので、44式だ。上手《かみて》が44式、下手《しもて》が44式、一人で両方を通しての練習もできる。私も学んだことがある。しかし二人で上手、下手を練習せねばならず、二人いないと練習が成り立たないので段々忘れてしまった。練習してこういう勁が出せるようになれば、わざわざこういうもの（対練）を練習しなくても良い。

病手（＝間違った推手）

今あなた方の推手は皆〝添腿〟だが、老先輩たちの推手は〝撤腿〟だった。あなた（王子鵬）たち二人が昨日練習していたのがつまり「添腿」だ。自分は相手に「添腿」して、相手は自分に「添腿」する、（そうすれば）二人ともしっかりと立てる。そこに誰よりもしっかり立てる。しかし老先生はあなたの「腿（＝足）」を「撤（＝撤去）」する。あなたをしっかり立っていられなくする。

推手というのは力の変化、力の運用だ。前提は不丟不頂だ。ぶつかったまま離れないのではどうしようもない。

「研究手」「比手」「比武」この三種は異なる概念だ。「研究手」は推手の中の勁を探す。「比手」はつまり勝ち負けだ。「比武」は命のやり取りだ。厳密に言うと、武術は比べられない。比べれば命のやり取りになる。一歩下がって言うと「比武」は技術を比べなければならない。互いに養いあって互いにレベルを上げる。現在、社会は安定し経済は繁栄している。（それなのに）どうしても命のやり取りをしようとするなら、わざわざ苦しみを求めるようなものだ。太極拳は一種の楽しみで、武術の中に楽しみを求めるのが太極拳だ。

他の拳法は二人で対抗しての練習はできない。怪我しやすい。（しかし）推手は練習し終わると二人とも気持ちが良い。推手は段々と套路と会話をするようにならねばならない。例えばこの一手は玉女穿梭の「過渡動作（＝技から技へ移る間の動作）」の勁か、定勢の勁か、起勢の勁か、いや、やはり過渡動作の勁か、あなたは研究せねばならず、このようにしてますます味が出て、套路のレベルも上がって来る。

「沈」は自然の「沈」でなければならない。「軽」も自然の「軽」でなければならない。半軽半重（＝軽でもあり重でもある）はその中に求め、これも自然にそうなるものでなければならない。それが正確な推手だ。「沈」の中に「霊」があり、「軽」の中にも何か内容があり、軽でもあり重でもある中に落ち着きどころがある（訳注：相手が重ければ自分も重くなり、相手が軽ければ自分も軽くなり、相手に従いながら、自分が自然な状態になるようにする。……馬駿先生の解説）。

「重」、「滞」は病だ、間違った推手だ。「軽」、「浮」も病だ。目論見もなく、急に軽くなったり重くなったり、軽でもあり重でもあるようにしたり、それは外形を取り繕っただけの推手だ（訳注：重も軽も相手に従ってそうするのでなく、自分の主動で軽くしたり重くしたりすることを指す。……馬駿先生の解説）。

套路の時どこか歪んでいるところに気付いたら調節しなければならない。調節には力を使ってはならない。放鬆すると（調節は）自然に行われる。腰胯を放鬆すると丹田は丸くなり、丹田が回ると調節ができる。力を使って調節してはいけない。すべて鬆だ。動作が正確な位置に到達していなかったら、中のたくさんの良いものは感覚できない。

功夫は細かさの中に求める

「拳架子（＝套路の型）」は細かい部分が皆両端にある。それが「極」だ。端に至った時、そこには何かがなければならない。簡単に通り過ぎてはいけない。これは最も身に付きにくいものだ。これは一般には推手をする中で見つけるもので、套路を練習するだけでは、いくら長い時間やってもわからない（訳注：極とは一つの動作から次の動作への転換点、例えば攬雀尾から単鞭に移る時のこと。……馬駿先生の解説）。例えば玉女穿梭でなぜちょっと「提溜（訳注：北京方言で下への動きのこと、実際は腰を少々緩め落とす。……馬駿先生の解説）」をするのか。推手の時私が「捋《リュ》（＝相手の勁を受けて自分の後方へといざなう）」をすると相手はここまで付いてくる。この時私は最も「背」だ。相手は何か手を使ってくる。この時腰を緩め落とすと「化開（＝相手の勁を空しいものにする）」になる。相手は私を「托（＝上に持ち上げる）」できない。この套路の形と推手は繋がっている。これがつまり面白みが出てくるということだ。例えば推手は互いに「化」し続ける。相手が私を「掤《ポン》」しようとした時私は腰を「提溜」する。相手は起きてしまうのではないか？

例えば「擠」、これは大きな勁で相手を押えつけるのではない。「鬆」でなければならず、「空」でなければならない。そうしてこそ何かが出てくる。このように套路をすると味わいが出てくる。

なぜ聴勁が必要か。私にも弱点があるのだが、あなたにはそれが聴こえない。推手の時、私の体がとても順だとあなたの体は必ず「背」になる。あなたが体をすごく気持ち良く調節すると、今度は必ず私のどこかが居心地が悪くなる。私が居心地悪くてもその居心地の悪い場所をあなたがはっきり見つけられなかったら、あなたは私を飛ばせない。私が丹田の気を調節して順にしたらあなたは私を牽動できず私を動かせない。あなたは必ず私の〝根〟を牽動しなければならない。これは難しくない。あなたが虚実をはっきり分けられるかどうかだ。二人はそれぞれが動き、それぞれが互いに影響する。放鬆すると段々体感できるようになる。聴勁は動きでは無い。気を用いて聴く。あなたは私の体のある一つの弱点部分を牽動できるようにならねばならない。目標が必要だ。

「乱環訣」（訳注：楊班侯の作と伝えられる訣）のこの言葉をわかっている必要がある。

乱環術法最難通、（乱環術の法は最もわかりにくい）
上下随合妙無窮。（上下相随、素晴らしさは無限だ）
陥敵深入乱環内、（敵を乱環の中に深く入れる）
四両千斤着法成。（四両千斤の技ができる）
手脚斉進横竪找、（手、脚が一緒に広がる）
掌中乱環落不空。（手の中の乱環が空にならない）
欲知環中法何在、（もし環の中にどんな法があるか知りたかったら）
発落点対即成功。（発落の点が正しければ必ず成功する）

いわゆる乱環は環の中に環が重なっている。大きい環に小さい環が重なる、小さい環にさらに小さい環が重なる。「得其環中不支離（訳注：宋書銘「八字歌」／その環の中にあってもバラバラにならない）」、つまり不丟不頂だ。不丟は「不丟中」のこと、不頂は「不頂勁」のことだ（訳注：「不丟中」とは自分の中心を失わないこと、「不頂勁」は相手の勁とぶつからないこと。……馬駿先生の解説）。あなたが「背」の時、放鬆しなければならない。しかしこの時、重心が安定しないと人は杖が欲しくなる。〝足〟を一本増やすのと同じだ。自然に力を使ってしまい人に制せられる。「不進（＝進まない）」は「不丟（＝逃げない）」とは違う。（自分から先に）手を出すと人に制せられる。「転移」を学ばねばならない（訳注：「転移」とは相手の勁を自分の「脚」に移す意。……馬駿先生の解説）。

「あなたはあなた、私は私だ。搭手の二人の勁は混じり合わない。私があなたを混ぜるのは良いが、あなたが私を混ぜるのはいけない。」――これは汪永泉が言ったことだ。この境地に達するにはただ放鬆しかない。「鬆」には限りが無く「霊」にも限りが無い。練習すればするほど「霊」になり、方法は多くなり、変化は多くなり、角度は多くなる。（「私があなたを混ぜる」とはつまり聴勁が極めて正確で「私があなたの勁を正確に読める」ということ。……馬駿先生の解説）。

套路の時、過渡動作の細かいところまでわかったら、一つの攬雀尾が16の攬雀尾の使い方になる。例えば一つの掤も、「転（＝方向を変える）」すると二つの勁になり、「長腰（＝腰を伸ばす）」するとまた別の勁になり、「頭鬆根緊」でまた一つの勁、「根鬆頭緊」でまた一つの勁……限りが無い。どの勁も使い道が違う。

（相手に対し）「立掌」して「発勁」すると、勁は泉の如く「脚」から手に注ぎ込まれる。

鉤手を放鬆すると、まるで環を取り除いたように、手首の一つの点、また一つの点と出ていき、その時手

針先は小さいほど使いやすい
（画：馬長勲）

はどうでも良い。そうしてこそ何かが出てくる。

「打点」は、点が小さければ小さいほど良く、大きいほど鈍い。針の先の道理と同じだ。相手の「重手（＝力一杯の手）」は怖くない。あなたが放鬆すると相手は落ち着き場所が無くなる。決して相手とぶつかってはいけない。あなたが私の左手を持ったとして、私には右手がある。両手が押さえられても私にはまだ腰がある。腰に抱きつかれても胯と膝がある。足首を縛られても、手が生きている。これはつまり「節節貫穿（＝一つ一つがつながっている）」だ。決して（相手の力と）ぶつかってはいけない。力を用いると停滞し、停滞すると人に制せられる。

「問勁」は、相手がどんなに早く来ても相手が私を打てないようにしなければならない。虚でなく実で聴くと聴けないばかりでなくかえって相手に打たれてしまう。私があなたを混ぜても良いが、あなたが私を混ぜてはいけない。問勁した結果相手に打たれたとしたら、あなたの腕が硬くて「鬆開」していなかったことを意味する。軽霊勁ができるようになると大きな力は怖くなくなる。劉先生の手の上であなたは大きな力が出せますか。

打輪（＝四正手を回す）

「打輪」の時、相手が進んで来るその分だけこちらは退く。あなたが向きを変えたら私もそれに付いて向きを変える。上体がうまく調節できたら「脚底下」とどのように会話するか考える。細かく体を調節し勁を探す。例えば1時間あったら、10分は勁を探す。残りは基本功を練習する。いつも基本功ばかりだと面白みが無い。いつも「扒拉《パラ》（原注：勁を探す・発勁の類）」ばかりだと基本功が無い。あまり低い姿勢をしてはいけない。姿勢が低いと滞る。あなたが搠をして推してくるのにつれて私は退く。相手の勁を上に上げながら、聴きながら退く。私が捋をしている時、あなたは私の邪魔をしてはいけない、私の動きに従って動く。あなたが擠をしたら、私は胸を含み腰の向きを変えねばならない。私はあなたを推しながら向きを変える。あなたが私の肘を探す時、私があなたを推しても、私にぶつかってはいけない。推された分量だけ退く、軽ければ軽いほど良い。あなたが捋をする時、私はあなたに従う。それから私は擠を……（そうやって次々繋がって行く）。呉家の四正手は〝按〟をしないで、あなたの勁を持ち上げる。なぜか。私が按をするとあなたは飛ばされることになる（訳注：そこで打輪は終わりになる）。（だから）あなたが擠の時、私は（按をするのでなく）あなたの勁を持ち上げる。これは黏勁だ。

呉式拳で本当に基本功として練習するのは四角の推手だ。幅が比較的大きく、四正手の中に四角が出現する。呉先生が上海に行ってある人と手合せをした時、用いたのは折畳だ。相手の勁は猛烈だった。（相手が）手首を持ち上げて、戻る時に（呉先生は）その勁に乗じた。（呉先生が）手首を持ち上げると相手は体の片側半分が空になってしまい打たれた。

我々のやり方は、打たれた人が後ろに跳んで下がる。これは内臓の按摩、補気であり気を傷めない。もし（推された人が）自分で跳ぶとそれは震動で、終わった後気持ちが良くない。我々のやり方は相手の力を借りる（＝ボールが弾むように受動的に跳ぶ）のでとても気持ちが良い。推手をしている二人は、勝っても「養」負けても「養」だ。

無形無相（訳注：外形に表われない）

私は王子英先生が座禅をするのを見た。あぐらをかかず、「太師椅（＝高い背あてと肘かけの付いた木製椅子）」に坐り、手は椅子の肘かけか時には腿に乗せていた。夜7時に坐って1時間、8時ちょうどに目を開く。それから1時間皆に推手の話をする。我々皆は時間を守り7時に先生宅に行き、先生は座禅を始める。8時に目を開き皆を見て、立ちあがって話し始める。我々は、見る者は見て、メモを取る者はメモを取った。

劉老師たちの教え方は質朴で、放鬆を練習するのも直接放鬆とは言わず、〝別使勁（＝力を使うな）〟と言った。套路でも「別使勁」と言った。套路が身に付くと、あなたはそのことがわかってくる。実際のところそれはどういうことなのか。劉老師曰く、「あなたは套路をやらねばならない。私が言うことは私のことだ。私が身に付けたものはあなたのものではない。私が一つ言ってあなたがその一つをやる、それではダメだ。それは千変万化するものだ。だからたくさん練習しなさい。力を使わないように、訳わからずぶつかるということのないように。推手は力や技を練習するものではない。大原則はもう話した。だから行って練習しなさい。套路の形は今日こう変えて明日こう変えて、では使えない。」「套路をするのに、そんなに力を使ってどうするというのだ。力を使っていないはずなのに何でそんなに息が荒いのだ？」。皆とても素朴な話だ。しかし後に王子英先生が私に言った。あなた方の先生はすべて良いが、ちょっと勁が大きすぎる。

〝鬆〟を言うなら温銘三先生は放鬆が良かった。しかし放鬆して少々〝弱く〟なった。鬆が過ぎた。この度合はよく把握しなければならない。温先生の太極拳は良かったし、とても柔だったが、しかし強い勁をこらえられなかった。勁に耐えられないというのもダメだ。丸になっておらず少しへこんでいた。サッカーボールの空気が足りないのと同じだ。

勁がわかったら、これを用いて套路を養い、套路が推手を養い、そして站樁がこの二つを養う。これで良い。これを「相輔相成（＝相互補完）」という。

自宅で一人お茶を飲んでいる。套路をするわけでもなく推手の相手もいないがそれでも練習できる。なぜ無形無相というのか。練習を続けていると人が消えてしまうというのではない。無形無相になると練習していない時が無い。練習していないが練習している。調節していないが調節している。

劉老師曰く「有形有相とは自分の外形を作るのに没頭することだ」。〝揺頭晃尾巴（訳注：一人で悦に入る）〟、これを「埋頭画像（訳注：自分の姿形を作ることに没頭する）」という。これはつまり「盲動（＝訳わからず動く）」だ。これで推手をすると至るところが捻じれる。それでいながら「一動無不動（訳注：ひとたび動けば動かないところは無い）」などという。これは「露形露相（訳注：自分が丸見えになる）」だ。推手は自分の動きを外に見せないようにする。相手はそれで跳ぶ。内に含んでいなければならない。

（訳注：以下の段落は次章の「授秘歌」を参照の上、お読みいただくことをお勧めします）

「無形無相、全身透空」。相手と接すると次の二文字のみだ。即ち「発」、「化」の二文字だ。「化」は逃げることではない。「応物自然」これは緊張しないことだ。「虎吼猿鳴」は呼吸を指す。「西山懸磬」は「一触即鳴」を指す。（相手が）接触点に触れるとすぐ感覚がある。ぶらさげられている「磬《けい》（＝寺で使う楽器の一種）」は、風が強い時、砂が当たっても音が出る。このように「霊（＝敏感）」でなければならない。「翻江倒海」は「不露形（＝形に表さない）」を指しており内側が動いている。内側も自分から動いているのではなく、相手がその点に触るとひとりでに動く。つまり我々が言うところの「鼓盪」だ。「泉清水静」はどのように動いても、動きの内側はとても静かで自由自在だ。体を損なうことはあり得ない。中を練習するのも「修」だ。「尽性立命」はつまり道家の功夫だ。以上は私の理解だ。

「授秘歌」

今、理論はあまりに多い。八卦五行、天干地支、ツボや経絡、何でも太極拳に持ち込まれて滅茶苦茶だ。それにもまして「授秘歌（訳注：伝説的人物李道子が授けたという歌）」については、論争が多い。ここで細かく話そう。

「授秘歌」は、ただ8句だけだ。

無形無相、全身透空。（外には表われない、全身が軽くて霊だ）
応物自然、西山懸磬。（心のままに自然、西山に磬《けい》が懸かる）
虎吼猿鳴、翻江倒海。（虎が吼え猿が鳴く、江が翻り海がひっくりかえる）
泉清水静、尽性立命。（泉は澄んで静か、心も体も修める）

この歌は武術界でいろいろな解釈があり、いろいろな受け止め方がある。この歌に対する私の認識には段階があった。最近の私の見方を話そう。

この八句の授秘歌はとても素朴で人を惑わすようなものではない。ある人は宋書銘先生を批評して「故弄玄虚（訳注：わざとわけのわからないことを言って、人をけむに巻く）」と言う。実は決してそんなことは無い。思うに彼が言っているのは推手の要領だ。

「授秘歌」の来歴について、老先生が次のように話すのを聞いたことがある。『授秘歌』は唐代の高僧李道子が伝授したものだ。明の時代に〝武当七子〟の一人兪蓮舟が伝えた。明代の宋遠橋と兪蓮舟など、〝十三老〟と呼ばれていた名人たちが、道を求め山に入った。道も無く人のいないところを行き、あきらめず深く入って行った。ある山の中で一人の老人が眠っているのを見つけた。話しかけたが相手は目を閉じて答えない。大声で呼びかけても反応せず、皆この人は耳が聞こえないと思った。老人はボロを身にまとっており皆彼を軽く見た。一人が足でつついて彼を起こそうとした。声と共に、彼は飛ばされた。

老人は目を開き、〝隔代孫〟と言った。ひ孫という意味だ（訳注：この場合は、『ひよっこ！』のような、人を罵倒する意味。……馬駿先生の解説）。皆は面白くなく手を出そうとしたが、即飛ばされた。それで皆は名人に出会ったのだと悟った。老人はハハハと笑い兪蓮舟に言った。『お前のお祖父さんは誰それではないか？』それで皆はこのボロをまとった老人が先輩の李道子だとわかった。皆は深く頭を下げお辞儀をした。老人は言った『起きなさい、あなた方は幸運だ。私にはあなた方が来るのがわかっていた。さもないと私は出て来なかった』。そして八句の授秘歌を授けた。皆の功夫は（それによって）大きく高まった。後に兪蓮舟と張松渓、張翠山などはまた武当山に李祖師を訪ねたが、二度と尋ね当てられなかった。後に彼らは張三豊に拝師しその後〝武当七子〟の一人になった」（訳注：李道子は唐の時代から明の時代まで何百年も生きたと言われている伝説的人物）。

もちろんこれはすべて伝説であり、本当かどうか議論する必要もない。大事なのは「授秘歌」の内容だ。往時紀子修、呉鑑泉、許禹生などが宋書銘のところで学んだ。宋書銘先生は約束させた「これは教えるが、人に伝えてはいけない」。それで紀子修先生は学ぶのを止めた。紀先生はすでに70歳近く、伝えてはいけない以上学ばなかった。しかし呉鑑泉、王茂斎などの人々は真伝を得てその後十年練磨し、自然にこれらのものは呉式太極拳の核心に溶け込み、これによって呉式拳は一層高いレベルになった。

宋書銘の〝三世七〟太極拳の核心はつまりこの八句の「授秘歌」だ。我々がもしこの歌を用いて推手を指導するなら、掤、捋、擠、按、採、挒、肘、靠が、掴んだり発したりというものでは無くなる。技・用法の境地からすでに超越している。

無形無相

無形無相は何も無いのではない。推手の時、掤、捋、擠、按、採、挒、肘、靠などを考える必要は無い。出ていく（私の）手には相手を推す意思が無い。（相手から）来る手を私は受けるが、（その手を）つかむとか押さえるのではなく、完全に聴勁だ。臨機応変で決まった形は無い。手をどの位高く上げるか、腰をどの位進めるか、何センチ進み何センチ退くか、ではない。完全に真ん中を守り、静を以て動を待つ。相手から勁が来た、私はそれを掴んだ、化した、などというのではない。形には出て来ない。私がどんな力を使ったかとか、どんな技を使ったか、というのではない。とても軽くて自由で自然だ。掤を用いるとか捋を用いるとかは、やはり技だ。自ら能動的に攻めるのは、捨己従人の太極拳原理に符合しない。これはとても高度な手法、または別な種類の手法だ（訳注：「無形無相」は「無自己」の練習方法。……馬駿先生の解説）。

全身透空

全身透空になると相手は触ってもわからない。人我を知らず、我独り人を知る、だ。全身空の如くになり力点を探せない。相手は彼のどこに手を置いて良いかわからない。手を置くとひどい目に会う。「透空」は「軽霊」の意味であり人がいなくなるという話ではない。彼のどこを触っても、そこが「落空」してしまう。相手が触ったところから彼は相手を聞き取ってしまう。高いレベルになると「整勁（＝全身の勁）」は「虚（＝軽い、自由）の整勁（注①②）」だ。〝滞（＝重い、動かない）の整勁〟ではない。刹那に「軟弾力」を出せる。

（訳注①：「虚の整勁」とは全身が状況に応じて自由に変化すること。もし「実の整勁」だったら変化しにくい。また〝滞整〟とは動きや、変化がなく、機敏でなく、生き生きしていないこと。……馬駿先生の解説）

（訳注②：例えて言うと……「虚の整勁（＝整力）」とは、鞭を操る様を考えて、鞭の先のほうが「虚の整勁」で、鞭の手元の棒状の部分が「実の整勁」だ。「虚の整勁」は推手の中でも非常に高度な「功夫」だ。……馬駿先生の解説）

応物自然

応物自然も、前の二項を包括している。器械（＝武器）を使うことも含める。すべて自然で緊張のないようにしなければならない。技を見て技を破る、型を見て型を破る。臨機応変で自由に処理する。しかし目をつぶって勝手に打つのではない（訳注：「応物自然」とは「随心所欲（心のままに動いてかつ状況に適応している）」のこと。……馬駿先生の解説）。

西山懸磬

西山懸磬は〝霊（＝敏感）〟を指す。上の三項ができたら聴勁はとても正確で、反応はとても「霊」になる。この磬《けい》は寺廟に掛けてある楽器の一種だ。とても敏感で音はとても澄んでいる。この句は拳論の〝一羽不能加、蝿虫不能落〟に相当する。本当の功夫に到達すると「鬆」からこういうものが出てきて、こういう敏感さに変わる。触れるや反応するという意味だ。磬は一つの「整（＝全体）」で、どこを叩いても鳴る〝一触即鳴〟だ。

虎吼猿鳴

虎吼猿鳴が指しているのは呼吸だ。吸は自然に起き上がる。呼は自然に外に放つ。これは太極拳の軽霊動作を具体的に表している。必ずしも呼吸とは限らず陰陽の変化とも言える。手を前に伸ばす。起で吸って落で吐く。自然の規律に合っている。ここで指しているのは内呼吸だ。口鼻の呼吸には時間があり吸が一定程度に達すると肺が一杯になってもう吸えなくなる。吐くのも一定程度になるともう吐けない。しかし内呼吸は吸い終わってもまだ吸える。吐き終わってもまだ吐ける。当然これは身法と結合している。

なぜ虎吼猿鳴というのか。猿が叫ぶのを見ると吸気で鳴くようだ。虎が吼えるのは呼気のようで迫力がある。外に向かって広がる一つの力だ。動作と結びついて、吸うと人を持ち上げ、吐くと人を飛ばす。昔、人を飛ばす時フンッとかハッとか言ったのは、皆力や速度の助けのためだ（訳注：虎吼猿鳴は「内外斉動（内と外が一斉に動く）」の練習方法。……馬駿先生の解説）。

翻江倒海

翻江倒海（＝大きな川が翻り、海がひっくり返る・勢いが良いさま）は相手を「牽動」することだ。腰の中がぶるっと震え、小旋風の様で相手を上に上げることができる。練習してあるレベルに達すると、推手も含めて気勢がとても美しくとても勇ましい。呑みこんだり吐いたり、これは武禹襄先生の言う〝覆、蓋、対、呑〟の中の「呑」で、だから虎吼猿鳴の中の吸だ。引進落空は波浪の様で、消えては無くなり無くなったかと思うとまた突然出てくる。用いる身法はそういう気迫がある。用意不用力で大きく吸い大きく吐き、鼓盪する。本当の名人はこういう大きな気の鼓盪ができる（訳注：「翻江倒海」とは「整動（＝全体で動く）」「周身一家（＝体全体）」のこと。……馬駿先生の解説）。

泉清水静

泉清水静は道家の功夫に属する。字面の意味はとても平静でバランスが良いということだ。泉清水静の時、相手には泉の流れは感じられない。動をなお静と見る、静をなお動と見る。練習の過程には〝養〟があり〝傷〟が無い。二人の気が合い相手が深い呼吸をすると、こちらも深い呼吸をする。体を損なわない。慌てず乱れず、推手をしているのだが実は養身養気で、決して体を損なわない（訳注：泉清水静は「身心双修」という目的を表す。……馬駿先生の解説）。

尽性立命

以上のことができるようになると、「尽性立命」ができる。「性命双修（＝心と体の両方を修める）」であり、「体用兼備（＝形と働きの両方が備わる）」でもある。これが落ち着き場所だ。

だから太極拳というのは人を養うものだ。張三豊の太極拳論に、最後の目的はやはり「延年益寿」とある。技撃を細かくあれこれ言うのではない。もしあなたが技撃だと捉えるなら、技撃でも良いが、老年に至って後悔しても遅い。

「授秘歌」の功夫はとても深奥で、今の人にはできないので、それであっさりと否定してしまう。これは医学に似ている。2000年以上前の人が発見したツボや経絡は、現代科学で改めて実証する必要がある。実証できないと、信じずに嘘だと排斥する。

この「授秘歌」は、まず懂勁した後さらに練習し、その結果、静の極致に至った時やっとわかる。その目的は「清静無為」「性命双修」「動中求静」「静里求動」だ。陳桜寧先生はこれの解釈をしたことがある。彼の解釈は一句に三文字でとても簡潔かつ正確だ。例えば「無形無相……也無我（＝自分が無いこと）」「西山懸磬……触自鳴（＝触れるとひとりでに鳴る）」。今は解釈すればするほど複雑で何を信じて良いやらわからない状態だ。

実は太極というのは一つだ。良い拳理は皆相通じている。そして互いに切り離したり、否定したりしない。李亦畬先生はこう言った「自分でうまく調整し、相手を少しも動かさない。勢いに乗じて入る。相手は自分で跳んでいく」。これも「無形無相、応物自然」だ。勢いに乗じて入るのも「脚底下」の功夫だ。あなたが練習してそこに至らなかったらこの本来の意味はわからない。練習が身に付いて実践していけば、この李亦畬先生の話の正確性を検証できる。郝月如先生（＝武式太極拳の名人）が言うところの〝吸は人を持ち上げることができる、呼は人を飛ばすことができる〟は、つまり虎吼猿鳴だ。これは太極拳の呼吸のやり方で、套路の時用いるのではなく、推手の時に用いる。

「八字歌」及びその他

宋書銘の「八字歌」は一貫して論争が多かった。論争の主たる対象はあの一行だ。〝十個芸人十不知（訳注：十人の武芸者の十人が知らない）〟

「八字歌」の原文はこうだ……

掤捋擠按世間稀、（掤捋擠按は世に珍しい）
十個芸人十不知。（十人の武芸者の十人が知らない）

若能軽霊並捷便、（もし軽霊でかつ敏捷であれたら）
粘連黏随倶無擬。（粘連黏随は疑いなくできる）
採挒肘靠更出奇、（採挒肘靠はもっとすごい）
行之不用費心思。（考えずとも体が動く）
果能粘連黏随字、（粘連黏随ができたら）
得其環中不支離。（その環の中でバラバラにならない）

〝掤捋擠按世間稀〟、これが指しているのは太極拳の拳理だ。太極拳が内に持つ文化は、ただ太極拳だけが持っている。〝十人芸人十不知〟これは十人全員が知らないと言っているのではなく、完全に理解している人がいないという意味だ。

太極拳は軽霊、敏捷でなければならず、また回り道をしないようにしなければならない。小で大を制し、弱で強に勝つのは〝粘連黏随〟によらねばならない。〝粘連黏随〟によらずして、あなたはどうして軽霊、敏捷でいられるか、また相手を理解することができるか、また軽霊の中に敏捷を求められるか。

〝行之不用費心思〟が言っているのは、（太極拳が）身に付いたら考えずとも思いのままに手が動くということだ。この境地に達して、〝得其環中不支離（訳注：その環の中でバラバラにならない）〟にならねばならない。

これがつまり太極拳の〝中〟のことで深まったと言える。一つの十字を書いて、真ん中の点を「中」と呼ぶのではない。中は〝中道〟であり、動こうとしてまだ動いていない。これが〝中〟だ。意を用いて、有るような無いようなそれも〝中〟だ。この〝中〟は〝唯精唯一、允執厥中（訳注：四書の一つ「中庸」の言葉：

一心に真の道を求めよ、本当にその真ん中を執れ)〟でいっている〝中〟だ。
宋書銘先生にはまた七言四句の二首がある、「無極歌」「太極歌」と呼ばれている。

無極歌

無形無相無紛拏、(形無く、乱れも無い)
一片神行至道夸。(心が働き、道に至る)
参透虚無根蒂固、(虚無が深くわかって、根がしっかりする)
混混沌沌楽無涯。(混沌として、愉快極まりない)

太極歌

太極原生無極中、(太極は元来無極の中に生れる)
混元一気感斯通。(元々の気が通る)
先天逆運随機変、(先天の気が戻ってきて、機に応じ変わる)
万象包羅易理中。(すべては、理の中に在る)

「参透虚無根蒂固」、あなたの体が練習で虚無という状態に至ったら、すべてが「空」になったということと同じだ。しかし「脚底下」には根(=基礎)がなくてはならない。この根はやはりとても自然だ。いわゆる「先天逆運」、これは〝専気致柔能嬰児乎(訳注:老子第10章・気が凝集して柔になる、赤子でいられるか?)〟、〝反者道之動、弱者道之用(訳注:老子第40章・戻るのが道の動きだ、弱いのが道の働きだ)〟のことだ。太極はつまり逆に行く練習で、戻る練習、無極に向かう練習、道に向かう練習だ。誰の力が強いか、誰の技が多いかを見るのではない。「虚空柔化」に至るまで練習しなければならない。だから私は六文字に要約した、即ち「鬆柔虚空円満」だ。鬆柔虚空の四文字は書物に多く見られる。私が言う〝円〟〝満〟は見えるものではなく、触《さわ》れるものでもない。〝神円気満〟というのは、まず「開展（=広がる）」、後に「緊湊（=引き締まって集まる）」になる。ボールと同じだ。あなたの気が満ちれば満ちるほど、そして弾力性が大きくなればなるほど、動作は小さくなり速度は速くなる。

ボールに例えれば、ボールの皮はとても柔らかい。中に向かって押すと、中のものが外に向かって来る、これが〝気宜鼓盪〟だ。〝動急則急応（=動きが急なら急で応じる）〟、あなたがボールを棒で叩くと、棒はたちまち弾き返される。〝動緩則緩随（=動きが緩なら緩で随う）〟、あなたがゆっくり押さえると、ボールはゆっくり膨らみ返し、あなたの出す力と合っている。このボールをここに置くと、つまり「中」だ。どこに転がしてもそれは「中」を離れない。ボールはある一点で地に着いて、これがつまり〝其根在脚〟だ。あなたがボールに（横から）ポンと手を当てるとボールは転がる、〝立如平准、活似車輪〟……。

〝軽則霊、霊則動、動則変、変則化（訳注：軽ければ霊になり、霊ならば動き、動けば変化が生じ、変化が生じると化する）〟――これは楊健侯先生と楊澄甫先生がいつも口の端に載せていた言葉だ。鬆しないで軽になれるか？　鬆しないで霊になれるか？　霊でなくて変ができるか？　変ができずに化ができるか？　軽、霊、変、化は、つまり太極拳の「精華（=エッセンス）」だ。

李雅軒先生（訳注：楊式の名人、楊澄甫の弟子）が〝五種勁〟を言ったことがある（原注①）、実は五つの段階だ。「硬勁」、これは間違った勁だ。「僵柔勁」、これは僵勁（=硬い勁）がまだ残っていて、彼が「柔」かと言えばまだ僵勁があるし、硬いばかりかと言えば少しは柔勁もあり、大方の推手はこのような状況に在る。「鬆柔勁」、これは鬆のしすぎだ。鬆の結果弱くなっている。ふにゃふにゃして、力を使わないが、ぐにゃぐにゃしてこれも正しくない。「軽霊勁」に至るともう近づいている。高いレベルに達するとそれは「虚空勁」だ。この最後の二つが太極拳の勁だ。前の二つは克服する必要がある。李雅軒先生は言っている「大鬆大軟、大虚大実、この中にはとても深奥なものがある。あなた方は頭を働かさねばならない」と。大虚大実は二つの極端だ。太極拳が高いレベルになると、虚と言えば何も触れず、実と言えば放電よりも早い。（それに反し）虚になると空っぽで何も無く、実になると押しても動かない、そういうものではない。

宋書銘にはまたもう一首「心会論」がある。「腰為第一之主宰、猴頭為第二之主宰、地心為第三之主宰：丹田為第一之賓輔、掌指為第二之賓輔、足掌為第三之賓輔（＝腰は第一の主宰、猿の頭が第二の主宰、地心が第三の主宰：丹田は第一の助け、指は第二の助け、足掌は第三の助け。）」

第一に、腰は「主宰（＝コントロールし支配するもの）」であり、丹田は腰の「賓輔（＝助け）」だ。腰は脊柱であり、丹田を加えて一つの大きな軸になりその働きが拡大する。この（丹田の）助けが無ければ落ち着いた内側のものが無い。

第二は、ここで言うのは〝猴の頭〟で〝喉頭（＝のど）〟ではない。前にも言ったが推手の時の接触点を指す。猿の頭のように「霊（＝機敏）」であり、この点は露出してはいけない。そうしてこそ「人不知我、我独知人」ができる。手の指がその助けだ。動く時は、一つの点（訳注：接触点のこと。……馬駿先生の解説）だけではなく、指まで使う。

第三に、地心は「主宰」であり、「足掌」は助けである。地心は「脚掌（＝足裏）」が地面に接触する時の中心と理解して良い。地心は主宰であり、足が地を離れたら何もできないし、どんな勁も使えない。用いる時は「脚掌」を頼りにし、地心の霊活性を発揮しなければいけない。

主宰と賓輔には、主従がある。ちょうど馬車の鞭のように、鞭の手元の竿が「主宰」で、鞭の先が「賓輔」

だ。竿が〝体〟で、鞭の先が〝用〟だ。表現されるのは、そして用いられるのは「賓輔」だ。しかしあなたはわかっていなければならない。そこで本当に坐って動かないものは何かということを。

原注① 李雅軒先生の五種勁は一般に次のように解釈されている。即ち硬勁、僵柔勁、鬆沈勁、軽霊勁、虚無勁、だ。これと馬老師の言い方には違いがあるが、内容的には違いは無いのでそのままにした。

「打手歌」「乱環訣」

掤捋擠按須認真、（掤捋擠按は真面目に練習すべし）
上下相随人難進。（上下相随だと相手は入って来にくい）
任他巨力来打我、（たとえ相手が大きな力で来ても）
牽動四両撥千斤。（四両の力の牽動で千斤を動かす）
引進落空合即出、（引き込んで落空し、合うや即出す）
粘連黏随不丟頂。（粘連黏随で、接触点から離れない）

これは「打手歌」（訳注：王宗岳）だ。最初の句は練習の方法で、まず始めは掤、捋、擠、按で「打輪（＝

四正手）」を練習する。上下協調すると上下相随になり、相手がこちらに入って来にくい。続きの二句も「打輪」の練習方法だ。これは二人が取っ組み合うようなものではない。掤、捋、擠、按を用いて、上下相随、やはり協調一致しなければならない、そうしてこそ「四両撥千斤」ができる。

引進落空、これは〝進《ジン》〟を〝勁《ジン》〟と解釈すると割合良い。互いが「問勁《ウエンジン》」をする。相手の勁を引き出してそれを「落空」する。もしこれが〝進〟ならどの位進むのか？（という話になる）。〝引勁落空〟は割合理解しやすい。相手の勁が来るのを引き出してそれを「落空」させ、機に乗じてあれをしたりこれをしたりする。これは一種の鍛錬の方法で、太極拳の勁の練習方法だ。（相手の勁が）ちょっと顔を見せるとその出頭を打つ。

もう一つ歌があって、これも訓練の方法だ。

搭手欲跌需跳躍、（搭手して転びそうになったら跳ぶのが良い）
巧擠逃時要合身。（巧みな擠を逃げる時、全身でなければならない）
誰能解破其中密、（誰がその中のコツを解けるか）
太極妙法自然成。（太極妙法は自然にできる）

これも一種の訓練の方法だ。二人が練習する時手を合わせる。相手から一つの勁が来るとあなたは「整（＝全体）」で出ていく。（相手は）跳んでいく。（あなたが）「整」で、（かつ）相手とは〝不同歩（＝違うリズム）〟で出ていくと、あなたは（相手に勁を）〝還（＝戻す）〟することができる。動くのは（相手に勁を）返すためだ。バラバラで出ていき捻じれてぐにゃぐにゃだったら、あなたはどうやって返せるか？　つまり一種の訓練方法だ。

「巧擠逃時要合身」が言っているのは、相手が巧みな擠法を用いた時こちらは「合身」で「合」で「整」

で動かなければならないということだ（訳注：「合身」とは体全体という意味。……馬駿先生の解説）。あなたがふにゃふにゃと動いて、そういう自分が賢いと思っていると、練習の成果は出ない。「整」で動いてこそ「整」で返すことができる。あなたが蛆虫のように捻じれて、捻じれたまま勁を出せますか？　そういうのは「自然（＝生まれつき）」の働きで、練習しても何もでてこない。

球技の練習にはちょうど良い球が必要だ。人と練習するにはちょうど良い相手が必要だ。問題は人は皆〝機霊（＝状況に合わせて機敏に動く）〟で、皆自分が人より「機霊」だと思っていることだ。「頂癟丟抗」の四大病は拳論の中に繰り返し説かれているが理解されていない。「頂（＝ぶつかる）」は「双重」だ。「癟《ビエ》（＝へこむ）」は人を自分のほうに入れてしまい「化」できず返せない。「丟《ディウ》（＝失う）」は重心を「丟」することだ。重心を失うのを恐れて力で抗う。相手があなたに「抗」しないで、放鬆して「抖擻勁（ぶるっと震える勁）」を使ったら、あなたはやられる。これらは訓練方法だ。試合のコートで用いるものではない。

拳論で言っていることは大部分推手のことだ。例えば「乱環訣」、これは専ら〝用〟のことを言っている。用いる時のコツをあなたに語っている。

乱環術法最難通、（乱環術は最もわかりにくい）
上下随合妙無窮。（上下相随、素晴らしさには限りが無い）
陥敵深入乱環内、（敵を乱環に深く入らせる）
四両千斤着法成。（四両千斤の技ができ上がる）
手脚斉進横竪找、（手と足が一緒に広がる）
掌中乱環落不空。（手の中の乱環が空にならない）

欲知環中法何在、（もし環の中で、法は何かと言えば）
発落点対即成功。（発落の点が正しければ必ず成功する）

聞くところでは、この訣は楊班侯が言ったということだ。「手脚斉進横竪找（＝手と足が一緒に広がる）」が言っているのは「整勁」のことだ。滅茶苦茶に動かしているのではない。最後の一句は力学と角度、及び「同歩不同歩（＝相手とリズムを合わせる合わせない）」の問題まで言っている。この点とこの点とが合ってさえいれば良いと私が思っているわけではない。

昔、老武術家たちはわかっていても簡単には言わなかった。それは力学がわからなかったからではない。手を動かすと相手が飛ぶ。これにも角度がある。本に書いてある力学は一つの根拠であり、あなたはそれを活用しなければならない。力学に関しては、徐致一先生（訳注：呉鑑泉の弟子）がたくさん紹介している。テコの原理や幾何学などだ。彼の書いた呉式太極拳の本には多くの図があり、明確に書いてある。これは太極推手がとても科学的であり力学を用いて完全にはっきりと解釈できることを説明している。心理学が加わるとさらに巧妙になる。とに角完全に科学の言葉を使ってはっきりと解説できる。八卦五行の相生相克を研究してわかったら、わかりやすい普通の言葉に直す。そうすることで明確に説明できる。例えば一個の湯呑をずっと押していく。テーブルの端まで来て湯のみの中線がへりに跨り、私がちょんと触ると落ちる。スタートから一気に（端まで）推すのではなく、ある

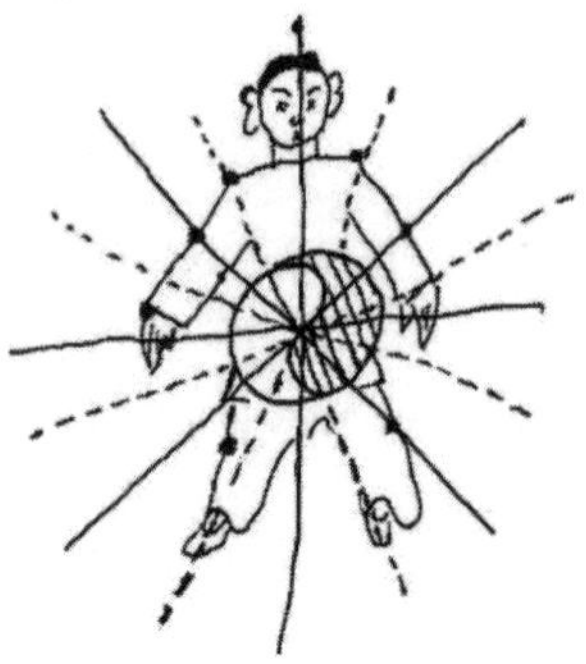

人を推すのではない、点を推す。
巧みな角度を探す（画：馬長勲）

角度ある程度に導く。そして相手はどのくらい失っているか？　どのくらい逃げているか？　争うのは「分秒之間（＝ものすごく細かいこと）」だ。

何が乱環か。太極拳は円環で端が無い。大きくなると一つの円になる。乱環はたくさんの円が重なっている。大きい円小さい円、円の中に円が重なる。円が小さければあなたは1センチの円を動ける。気魄が大きくなると1メートルの円を動ける。意識は5メートルの円を動ける。乱環ではあるが、乱環はすべて三点一線を離れない。三点一線を離れると力が無くなる。

〝点対（＝点が正しい）〟とは何を指すか。発点と落点、それと必ずもう一つ中心点がある。三点一線だ。発点と落点は必ず一本の直線でなければならない。発点落点中心点が一線だ（訳注：中心点とは中正のこと。楊露禅はそのことを「站住中定、往開里打」と言った。……馬駿先生の解説）。

2001年7月、北京市武協伝統太極拳健身推手研究社成立7周年記念大会で、馬長勲が弟子を相手に推手を表演

〝乱環〟は不定で、臨機応変だ。太極推手が最高峰になるとはつまりこういうことだ。人を惑わす学問ではない。目を閉じて考えるだけでその相手が飛ぶ、そういうものではない。接触しなければならない。接触すると〝軽〟と〝霊〟がある。利用の仕方が合理か不合理かの問題だ。合理なら軽霊、不合理なら「笨重（＝かさばって重たい）」だ。

結局推手は二人で行う練習方法であり手段であり、健身の趣味でもある。家で研究するととても味があり、人を傷つけず、〝武〟ではない。もし試合やコートに出たりしたら、性質は変わってしまいそういうものではなくなる。どんなことも相輔相成（＝互いに助け合い発展する）だ。例えば散打だ。相手があなたと接触しないでいると、あなたが四両撥千斤をやりたくてもそれができない。意地を張り合ってはいけない。拳論ではあなたがどのように練習するか、練習して出てくる効果は何かを教えてくれている。意地を張り合ったらどこもかしこもが「意地」になる。八卦で円を回るのは何をしているのか？　形意拳は真っ直ぐに出て何をしているのか？　円には円の奥妙があり、真っ直ぐには真っ直ぐの技巧がある。昔の人は決して我々より劣っておらず、あなたも古の人より聡明というわけではない。

太極総手——攬雀尾

伝統呉式太極拳は81式で、これは〝九九帰一（訳注：成語・とどのつまりの意）〟から取った。今皆83式と習慣で呼んでいる。なぜなら楊禹廷先生が措《ツオ》手と措掌（訳注：「措《そ》」の字義は手を付ける、始める）の二つの動作を加えたからだ。私が拳を学んだ頃「開脚」の動作は無かった。最初から（開立歩で）立つ、それではいけないか？　たくさんのものを後代の人が付け加えた。もっともらしい。例えば〝斜中寓正〟〝三尖相照〟だ。私が学んだ頃こういう言い方は無かった。斜めは斜め、正は正だ。ある動作は斜めだ。しかし斜めなのは角度で体は必ず正だ。

攬雀尾は太極拳の総手（訳注：総括的技）であり、総勁であり太極拳のすべての内容を含んでいる。「攬」は文字通り「抱攬（＝包み抱える）」で、包む、束ねるという意味だ。しかしきつく縛るのではない、抱くのだ。アヒルを抱く、ニワトリを抱く、子犬子猫を抱く。彼らの体にはある本能的なものがある。よしんばカササギでも動物だ。体には皆「鼓盪」する本能がある。ニワトリを捕まえるとその体の中は「鼓盪」している。あの勁だ。太極拳が練習するのはこの「鼓盪勁」だ。「鼓盪勁」は練習の時にわざと膨らませたりするものではない。推手で放鬆するとこの「鼓盪勁」が出てくる。つまり弾力で、きっぱり推せる。すべてはこの弾力だ。

昔、老先生がこう言っていた「太極拳の技術、内容、練習方法は一つの攬雀尾にすべて含まれている」。形意拳は一つの劈拳にすべて含まれている。八卦掌は一つの単換掌にすべてが含まれている。基本的なもの内在のものは皆この中に在る。あなたが高いレベルに達すると〝初心即道心〟の境地だ。当時劉老師は八卦掌を教えた。彼ができるものはたくさんあったがただ十六手だけを教えた。彼の言い方を借りると、「この十六手で十分だ、多いと時間を浪費する」（訳注：「初心即道心」とは初心者は無私に静かに受け入れようとする、それは「道＝自然」に符合する。……馬駿先生の解説）。

簡単から複雑へとだんだん変わっていく。一つの動作から64掌を編集し、12形に編集し、１０８勢、こうして次第に一つの套路になっていく。結局一つの攬雀尾では単調すぎる。套路が編集されると生徒に教えるのに便利だ。しかし実際上基本のものは一つで、それをこれらの動作の中で応用するのだ。

例えば呉式太極拳は37の技がある。それは良い。しかしあなたが37の勁をやったら、それは間違いだ。一つの攬雀尾は太極拳の全部の身法を含んでいる。気宜鼓盪、用意不用力、肩肘手胯膝足の外六合の関係、進退顧盼定、神意気……皆攬雀尾の中にある。その他の動作はただ技が異なるに過ぎず、体の勁は同じだ。

だから拳論でこう言っている、〝変化万端、而理為一貫（＝変化は万端、理は一貫している）〟。あなたに1000の方法があり人を飛ばすのに100の形があっても道理はただ一つだ。例えば矢を射る。弓と矢であなたは上にも下にも放てる、「回頭望月」の形で後ろに放つこともできる。いわゆる「万変」もその根本から離れることはない。もしあなたが一つ一つの動作ごとに説明していたら言い終わらないだろう。道理はつまり、聴勁、懂勁だ。何が太極拳かわからないで何を聴くのだ。良い勁が聞こえてもわからない。飛ばされても何が起こったのかわからない。人を出し抜けにぐっと押す、それは太極拳ですか？　それは聴勁、懂勁ですか？　やはり違う。

懂勁するには太極推手のきまり、要求、及びそれらと套路との関係を理解している必要がある。懂勁とはこれらがわかることだ。懂勁してこそ練習すればするほど精密になり、〝黙識揣摩、漸至随心所欲、階及神明（訳注：黙々と学び研究し、やがて心のおもむくままになり、神明の段階になる）〟。拳論にはこのようにはっきり書いてある。懂勁したからといって一つ一つの手がすべて効くわけではない。研究を重ね法則を探し求めなければならない。

〝本是捨己従人、多誤捨近求遠（訳注：大事なことは己を捨てて人に従うこと、多くが近くを捨て遠くを求める誤りを犯している）〟。己を捨て相手に従うことによってのみその相手を理解することができる。自分中心ではいけない。

〝運勁如抽絲、蓄勁如開弓、発勁如放箭（訳注：運勁は繭を紡ぐ如く、蓄勁は弓を引くが如く、発勁は矢を放つが如く)〟この比喩は非常にはっきりしている。弾力があってこそきれいにできる。「抖弾(＝ブルッとふるえる弾力)」の力はパチンコのようだ。例えば〝蓄勁如開弓〟は両手を左右に分けてそして矢を放つことだ。弓を引く時手を動かすか？ 動かさない。矢を引っ張っているのは弓の弦であって手ではない。実際は腰が主宰している。腰の準備ができたら意念が弓を広げる、手も動く。手の寸弾はこの意味だ。引っ張ったり押したりはその中に入らない(原注：馬老師は話しながら動作を入れ、勁力を見せた)。

太極拳は力が無いのではなく割合巧妙なのだ。形意拳も八卦掌も高いレベルになると皆こういう巧妙なものになる。ただ出だしが異なるだけだ。剛から入ろうが柔から入ろうが最後は陰陽相済に至る。陰陽相済であって剛柔相済ではない。これは同じではない。

なぜ定歩推手でなければいけないのか。定歩

2004年4月、朝陽公園で王子鵬が馬長勲老師に推手を学ぶ

推手で練習してこそ、この鼓盪勁に至ることができる。相手の足の間に一歩踏み込む。これは「搡力（＝ぐっと押す）」「擁力」「推力」であって鼓盪力ではない。このようでも人を押すことができるし押し倒すこともできる。しかしこれは相手が糸の切れた凧のように（コントロールを失って）飛ぶというのではない。「肉《ロウ》（＝もたもたしている）」で、きれいではない。

攬雀尾の中に在るのは内気の鼓盪だ。理解するのは抱えているものの鼓盪勁だ。これは「双関語（一語に二つの意味を含んでいる言葉）」だ。あなたが問勁をする時（相手に）問うのはこの勁だ。相手が来たらあなたは鼓盪する、相手は跳ぶ。それもこの勁だ。あなたは練習してこの勁を出せるようにならねばならない。しかしこの勁はもしあなたが「鬆透」していなかったら出て来ない。無暗と捻ったりして出てくる勁ではない。

鬆は形が無い。鬆している人に誰かがぶつかっていくと出てくる、それが内勁だ。老子が言っている〝専気致柔、能嬰児乎（訳注：老子第10章・気が凝集して柔になる、赤子でいられるか）〟。見てごらんなさい、１００日にも満たない赤子、彼のどこを押しても彼の勁はそこに運ばれてくる。太極拳はこういうものを練習する。これを〝返先天（＝先天に返る）〟という。赤子に技術は無い。しかしこれが彼の鼓盪勁だ。お腹を押してみるとお腹全体の勁があなたの手のところに来る。踵を掴むとあなたの勁に対し不丟不頂で踏ん張ってくる。あなたが押しても引っ込めない。もちろんあなたの力のほうが強いのだが、引っ込める時まるで勁を聴いて引っ込めているようだ。こういうものを観察してみると良い。太極拳が用いるのはつまりこういうものなのだ。これは来た道を戻る練習だ。先天に返る。後天の「掴む、突っ張る、押す」ではない。

太極拳はつまり本能を克服しなければならない。あなたがまず私を制しようと先に発すると、私は捨己従人する。あなたを制するため、私はあなたの勁を用いてあなたを制する。すべては戻るものだ。あなたがも

行き過ぎるとバランスを崩す、足りないと果実を取れない。「舒展」の中での「鬆腰」を表す図（画：馬長勲）

し本能を克服したらこれがわかる。決して難しいものではない。しかしいい加減に過ごしているとたどり着けない。そういう理だ。

攬雀尾が練習するのは鼓盪勁だ。形は大した問題ではない。形には要点が二つある。一つは「鬆開」できるかどうかだ。どの程度まで「舒展（＝気持ち良く広がる）」したら「鬆開」できるか。体中の勁が全部鬆して「脚下」に行く。二つめは推手の時「脚下」の勁を再び手まで上げてくることだ。鄭曼青が言っている、「太極推手不用手、用手就不是太極拳、太極推手安用手、渾身上下都是手（訳注：太極推手に手は用いない、手を用いるのは太極拳ではない。太極推手はどのように手を用いるか？　体中すべてが手だ）」。拳論ではこう言っている、「非一寸不太極、非一寸不虚実、非一寸不能拿不能発（訳注：太極でないところは少しも無い、虚実でないところは少しも無い、掴めないところ、発することができないところは少しも無い）」。推手の時は二人がそういうものを追求する。一人で套路をする時はとにかく鬆だ。推手で何かがわかったら、そのわかったものを套路の中で運用してみる。そうやって推手を養う。

鬆すれば鬆する程良い。皆丹田の気がどうのと言うが、もし鬆しなかったら気は丹田にじっとしていない。本当に鬆してくると自然に沈む。これは一種の感覚で、全身鬆したらあなたはお腹が「沈甸甸《ディエンディエン》（＝ずっしり重い）」に感じる。昔術語でこれを「気」と呼んだ。この「沈」という字は誤解を招く。わからない人は沈だからと下に押さえつける。実際は「気」に構ってはいけない。あなたが本当に鬆開して鬆透すると、気は上に上げようとしても上がらない。しかし鬆開していなかったら下に押し付けてもじっとしていない。ちょっと思いが巡ると直ぐ上に上がってしまう。息を詰めてはいけない。呼吸はあなたの動作の大小、快慢に従って、自然に合うのでなければならない。

結び

結局太極拳はどのように練習したら身に付けることができるのか？　どのように練習すれば回り道せずに済むのか？　それが問題だ。今は皆基本的に仕事の余暇に練習している。深く研究しようという人はいない。関係部門はこの問題を整理して後代に一筋の道を確かに指し示したほうが良い。今本を出版している老先生方もその思いは皆同じだ。しかしそれぞれがそれぞれに自ら得たものを書いている。少しばかり不正確さがあると間違った方向に人を導きやすい。

共通の問題を整理するべきだ。例えば通州（北京市の東南郊外地区）に行く場合、朝陽門（＝東の門）を出るので間違いない。西安から大きく回って戻っても行けるが残念ながら大回りだ。（そういう回り道を言うのは）きっと権威のある部門と権威のある人だ。権威のある人が言うと筋が通らないことも皆信じる。それだからこその権威なのだ。

私は北京市に一つの組織を登録している。「伝統太極拳健身推手研究社」だ。もう十数年になる。「健身（＝健康増進）」の組織だということをはっきり謳っている。技撃も求めるし健身も必要、だから両者を兼ねよう、というのは不可能だ。必ずどちらかに重点が置かれる。もちろん技撃の中にも健身はあるが、体を傷つけるものもいくらかある。健身の練習方法でも技撃として使えないとは限らない。結局それは武術だからだ。健身の練習方法は健身が主で、護身がその補助だが、技撃してはいけないというわけではない。客観的に見る必要がある。互いを否定してはいけない。それぞれがそれぞれのものを発揮しそれぞれのニーズに応える。言い争いにエネルギーを使ってはいけない。各方面がそれぞれの道を行き各方面に発展する。京劇にも男役、女役、敵役、道化役、端役など役割がいろいろある、皆が「老生（訳注：ひげを蓄えた中年男性）」役ではつまらない。

京劇を例に取れば、昔は「銅錘花臉（訳注：京劇の敵役、剛直な役の一つ）」がどの位いたか。金少山、王泉奎、趙文奎、婁振奎、於鳴奎……各人各様の味わいがあった。今は皆一種類の味になってしまった。〝無浄不学裘（訳注：浄角つまり敵役となると皆名浄角の裘盛戎の歌い方を学ぶ。……馬駿先生の解説）〟ということだ。昔の〝架子花（＝顔に隈取をする敵役）〟も同じだ。今は皆袁世海を学ぶ。「青衣（＝女役）」といえば皆が張君秋を学ぶ。「老生（＝中年男性役）」は誰もが楊宝森を学ぶ。確かにこれらの人たちは優れている。しかし京劇というジャンルにとっては千篇一律になってしまい、面白くなくなった。

新中国成立後ある考え方が出てきた。つまり武術というと敵に対するものだが、「それは旧社会の話で、今我々は皆同志関係にあるのだから、いつまでも技撃等と言ってどうするのだ。表演だけしていればそれで良い」そういう考え方だ。しかし後にまたある指導者が言った、『花架子（＝見てくればかりの形良さ）』ばかりやってどうするのだ。そんなもので戦いに行けるか？」。それでまた技撃が始まる。実は今はまだ押し問答の最中で、意見の決着はついていないようだ。今テレビで各派が技比べをして登場するやすぐ足蹴りをしたりしており、そんなものばかりだ。

太極拳を掘り起こして整理するには、京劇の音声動画を手本にするのが良い。この音声動画が無かったら言葉の調子や、服装、しぐさはきっと失伝してしまっただろう。少なくとも大勢の人が知ることはできない。受け継いだ人と録音と服装の考証とに基づいて、先達の時代には戻れないとはいえ、少なくとも参考にするものが無いよりはましだ。いずれにしろ意味があることで、馬連良（訳注：戦前戦後活躍した京劇の名優）の姿をそこに見ることができるのだ。

太極推手では、第三代・第四代の先輩に会ったり学んだことがある老先生は、今は皆八十数歳になっている。自分たちの老師やその手法を思い出し、その先輩たちの手法を弟子にやって見せ、王子英、楊禹廷、張継之、李文傑、曹幼甫、王培生、劉晩蒼等、これらの人の考え方を見せてあげて、後の人たちに一つの資料を残す。今このようなことができればとても良い。人が嘘だ真だと言うのを恐れてはいけない。例えば王培生先生はあのように生徒が多い。王先生の手法をやってみせることはできないだろうか。王培生先生の手法の特徴は、（勁が）どこから来てどこに戻るのかはっきりしていることだ。王先生の弟子の誰かがそれを自らやることができて、それから理論、道理を語って、人々に見えるものさわれるものとして提供する（と、とても良い）。尚雲祥等の生徒を含め後代の人は皆このようにするべきだ。以前の武術観摩会ではいくらかの映像資料が残っている。本当の手法はその門下の人でこそできる。老先生の精神、手法を真似するための協力が必要だ。

いくつかの感想の句を書いた。結びにしよう。

鬆如無骨軟如綿、（骨が無いかのように鬆して、綿のように柔らかい）

動似江河静如山。（動きは江河のよう、静かさは山のよう）

軽霊円活無拘緊、（軽霊円活で、緊張していない）

発勁好似箭離弦。（発勁は矢が弦を離れるが如し）
推手変化無窮尽、（推手の変化には限りが無い）
太極行功養丹田。（套路の練習は丹田を養う）
天天悟、日日研、（日々悟り、日々研究する）
趣味随身美難言。（身体中で楽しみ、楽しさは曰く言い難い）
其中楽、享不完、（その楽しさは、限りない）
舒舒服服度晩年。（気持ち良く晩年を過ごす）
至誠君子遵此語、（この言葉を信じて守る人は）
方知我話不虚談。（正に知る、私の話が嘘でないことを）

付録1　馬老師太極拳歌

馬老師は暇な時、いつも要らない紙箱等を切ってカードにし、考え付いたことなどを書きつけている。日付も無く落款も無い。時が経つとこれらのカードは散逸してしまう。時には直ぐに「救い」出せば確保することができる。下記の何首かは私が馬老師のところから「救い」出したものだ。読者の皆様と分かち合いたいと思う。

其の一

太極義為尚、悟道品自高。（太極は義を重視する　道を悟ると人は自然に高まる）

読書名至理、以人為本基。（書を読むとわかって理に至る　人がすべての基だ）

其の二

調気令和、調身令柔。（気を調節すると和になる、体を調節すると柔になる）

静過則廃、動過則損。（静が過ぎると衰える、動が過ぎると壊れる）

警鐘之言、不可不究。（警鐘の言葉、研究すべし）

其の三

神拳泰斗楊露禅、（神拳泰斗の楊露禅）

武功盖世美名伝。（武功は抜きん出て、美名は伝わる）

研出推手伝於世、（研究した推手は世に伝わる）

変化無窮芸為先。（変化は限りなく芸が大切）

平日練習争趣味、（普段の練習は趣味のため）

双人対練喜開顔。（二人の対練は楽しそう）

又能防身又健体、（護身になり健康にも良い）

没有傷害致身残。（体に後に残る傷を残さない）

又養身心又養気、（身心を養い気を養い）

家家可練人人玩。（どの家でも練習でき、誰もが楽しめる）

只要受益多推広、（益が多ければ広く普及する）

衆生受益衆生玩。（多くの人が益を受け楽しむ）
父子夫妻家庭練、（親子夫婦家庭で練習）
其楽自找自喜歡。（楽しさを自分で探し自分で喜ぶ）
我説此話如不信、（私のこの話を信じなくても）
一嘗便知不空談。（一度味わえばすぐに空論でないことを知る）

其の四

太極好、太極好、（太極は良い、太極は良い）
大批騙子出来了。（大勢の詐欺師が出てきた）
言正宗、幾代孫、（正統と言い、何代目子孫と言い）
騙子手段高又高。（騙しの手段は高度になる）
学者千万別上当、（学ぶ者は騙されてはいけない）
傷財還是小事情、（経済損失は小さな問題）
練壊身心不得了。（練習して体や心を壊しては一大事）
望学者、睁開眼、（学ぶ者に望む、目を見開いて）
千万認清假和真。（是非とも真と偽をはっきり見分けること）
先読書、弁真偽、（まず本を読み、真と偽を分ける）
別譲假拳傷你身。（偽の拳であなたの身体を傷めてはいけない）

付録2　呉式太極拳身法歌

馬長勲　1995・10・16

呉式太極、極其細膩。（呉式太極拳は、極めて繊細なもの）
四言為句、便於記誦。（四言で句を為す、覚えるのに便利）
下写数条、字字有据。（下に書いた何行か、一言一言根拠がある）
認真牢記、行動有利。（真面目に覚えると、動きやすい）
大開大展、大虚大実。（大開大展、大虚大実）
身心皆鬆、銘記心中。（身心すべて鬆、それを心中に銘記する）
一条一句、尽量講清。（一行一句、できるだけつまびらかに話す）
此拳功深、有始無終。（この拳の功夫は深い、始まりはあるが終わりは無い）
中正安舒、軽慢円匀。（中正安舒、軽慢円均）
八字之法、貫穿拳中。（この八字の法は、拳の中すべてを貫く）
精神意念、内為四法。（精神意念は、四法を為す）
神意気体、称之四功。（神意気体は、四つの功と呼ぶ）
虚領頂勁、頭顱要空。（虚領頂勁、頭部は空であるべし）
精神提起、恰似気騰。（精神は提起し、気が湧くようだ）

頚椎虚展、下顎微収。（頚椎は虚で広がり、下顎は僅かに収める）
虚虚領起、似放風筝。（虚で導き、凧揚げのようだ）
肩要鬆開、不抬不聳。（肩は鬆開して、持ち上げずそびやかさない）
名曰垂肩、甚為実用。（垂肩と言う、実に実用的だ）
肘鬆腋空、尖対在面。（肘は鬆して腋は空、肘尖が地面に向く）
空走如雲、飄飄欲行。（雲の如く空《くう》で動く、飄飄と行こうとしている）
腕手全鬆、舒展而行。（手首も手も全部鬆して、気持ち良く広がって動く）
角度一死、気不流行。（角度が死ぬと、気は流れない）
十指舒展、不可僵硬。（十指は気持ち良く広げて、硬くしてはいけない）
内如蟻走、気血通行。（内は蟻が歩くよう、気血が通る）
掌心要空、虚実分清。（掌心は空で、虚実がはっきり分かれる）
虚則内含、実則意凸。（虚になると内に含める、実になると意が凸になる）
背脊要直、切莫僵硬。（背脊は真っ直ぐに、硬くなってはいけない）
内含虚展、挺抜其中。（内に含んで虚で広がる、其中で真っ直ぐ伸びる）
腰為主宰、実際要鬆。（腰を主宰とする、実際に鬆でなければならない）
果能鬆透、換力成功。（もし鬆透できれば、換力がうまくいく）
胯虚且開、不開難鬆。（胯は虚でかつ開、開でなかったら鬆は難しい）
鬆展虚透、対気有功。（鬆展虚透、これは気に効き目がある）
胸要内開、有利腑臓。（胸は内が開いている、内臓に良い）

鬆静自然、憋気難現。（自然に鬆静、そうすると息がつまったりしない）
臍周帯脈、繞腹一圏。（臍を帯脈が周る、腹を一回りしている）
此処難鬆、身体力行。（此処は鬆しにくい、自ら努力する）
人中丹田、甚為重要。（腰と丹田、とても重要）
要領全身、才有体会。（要領が全身に行き渡り、それでわかる）
呼吸自然、起吸落呼、（呼吸は自然に、「起」で吸い「落」で吐く）
合吸開呼、任其自然。（合で吸い開で吐く、自然に任せる）
腰胯大関、不許僵滞、（腰胯の大関節、硬く滞ってはいけない）
尽早鬆開、気自下来。（速やかに鬆開、気は自然に下がる）
両腿虚実、換歩分清。（両腿に虚実あり、歩の切り替えははっきりと）
歩法霊活、神情自然。（歩法は霊活に、表情は自然に）
脚要平展、足心要空。（脚は平らで広がっている、足心は空にする）
虚粘地面、最忌足蹬。（虚で地面に粘りつく、足で「蹬（=踏ん張る）」するのを最も忌む）
精神提起、不是瞠眼。（精神を奮い起こす、しかし眼を見開くのではない）
内含自然、大度神明。（自然な精神で、おおらかな心）
身穏如山、動如游竜。（身体は山の如く穏やかで、動きは龍の如し）
行雲流水、不是形容。（行雲流水、単に形容ではない）
神意内守、処処不空。（神意を内に守り、どこも空ではないところは無い）
説空実有、虚中有霊。（空と言うが実は有だ、虚の中に霊がある）

頂天立地、自在其中。（頭頂は天に向け地に立つ、其のまん中で自在）
傍門多鶩、可嘆終生。（傍門にはやたらに疾走するのが多い、終生嘆くだろう）
何為神仙、精神楽観。（何が神仙か、精神楽観で）
身心平安、我心無念。（身心が平安、我が心は無心）
志誠君子、此不虚言。（誠のある君子、嘘は言わない）
揣摩身験、便知不凡。（切磋琢磨し、平凡でないものがわかる）
祛病延年、陶冶情操、（病を遠ざけ寿命を延ばし、情操を養う）
年不虚度、享受一生。（日々が無駄にならない、一生楽しむ）
我研此拳、四十余年。（私は此拳を研究して、四十余年）
尊師敬友、得授真伝。（師を尊敬し友を敬い、真伝を得た）
心得体会、全写其中、（体得理解するものがあり、すべてここに書いた）
習者験証、知我心誠。（習う者は確かめる、私の誠意がわかる）
同道好友、請多指正、（同じ道を行く友よ、どうぞ指摘し教えてください）
精益求精、共登高峰。（精をさらに求め、共に高峰に登る）
太極之妙、祖国瑰宝、（太極之妙は、祖国の宝）
哲理幽深、文理深奥。（哲理は幽深で、文理は深奥）
国際之中、他国没有、（世界的に見て、他国には無い）
我国独到、引以自豪。（我国だけが到達した、誇りに思う）
祖宗智慧、留下至宝、（祖先の智慧、遺した宝）

飲水思源、切莫忘了。（水を飲む時井戸を掘ってくれた人を思うが如く、忘れない）
習者深研、莫要保守、（習う者は深く研究する、自分だけのものにしない）
代代相伝、留於世間。（次の代に伝える、世の中に残す）
性命双修、益寿延年、（身体と心の両方を修行し、益寿延年）
静動之功、勤修方成。（静動の効用は、勤勉に一生懸命やってやっと成る）
古人真言、須当牢記、（古人の真言は、必ず覚えておかなければいけない）
聞鶏起舞、精於勤練。（早起きして練習する、一所懸命練習する）
種瓜得瓜、種豆得豆。（瓜を植えれば瓜を得、豆を植えれば豆を得る）
懶惰妄為、休想収成。（怠けて勝手をするなら、収穫があると思うな）
此拳此語、多悟心記。（此の拳此の語は、たくさん悟って心に留める）
知性達慧、方知非易。（わかってくると、簡単でないことがわかる）
易是真易、必繁必難、（易しいものは易しい、複雑なものは複雑）
繁中得簡、回帰自然。（複雑の中に簡単が得られて、自然に戻る）
説明此意、可供練習。（此の意を説明して、練習に使ってもらう）
言簡易明、別無他意。（言葉が簡潔でわかりやすい、他意は無い）
初学此道、難窺門径。（初めて此道を学ぶ人が、要領を掴むのは難しい）
八卦五行、功浅難通。（八卦五行、功が浅いとわかりにくい）
我為習者、此法写清、（私は学ぶ者だ、此の法をはっきり書いた）
簡而易明、習而有成。（簡単でわかりやすい、練習すると成る）

只此一篇、入門軽鬆。（ただ此一篇だけで、気軽に入門できる）
明理練拳、収効眼前。（理屈がわかって拳を練習する、効果が眼前に現れる）
探討拳理、各抒己見。（拳理を研究し合って、それぞれ意見を述べる）
倘有助益、諸君共勉。（もし役に立てば、お互い皆励まし合おう）

●口述　**馬長勲**（まちょうくん）……写真左
呉式太極拳第五代伝人。1933年11月河北省棗強県に生まれる。北京武術協会委員、北京呉式太極拳研究会名誉副会長、中国民間中医医薬研究開発協会武術医療研究会名誉副会長を歴任。伝統太極拳健身推手研究社社長。国家一級武術審判員。

●整理　**王子鵬**（おうしほう）……写真右
呉式太極拳第六代伝人。1971年2月河南省鹿邑県に生まれる。1994年鄭州大学政治学部卒業。「北京晨報」「経済観察報」「北京娯楽信報」「中国房地産報」、「捜狐（訳注・中国の検索サイト）」等のメディアで、記者、編集者、主幹、編集長などを務める。

●日本語版企画監修　**孫建明**（そんけんめい）

1959年生。北京市出身。中国武術八段。10歳の時、中国一の什刹海体育学校に入学、14歳で北京武術隊に入隊後はプロとして世界各地を公演、後に北京武術隊隊長を務める。1981年から映画界に転身、「三峡必殺拳」「南嶺伝説」等で主演。馬長勲老師とは16歳の時に出会って以来師弟の関係にある。1986年太極拳、長拳の指導者として来日、以後多くの日本チャンピオンを育ててきた。現在、公益社団法人日本武術太極拳連盟理事、同連盟国際交流委員会委員長、ヘッドコーチ。2001年東京武術太極拳クラブ設立。2016年東京・日暮里に「（株）太極坊」創設。

●翻訳　**植松百合子**（うえまつ ゆりこ）

1946年生。早稲田大学文学部卒業。1980年太極拳を学び始める。推手に興味を持ち、孫建明老師主催の学習団に入り毎年北京で馬長勲老師の推手の指導を受けている。現在太極坊にて孫建明老師、李霞老師に師事。さいたま市で太極拳愛好者団体「拳研」を主宰。

●翻訳協力　**戴紅**（たい こう）

1969年生。中国瀋陽市出身。遼寧大学日本語学科卒業。1998年来日後は、通訳、中国語講師。現在埼玉大学人文社会科学研究科博士課程在学。専攻は認知言語学。行知学園専任日本語講師。

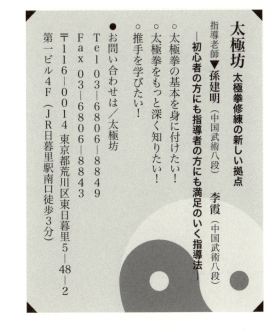

原書●『呉式太極・南湖伝習録』馬長勲・口述／王子鵬・整理（華文出版社）

本文デザイン●和泉仁
装丁デザイン●やなかひでゆき

呉式《ごしき》太極拳・馬長勲老師 太極拳を語る
心と体を養う、推手の理解と実践

2018年10月 5 日　初版第1刷発行
2018年10月30日　初版第2刷発行

口　述　　馬長勲
整　理　　王子鵬
日本語版企画監修　孫建明
翻　訳　　植松百合子
翻訳協力　戴紅
発行者　　東口敏郎
発行所　　株式会社BABジャパン
〒151-0073 東京都渋谷区笹塚1-30-11　4・5F
TEL　03-3469-0135　　FAX　03-3469-0162
URL　http://www.bab.co.jp/
E-mail　shop@bab.co.jp
郵便振替 00140-7-116767
印刷・製本　中央精版印刷株式会社

ISBN978-4-8142-0157-0 C2075

BOOK Collection

誰にも聞けない

太極拳の「なぜ?」

今さら聞けない初心者の素朴な疑問から、達人たちが隠してきたヒミツの極意まで、太極拳にまつわる「なぜ」を解説します! 太極拳って武術なんですか? それとも健康法? どうして健康にいいの? ゆっくりな動きで戦えるの?“ 今さら聞けない素朴な疑問”から、“誰も教えてくれない秘密”まで。「なぜ」が分かるほど、上手くなる。強くなる。健康になる。

●真北斐図 著 ●A5判 ●203頁 ●本体1,500円+税

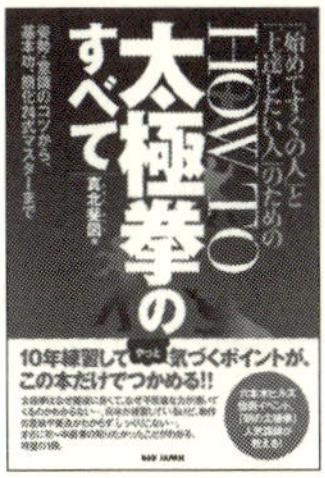

「始めてすぐの人」と「上達したい人」のため

HOW TO 太極拳のすべて

太極拳はなぜ健康に良くて、なぜ不思議な力が湧いてくるのかわからない....。何年か練習しているけど、動作の意味や要点がわからず、しっくりこない....。まさに初～中級者の知りたかったことがわかる、待望の1冊。六本木ヒルズ恒例イベント、「朝の太極拳」人気講師が教える「上手くなる」「強くなる」「健康になる」読んで“実感”できる太極拳習得への近道です。

●真北斐図 著 ●A5判 ●216頁 ●本体1,500円+税

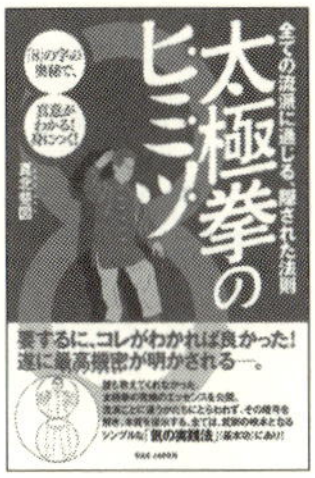

太極拳のヒミツ

～「8」の字の奥秘で、真意が分かる!身につく!～

要するに、コレがわかれば良かった! 遂に最高機密が明かされる―。誰も教えてくれなかった、太極拳の究極のエッセンスを公開。流派ごとに違うかたちにとらわれず、その暗号を解き、本質を提示する。全ては、武術の根本となるシンプルな「気の実践法」(基本功)にあり! 太極拳の最小単位は「8」だった。「8」の字の「気」の運動が、複雑な套路の根本であり、強健な心身へと導く!

●真北斐図 著 ●四六判 ●188頁 ●本体1,400円+税

「10の言葉」がカラダを拓く!

太極拳に学ぶ身体操作の知恵

「太極体動(タイチ・ムーブメント)はすべてに通ず!」武術・スポーツ・芸事・日常生活に活かせる! 古来から練り上げられ蓄積された身体操作のエッセンス「10の言葉(太極拳十訣)」が示す姿勢や意識のあり方で、あらゆる身体行動を〝質的転換〟へ導く革新的な一冊! 太極拳の根本教典『太極拳経』の直訳文・通釈文も収録!

●笠尾楊柳 著 ●四六判 ● 224頁 ●本体1,500円+税

太極拳の真髄

～簡化24式太極拳編者の理論解説と歴史～

24式太極拳の編者にして太極拳の父、李天驥老師が八十年の武術・太極拳人生の集大成として太極拳の実践と理論、歴史を綴った決定版。■目次:太極拳の理論(「太極拳論」と「十三勢歌」・太極拳の起源、発展と流派・他)/簡化二十四式太極拳(図解・練習における3つの段階・他)/健身のための功法(八段錦・太極養生十三勢功)/私が歩んできた道/後書き

●李天驥 著 ●A5判 ●300頁 ●本体2,718円+税

BOOK Collection

手から溢れ出す！“ 非身体的パワー ”
「スパーク」する!!!

手すりワーク、木刀や長棍の握り方、結印 (手指のポーズ)…etc.　鄭子（ていし）太極拳など、様々な武術や身体技法をベースとした内部エネルギー発生法の中から、効率的なドリルを厳選して紹介。元・理工系研究者の太極拳を極めたアメリカ人武術家が、簡単で効果抜群のエネルギーワークを 伝授!手に気が満ちれば、すべてが“使える技”に!　呼吸パワーも超える、ハイレベルなエネルギーを体感せよ!

●スコット・メレディス 著　●四六判　●188頁　●本体1,300円+税

武術極意の深ぁ〜い話

“マッハ1”のパンチが人間に可能 !?　唯一無二の面白さ!　誰も教えてくれなかった達人技のヒミツがわかる!　奇跡のように見える達人技。これ、すべて“カラクリ”がございます。いえいえ“インチキ”ではなく“カラクリ”です。信じられないような“達人技”を、読んだ事ない“達人テイスト”で解説!　剣術・合気・柔術・中国武術〜あらゆる武術極意のメカニズムがわかる!

●近藤孝洋 著　●四六判　● 208 頁　●本体1,400円+税

松田隆智の**拳遊記**

半世紀の間、武術を求め続ける男の軌跡。真の伝統武術の姿、そしてその向こう側にある心理を探る旅。松田隆智師範は、日本における中国武術の〈パイオニア〉である。師が中国各地の達人との交流の中で学んだ真の伝統武術の歴史と技術を、次世代の拳法家たちに伝えよう。台湾、さらには中国本土へ武術遍歴の末に辿り着いた「太極拳編」「八極拳編」「大陸編」の３章を収録。

●松田隆智 著　●A5判　●288頁　●本体1,600円＋税

中国拳法の**発勁と基本拳**
八極拳・形意拳・心意六合拳・翻子拳・陳氏太極拳

中国伝統拳5流派の基本動作と､そこに秘められた極意･発勁について実技を交えて解説。■目次 ： 中国拳法大要（中国拳法の区別と種類／拳法の魂｢勁｣／動功で｢勁｣を鍛える／その他）､各派の核心となる基本拳（八極拳／形意拳／心意六合拳／翻子拳／陳氏太極拳）

●松田隆智 著　● A5 判　● 224 頁　●本体1,600円＋税

拳法極意**絶招と実戦用法**
八極拳・形意拳・心意六合拳・陳氏太極拳

中国武林での名人・達人たちとの邂逅、交流の中で託された極意、その核心を語る。中国伝統流派に伝承された秘技「絶招」の数々を収録!　■内容 : ◎第1章　実戦への架け橋　対練・推手（陳氏太極拳の真実を探る／他）　◎第2章　八極拳の実戦練法（槍法と拳法は一理同体／八極拳の対練／他）　◎第3章　各派の実用法と絶招（八極拳の絶招と“八大招”／発勁の極意／他）　◎第4章　内家拳の実戦法「粘連散手」とは何か?

●松田隆智 著　●A5判　●264頁　●本体1,800円＋税